新视点教与学系列丛书

孙钰华◎主编

课堂教学特质论

——对专家型与新手型化学教师课堂教学的深度解析

尹筱莉◎著

教育科学出版社

·北 京·

新疆师范大学教育学博士点建设基金资助出版

总　　序

这是一个多元文化交互杂糅、融合创新的时代，也是一个不断变革的时代。多元文化的融合互动以及变革时代的持续冲击，意味着我们的课程教学和教师教育理论研究正面临极大的挑战和极好的机遇——变革意味着推陈出新，意味着需要不断深入的创新性理论研究去反思进而指导实践。

新疆有13个世居民族，我国56个民族在新疆都有人口分布。新疆民族分布具有大杂居小聚居的特点，长期以来形成了六种教学语言并行的教育现实。随着双语教育的大力推进，教育变革非常迅速。多民族多文化的社会背景为新疆教育印下了深深的烙印，新疆的教育既要传承中华民族的主流文化和核心价值体系，也要为各民族文化的传承和发展积极贡献力量；既要关注文化传承，也要突出民族现代化以及民族和谐。

这一切使得新疆的教育显现出独特性。在新疆的教育中，民族团结教育、“四个认同”（对伟大祖国的认同，对中华民族的认同，对中华民族文化的认同，对中国特色社会主义道路的认同）教育、“五观”（马克思主义的国家观、历史观、民族观、宗教观、文化观）教育鲜明而具体，多样化的区域、民族文化资源，使得新疆教育具有了全国其他地区甚至其他少数民族地区所没有的独特样态。以双语教育为例，它不是母语与外语的双语，而是母语与国语的双语，这一特征就使得新疆双语教育只能借鉴而不能沿用一般的双语教育先进经验。民族和民族文化的多样性，决定了新疆实施教育不仅要充满对生活意义、生命价值和精神价值的观照，而且要在尊重多元民族文化独特价值的同时，引入多民族与多元文化共存的理念，使各民族的下一代在了解、认同本民族文化的同时，能够平等地包容、理解、珍惜其他民族的文化，尊重文化差异，树立平等、民主的意识，获得参与多元文化社会所必需的价值、态度、知识与技能，促进各民族之间的相互了解、尊重和团结互助，建立充满生机与活力的和谐社会。

理论创新的内在核心是知识创新。而知识创新不仅要具有“拿来主义”的勇气和胆识去积极借鉴、引进别人的先进思想，更需要立足于民族文化自身的思维特点和生活方式去考察、生产出具有民族和地域文化特点的知识。换而言之，就是需要我们在本土的文化处境中考虑知识体系的真伪，寻找一条具有自身文化特征、适合自我发展实践的知识创新途径。在这条道路的寻求之旅上，身处当地的教育学人无疑是责无旁贷的。这也是我们在这个多元文化与急剧变革时代出版“新视点教与学系列丛书”的重要缘由。

这套丛书的作者整合了正在蓬勃发展进取中的新疆师范大学教师教育和课程与教学研究团队的精英。在丛书整体设计上，我们立足于今天新疆基础教育的发展对教师教育理论以及中小学课程与教学实践的现实需求，力求分别从教师教育、课程与教学理论研究及学科课程教学的实践导向等方面全面多维度地进行探索。

立足于新疆多民族地区文化多元的现实及其基础教育的现状，从服务于新疆基础教育出发探寻一些教师专业发展的技术性内容，同时努力与生动的教育实践相结合，力求在体现文化多元并存与交互融合、区域和本土特色兼具的基础上，做出适应变革时代需要的理性思考，是我们努力的方向。

编　者

2012 年 8 月 16 日

目 录

引　　论

一、研究背景

肩负着民族复兴的重任，关系着亿万儿童命运的新一轮基础教育课程改革已走过11个年头，经历了5个阶段。序幕（1999—2000）：课程理想的萌芽及其酝酿阶段，明确提出课程改革的基本理念——“为了中华民族的复兴，为了每一位学生的发展”，以此作为新课程的出发点和归宿；起航（2001—2003）：课程文件的研制、出台与实验区实施阶段，新课程的实验引发了我国中小学教师教育教学观念和教学方式与学生的学习方式的深刻变革；在路上（2004—2005）：进入义务教育课程改革实验总结与高中新课程阶段，针对方方面面的挑战与质疑、批评，一群教育理想主义者在艰难跋涉中前行；任重道远（2006—2008）：在全面推广高中新课程与理性反思中扎实前行阶段，学界各方回顾新课改历程，总结课改的成功经验和现存问题；再出发（2009—　）：课程改革已进入平稳、健康的阶段，追求有效教学。教育部前副部长陈小娅在2009年10月30—31日“全国基础教育课程改革经验交流会”上大力肯定了新课改的基本方向，新课程改革的发起者、参与者在回顾历史、反思现实的基础上，对深化课程改革与提高课堂教学效益提出了许多对策建议。恰逢即将迈入新世纪第二个10年之时，党中央、国务院召开了新世纪以来第一次全国教育工作会议，颁布了《国家中长期教育改革和发展规划纲要（2010—2020年）》，描绘了我国教育改革和发展的宏伟蓝图，指明了全面推进教育事业科学发展的方向，开启了我国从教育大国向教育强国、从人力资源大国向人力资源强国迈进的新的历史征程。国家发展的希望在教育，而办好教育希望在教师，教师是教育事业的第一资源。在新的历史起点上，如何培养和造就一支德才兼备、适应课程改革步伐的高素质专业化教师队伍更具有现实紧迫性。

回顾新课程改革历程，不难发现，没有“师生”的解放，教育不会发生深刻的变化。伴随着新课程改革的提出与实施，教育理论工作者和一线教师也经历了一个重要思想的发展历程。一是激动、兴奋，新课程给人以刺激；二是困惑、苦恼，传统与现代理念的碰撞产生的矛盾，使人焦躁不安；三是论争、反思，寻找理论和事实依据，理清思路；四是理性行动，主动地、创造性地实施新课程。毋庸置疑，近 10 年来，新课程正逐渐给中小学的课堂教学带来些本质性的变化：教学目标的多元取代了知识技能的“专制”地位，灵活多样的教学策略代替了僵化的教学模式，预设与生成相统一的教学过程打破了课堂的单向、封闭、静态的知识授受，教材由“圣经”转变为师生对话的文本，自主、合作、探究等多样化的学习方式取代了“听、记、背、练”单一的知识灌输，广大教师正在从调整教与学关系中寻求突破与创新。尽管新课程改革取得了一定阶段性和实质性的成果，但以目前教师的素质，要实施好新课程，今后的路更长也更为艰辛。当务之急是要培养教师，提高教育质量。

百年大计，教育为本；教育大计，教师为本。教育质量与教师教育成为全球社会和研究界共同关注的热点。在影响教育质量的诸多因素中教师素质是关键，一切教育改革最终都离不开好的教师，要提高中小学学科教学质量必然要培养高素质的学科教师。特别是当新课程推进到“决战课堂，聚焦教学”的关键阶段，关注学科教师的课堂教学，研究优秀教师的课堂行为表现，概括其所具有的共同特征及培养途径，对确立培养优秀学科教师的目标、策略、内容和过程是不可或缺的。教育的一切改革最终都离不开好教师。

二、研究意义

审视新课程改革的历程，我们不难发现存在一个非常清晰的基本改革脉络，即教育改革的核心环节是课程改革；课程改革的核心环节是课堂教学改革；课堂教学改革的目标是追求“有效教学”，促进教师的专业发展。无论是教育理论工作者还是一线教师，大家都共同体会到：课改的重心在课堂，课改成败的关键在教师。为此，教师专业发展理论与实践的研究聚焦于教师课堂教学现场，必须探索出提升教师专业素养的有效途径。以问题为中心，课例为载体，探索提升学科教师的课堂有效教学能力已成为各中小学校本研修的主旋律。

“什么样的课堂教学是有效的?”“无效与低效教学的表现是什么?”“如何克服无效与低效的教学?”“优质教学的精髓是什么?”“怎样从有效教学走向优质教学?”……解决上述问题需要教师深刻认识并遵循课堂教学规律。既然课堂教学是教师的主要专业生活，而且是有规律可循的，那么学科教学论工作者就有责任在教学理论与教学实践之间上下求索，通过剖析专家型教师课堂教学行为及其成因，去探寻课堂教学规律，使新手型教师在课堂教学实践中有规律可循，帮助教师从无效教学或低效教学走向有效教学，进而走向优质教学；在不断优化课堂教学，追求优质教学的实践中，提升其专业素质，并向专家型教师这一最高教师专业发展目标迈进。

上述思考促成了笔者选择了“课堂教学特质论——对专家型与新手型化学教师课堂教学的深度解析”的研究课题，目的在于探寻专家型与新手型化学教师课堂教学的特征因素，通过对中学专家型与新手型化学教师课堂教学深度解析来探寻化学课堂教学规律，并期望借助本书的出版，能进一步丰富学科教师教育与学科教学理论，对提高中学化学教学质量与促进化学教师专业成长具有实践指导意义，并为化学学科教师的职前培养与在职培训提供科学依据与素材支持。

三、问题阐述

本书基于中学化学专家型与新手型教师的课堂教学实践，研究专家型化学教师与新手型化学教师的课堂教学特质及其差异。更具体地说，围绕以下两个问题展开。

1. 什么是课堂教学特质？其构成要素是什么？

教师是学校的生命和根本，课堂是学校教育的主阵地，课堂教学是教师的主要专业生活，教师是在课堂教学工作中获得专业发展的。研究教师的课堂教学可从中探寻学科教学规律和教师专业成长的基本规律，研究教师的课堂教学是教师教育研究的永恒课题。新课程背景下教师专业发展问题已成为教育研究的焦点问题，人们从各自不同的角度阐释教师素质的内涵及行为特征及专业发展路径，但是，我们还需要对学科教师的课堂教学给予较为全面的描述与解析，对优秀学科教师的有效教学建立较为系统的认识框架。

2. 专家型与新手型化学教师的课堂教学特质如何？差异表现何在？

经过多年的化学教育实践研究，人们已获得了大量弥足珍贵的化学课堂教学经验。对这些经验进行梳理、提炼以及深入思考，能帮助广大教师提高化学教学效果、促进其专业发展。新手型教师是教师专业发展的起点，专家型教师是教师专业发展的最高目标，本书以教师课堂教学特质及其构成要素为理论研究框架，主要选择了20余名中学专家型化学教师和新手型化学教师为研究对象，以他们的学科教育及课堂教学实践为研究内容，去探析这两类教师在课堂教学行为、教学知识图式、教学思路和教学情意方面的特征及其差异，进而明晰专家型化学教师的优质教学的精髓，促进新手型化学教师向专家型化学教师的目标迈进。

四、全书结构

全书共分7章。第一章论述了解释与理解本研究的发现所必需的文献述评，追溯了国内外对专家—新手教师教学和教师特质的研究过程及成果，并回顾与反思了国内对化学教师的相关研究。第二章在部分地借鉴第一章文献评述的基础上，重点介绍了本研究的相关理论，提出了一个有关教师课堂教学特质的思想框架，确定了研究对象和研究方法。接下来的四章，即第三、第四、第五和第六章，呈现的是对中学专家型与新手型化学教师在课堂教学特质的4个构成要素方面的特征及差异研究过程，报告了关于专家型化学教师与新手型化学教师在课堂教学行为、教学知识图式、教学思路和教学情意方面比较研究的结果。第七章则总结了从本研究所得到的发现及获得的结论，并概括了专家型化学教师教学基本规范的框架。另外，这一章还提出了有关开展进一步研究的建议。

第一章　文献述评

从我国课程改革的实践来看，还大量存在着由于教师缺乏对教学的理性思考和必要的理论指导与实践引领，而导致所采用的教学策略不合理以及教学效率低下现象，进而影响了学生创新能力与综合素质的形成与发展。在访谈中教师也普遍反映：相对来说，新课程的理念很容易接受，但难在究竟该如何操作才能将这些理念转化为切实可行的教学行为上；一些教师形容目前的课改是“摸着石头过河”，对提高有效教学的办法只是苦干加蛮干。从课程改革暴露的问题中，我们看到了理想与实际之间存在着偏差，也引发我们更深入地关注、探究和思考教学。正如有学者所言，“陷入困境者必求重生，感到困惑者必求澄明”。为此，首先应梳理教师教学研究的相关文献。

在对教师教学研究的历史追溯中，我们越来越认识到：选择中学新手型化学教师的课堂教学为研究对象和研究内容能了解目前化学教师培养现状的优势和不足；选择中学专家型化学教师课堂教学为研究对象和研究内容，能确立化学教师的培养方向与专业发展目标。本章将追溯国内外对专家—新手教师的教学和教师教学特质的研究脉络及成果，回顾和反思国内化学教师的相关研究。总结前人的研究成果，从中寻找有待进一步研究的主题和研究方法。

第一节　对专家型与新手型教师教学的研究

教师教学研究是一个范围很广、内涵极为丰富的研究领域，以下对专家型教师与新手型教师的教学研究的文献追踪主要集中在有效教师教学行为及思维、教学专长、专家教师与新手教师的差异方面。

一、国外对专家型与新手型教师的教学的研究

自20世纪50年代以来，国外对教师教学研究大体经过这样一个过程：在研究发现学生学业和教师人格特征相关偏低之后，研究者将对教师人格特征的研究转向教师课堂教学行为的研究，后来又逐渐转向影响教师课堂教学行为的教学思维以及教师所拥有的有关学科、学生、教学目的、教学环境等各类教学知识的研究。研究主题集中在“有效教师”特征、有效教学行为、教师认知、教师知识、专家教师的特征、成长阶段以及与新手教师比较等方面。研究视角经历了由外向内、由表及里、因果关系的追溯变化过程，研究方法上大多借鉴认知心理学中的专家—新手比较范式，采用各类调查、观察、访谈、实物收集等方法考察新手型、熟手型及专家型教师的特点及差异，其研究成果推动了教师教育和教师专业发展。

（一）有效教师教学行为

教师的教学行为应该是一种有意识的、深思熟虑的行为，这种行为是在对教什么、学生怎样才能学得最好做出深思熟虑的决定后产生的。研究者起先是通过观察描述那些“有效教师”的课堂教学行为特点，后来通过研究具体教学行为与学生成绩之间的关系，以寻求那些能够导致学生知识和技能提高的教师行为。国外对有效教师教学的研究也称作教师的教学效能研究。

有效教师通常是指具备良好的人格特质，同时具有很强的专业能力，并熟悉教材内容，懂得如何教、如何利用教学资源、如何创设情境和调控好教学节奏达成特定教学目标、取得最佳教学效果的教师。有效教学一定是能够促进学生学习的教学，有效教师的课堂教学一定是有效的教学。

由于受行为主义理论的影响，20世纪70年代和80年代的研究者大多以学生成绩为依据，来区别教学好和差的教师，并在此基础上观察好教师的教学行为。

基于对教师教学行为的观察与测量，很多研究者提出了有效教学行为的特征。美国教学效能研究专家博里奇（G. D. Borich）归纳出具有教学效能或高效能教师特征的教学行为有10种，其中5种属于关键行为（教学清晰、多样化教学、任务导向、引导学生投入学习过程和确保学生成功率），5种属于辅助行为（利用学生的思想和力量、组织、提问、探询、施加教师影

响)。埃利奥特（S. H. Elliot）等重申了理想教师的9大教学行为：创造积极的学习环境、有效地运用语言、坦诚地对待学生、谨慎地使用表扬、公平地对待每一个学生、综合运用各种技术、组织实在的互动、清楚地教授、是优秀的问题解决者①。

众多研究所辨析出的教师有效教学行为集中体现在：对工作饱含热情；知道该教什么，如何教，如何提高自己；擅长与学生交流和活跃课堂气氛；能激励学生挖掘自己的潜力；教学效果超过规定的标准等方面。

这些研究结论丰富了人们对教师有效教学行为的认识，运用于实践后也在一定程度上推动了教师教育的发展。但这类研究对复杂的课堂教学情境变量，如教学方法、课程目标、教学材料、学生的学习过程与体验等关注不够，只关注学生的学习成绩而没有研究学生的学习过程，没有研究教师在教学中是如何对教学目标、教学内容、学生等情境要素进行知觉、判断、思维和决策的。这样，难以使普通教师在教学实践中模仿这些有效教学行为。为此，研究者将研究重心转向对有效教学行为背后的思维和决策的研究上。

（二）教学思维

为克服对教师教学行为研究的不足，研究者借鉴认知心理学的成果，将研究重心从对教师有效教学的研究转向对教师认知和思维过程的研究，开始关注教师认知过程与教学行为的相互作用，进一步探究教师外显教学行为背后的教师的决策与思维。研究者发现教师在教学前、教学中和教学后三个阶段的思维各有其特点。比如有效教师在教学前的思维往往是深思熟虑的，在教学中具有及时性，在教学后具有反思性和批判性的特点。

1. 教学前的思维

教师教学前思维主要体现在教学计划中。泰勒（P. H. Taylor）通过研究发现教师的教学计划不同于他所提出的教学计划理论模型。泰勒的教学计划理论模型认为有效的教学计划包括四个步骤：确定和形成目标；选择适宜的教学活动；组织教学活动；选择评价方式。但是，泰勒从其所研究的教师们那里发现：他们在设计教学计划时，首先考虑的是教学情境素材，如教学内容与教学资源，再考虑学生最有可能对哪种教学情境感兴趣，最后才考虑教

① Elliot S H, et al. Educational Psychology: Effective Teaching, EffectiveLearning [M]. 3rd ed. Boston: The McCraw-Hill Companies, 2000: 8.

学所要达到的目标①。

扎奥里克（J. A. Zahorik）研究了194名教师的教学计划过程发现，81%的教师教学计划中包括了教学活动，但是在教学计划中提到教学目标的教师只占28%②。事实上，很多教师在设计教学计划时主要思考的是教学的过程，在教学中要开展哪些活动，考虑教学目的或教学目标的很少。因此，在设计教学计划时，很少有教师是从设计教学目标着手的，在其教案中重视恰当呈现教学目标的很少，只有在校方规定时才会呈现教学目标。

麦卡琴（G. McCutcheon）分别对教师的教案与头脑中的计划过程进行分析比较后也发现，教师在其教案中只简单地罗列出主题、活动等，很少有教学目标，而教师头脑中的计划过程主要是对先前教学过程的回忆和即将进行的教学过程的思考，也不是起于教学目标；他们还发现教师决策时依次考虑的是：学生兴趣、学生的日常生活经验、教学实践、适宜的教学策略、教学的联系性以及学生学习要求等因素③。

彼得森（P. L. Peterson）、马克斯（R. W. Marx）和克拉克（C. M. Clark）将教师教学计划的不同归结于教师认知方式和认知能力的不同，他们认为教师的认知能力影响教学内容的选择，教师的认知灵活性影响教学目标的确定。并且特别提到："教师认知能力越低，则更多地考虑具体的概念；教师认知能力越高，则更多地选择抽象的概念，更关注教学过程和学习者，其教学计划表现得比较简洁、概括。"④

伊格（R. J. Yinger）采用参与式观察和过程追踪的方法对一位具有6年教龄的小学教师的教学计划策略进行研究发现，其教学计划过程是个体的、预设的、深思熟虑的加工过程，它包括三个阶段：问题发现，问题解决的设计与执行，对问题解决的评价。该教师侧重于问题的发现和问题解决的设计，而不是对教学材料的选择。在问题解决的设计与解决阶段，该教师所使用的教学材料和采取的教学活动不仅受学校环境、教学资源和学生特征的影响，还受教师的知识、经验和教学目标的影响，特别是教师的知识和经验

---

① Taylor P H. How Teachers Plan Their Courses [M]. New York: Natipnal Foundation for Educational Research, 1970.

② Zahorik J A. Teachers' Planning Models [J]. Educational Leadership. 1975, 33 (1): 134-139.

③ McCutcheong. G How Do Elementary School Teachers Plan? The Nature of Planning and Influences on It [J]. The Elementary School Journal. 1980, 81 (1): 4-23.

④ Peterson P L, Marx R W, Clark C M. Teacher Planning, Teacher Behavior, and Student Achievement [J]. American Educational Research Journal. 1978, 15 (3): 417-432.

（主要指教师认识和解决问题的方式）不仅影响着问题解决的执行，还影响着对问题的分解与细化、对问题解决方式的选择、结果的验证以及过程的调控等①。

上述研究表明：教师教学前思考教学计划时，关注的是教学内容、教学过程，而较少考虑教学目标和教学评价；影响教师制定教学计划的外部因素有学校和课堂环境、学生、教学目标和教学材料等，而影响教师制定教学计划的内部因素则是教师的认知方式、知识与经验。

2. 教学中的思维

教学计划是教师在脑海中形成的有关教学的“脚本”，如何将“脚本”付诸实践就涉及教学的实施过程。教学实施过程既是教师对“脚本”的提取和执行过程，也是教师和学生的互动过程。所以，教学中教师既要为保证教学计划的顺利执行而进行思维，又要对教学中的意外或偶发教学事件进行思考、判断、决策，以灵活地改变已有的教学计划。

彼得森和克拉克运用肖（Show）有关教师教学中思维模型来研究教师在教学中 4 条思维路径出现的频率，结果发现其出现的频率由高到低依次为：像平常一样进行教学；改变原先计划的教学策略；找不到更好的方式方法去替换原先计划的策略；原先计划的教学策略是最好的而不考虑替换②。

帕克（W. C. Parker）和格里克（N. J. Gehrke）的研究表明：教学计划主宰着教学活动的展开，只有当遇到阻碍执行教学计划时，教师才会去进行判断与决策，此刻的判断与决策受学生学习活动、教师教学知识和经验的影响，并不受教学目标的影响，而且决策的根本目的不是改变原有的教学进程，而是为了引导学生回到主题以更好地执行教学计划③。

扎奥里克（J. A. Zahorik）研究发现：“教学计划详实的教师，与没有进行计划或计划不充分的教师相比，前者教学更缺乏灵活性、更刻板，较多关注教学内容、教学过程，而较少考虑教学目标和教学评价。”④

从以上研究我们发现，教师教学中的思维有这样的特点：教师如果关注

---

① Yinger R J. A Study of Teacher Planning [J]. The Elementary School Journal. 1980, 81 (3): 107－127.

② Peterson, Clark. Teachers' Reports of Their Congnitive Processes During Teaching [J]. American Educational Research Journal. 1978, 15 (4): 555－565.

③ Parker W C, Gehrke N J. Learning Activities and Teachers' Decision-making: Some Grounded Hypothese [J]. American Educational Research Journal. 1986, 23 (2): 227－242.

④ Zahorik J A. Teachers' Planning Models [J]. Educational Leadership. 1975, 33 (2): 134－139.

教学计划中“教学过程”部分，则更有可能会“改变原先计划的教学策略”；教师如果关注教学计划“教学内容”部分，尤其是具体概念的教学，则较少“改变原先计划的教学策略”。

3. 教学后的思维

教师教学后的思维并不是一般性地回顾课堂教学情况，而是具有反思性的，并体现在教师的反思教学之中。从20世纪80年代起，教师专业化运动重点已由追求教师的地位向追求教师的角色与教师的实践转换，其目的是使教师在本学科教学领域更富有专长，通过展现应对课堂事件的教学机智来达到提升专业地位的目的，于是研究教师教学后的思维即研究反思性的教学就悄然而生了。

众多研究者认为反思是教师对教学事件进行理性选择的方式和态度，例如，古德曼（Goodman）、罗斯（Ross）、蔡奇纳和利斯顿（Zeichner，Liston）、科塞根（Korthagan）等研究者认为，教师反思的成分主要包括：回应困境、建构或重建困境、选择方法和行动、检验结果评价方法①。

基利昂（J. P. Killion）和托德尼姆（R. Todnemg）从反思发生的时间维度将教师的反思性的教学实践分为三类：实践后反思；实践中反思；为实践反思。这种提法拓展了教学反思的视域，指明教学反思不仅是回顾过去的教学实践，反省自身的元认知过程，而且是为了指导未来的行动②。

以上各种提法的出发点和强调重心有所不同，给人们研究教师教学后思维带来不同的启示。但是，从有关教师的思维与决策的研究还是可以概括出：教师在教学前的思维主要是对教学内容和教学过程的思考，具有深思熟虑的特征；教师在教学中的思维由于受课堂教学环境变化的影响需要进行判断和决策，具有即时性的特征；教师在教学后的思维具有反思性和批判性的特征。影响教师教学思维的因素有外部情境因素（学校、课堂、教材、学生等）和教师内部因素（教师自身已有的知识、经验、认知方式和认知能力等）。随后，研究者又兴起了对专家教师所拥有的教学专长的研究。

（三）专家教师及教学专长

专家教师是具有教学专长的教师，其教学是高效优质的。什么样的教师

---

① 李定仁，等．教师及其成长研究：回顾与前瞻［J］．教育理论与实践，2003（6）：35.

② Killion J P，Todnemg G R．A Process for Personal Theory Building［G］//Woolfolk A E.（ed.）．Readings&Cases in Educational Psychology．Allyn and Bacon．1993：12－15.

是专家教师？教学专长的内涵是什么？专家教师的教学专长是怎样获得的？为了帮助一线教师提高教学效能，引导他们迈向通往专家教师的旅途，很多研究者就这些问题展开研究。

1. 专家教师的界定

目前尚无对专家教师和新手教师的确切界定，国外对专家教师的认定一般通过以下几种途径。

（1）通过学生成绩来确定：用标准化测验研究学生在一定时期内增长的分数，如果某位教师所教学生的增长分数在一定地域范围内居前15%，则将该教师作为专家教师①。

（2）联合提名法：通过校长、同行与学生的推荐，取三者共同的提名。此方法综合考虑到学校管理者、同行与学生三种不同角色对专家教师理解的不同侧重点②。

（3）根据斯腾伯格（R. J. Sternberg）和霍瓦斯（J. A. Horvath）提出的专家教师原型观来确定，专家教师应具备三个主要特征：具有丰富的和组织化的专门知识；解决教学领域的问题的效率比新手教师的效率更高；在教学领域更富有敏锐的洞察力和创造力③。

（4）以教师的职称和教龄为划分标准：将具有高级教师或特级教师职称、教龄在15年以上的教师称为专家教师。有研究发现：教师至少在积累了10年的教学经验，在教室里讲述10000小时的课，在此之前至少当过15000小时的学生之后才有可能发展到专家水平阶段，每位专家水平的教师都有长时间的教学实践和十分丰富的教学经验。

对新手教师的认定相对比较统一，一般指具有0-4年工作经验的教师，正逐步适应课堂教学的各个环节，学会把握课堂管理的常规，开始关注学科的理解与教学。随着研究的深入，人们开始意识到，有教学经验的教师并不等于专家教师，专家教师应具有某种教学专长。

2. 教学专长的知识属性与特点

专长是指专门领域的专门知识和技能，往往是为专家所独有的。维纳特

---

① Leinhart G. Expertise in Mathematics Teaching [J]. Educational Leadership. 1986, 43 (6): 28-33.

② Berline D C. Teacher Expertis [G] //Anderson L W. (2nd ed.). International Encyclopodeia of Teaching and Teacher Education. Cambridge U K: Cambridge University Press, 1992: 40-42.

③ Sternberg R J, Horvath J A. A Prototype View of Expert Teaching [J]. Educational Researcher. 1995, 24 (6): 9-17.

（F. D. Weinert）认为教学专长是教学法知识的四种基本形式（教材知识专长、课堂管理专长、教学专长、诊断专长）之一，教学专长是指教师为了完成教学目标具有的关于教学策略与教学方法的内隐知识与外显知识的总合①。教学专长常常属于程序性知识，是在复杂的教学实践中形成的包括计划、监控、评价和应变能力。这些能力能使教师的教学适应不断变化的课堂教学情境，达到教学流畅水平。

教学专长是陈述性知识（如教材内容知识、学生和学习的知识、情境的知识等）与程序性知识（迅速辨别学生个体间能力、学习水平差异及教学情境的异同；综合运用各种方法与技能讲授一节课或某知识点；有效地运用教学策略去感知、辨别和解决教学事件等）的综合。专家教师的教学专长的内容中不仅有丰富的实践知识，还有相应的理论知识，而且这两类知识是相互联系的。

伯利纳（D. C. Berliner）从课堂教学问题解决的角度总结了教学专长的特点，即①教学专长的形成需要一定的教学情境、时间和经验（至少 5 年的教学工作经验或 10000 学时的课堂教学）。②自动化水平高。以课外作业的课堂批改为例，专家教师能迅速得知学生作业完成情况，并在迅速核对答案的同时保持课堂气氛安静，所用时间仅是新手教师的 1/3。③完成任务要求的高标准与关注教学情境。专家教师不仅课前能根据学生的能力、经验与知识背景确定教学内容的可教性及教学方法，而且讲课中还能根据当时的情境和学生的反应与要求来调整教学并最终完成教学目标。④灵活应变能力。指在拥有一个深思熟虑的课堂教学脚本基础上充分利用课堂情境的各种信息以应变各种学生行为的能力。⑤创造性地处理问题方式。能创造性地陈述一个学科问题，引出学生的各种解决方法，从学生回答中获知学生的思考问题方式，推论学生的不足加以矫正和完善。⑥合理、一致、有意义的课堂教学事件的解释模式。⑦审慎的问题解决方式。处理课堂教学问题时，专家教师常常考虑多种方法和学生的学习特征，运用不同的教学原则与不同的教学事件，在解释问题和设计解决方案所花费的时间相对比新教师长②。

---

① Weinert F D, Helmke A, Schrader F W. Research on the Teacher Model and the Teaching Model [G] //Oser F K, Dick (ed.). Effective and Responsible Teaching: The New Syntheis. Jossey-Bass Publishers, San Francisco, 1992: 251 - 253.

② Berliner D C. The Nature of Expertise in Teaching [G] //Oser F K, Dick (ed.). Effective and Responsible Teaching: The New Synthesis. San Francisco: Jossey-Bass Publishers, 1995: 227.

3. 教学专长的发展

教学专长发展的理论是在职业专长理论的基础上发展起来的。最初德雷福斯（H. L. Dreyfus）等人从职业发展角度提出专长发展五阶段理论：新手水平—高级新手水平—胜任水平—熟练水平—专家水平①。在此基础上，沙尔（Shuell）提出了教学专长发展的三阶段（新手、中间和高水平）理论；富尔勒（Fuller）和布朗（Brown）提出的教学专长发展的三阶段理论即关注生存（适应教学以及教学以外的事务）、关注情境（成绩、教学内容及效果）、关注学生差异；费斯勒（Fessler）和休伯曼（Huberman）等还提出了教师职业生涯发展阶段的理论②。本特（Bent）和本茨（Bents）的研究认为新教师向高级新手教师并进一步向专家教师的转变的实质是从以教师或自我为中心的新手向以学生为中心的高级新手教师，进而向个体—情境整合化的专家的转变过程③。科莱特索恩（Glatthorn）认为制约新手教师向专家教师三类转变过程的因素有三类（如图 1－1 所示）：个人因素指教师自身的职业和认知思维水平等；情境因素指教师的学习工作环境，具体有：从社会到社区、从学校体制与氛围到教研组与课堂等；系统工程则指特定的、有目的的影响教师专业成长的方法和手段，如观摩、评课、反思以及专家指导等④。

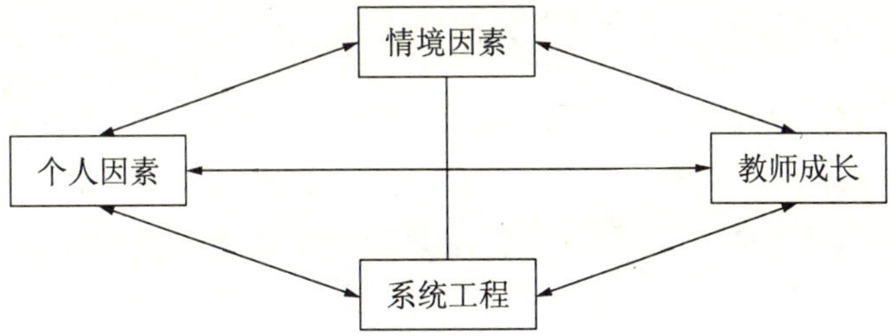

图 1－1　教师成长的影响因素系统

① Dreyfus H L, Dreyfus S. E. Mind over Machine [M]. New York: Free Press, 1986.

② 张学民. 国外教师教学专长发展的评价理论与方法 [J]. 外国教育研究，2004 (7): 54.

③ Berline D C. Teacher Expertis [G] //Anderson L W. (2nd ed.). International Encyclopodeia of Teaching and Teacher Education. Cambridge U K: Cambridge University Press, 1992: 48.

④ Ackerman P L. Personality, Self-concept, Interests, and Intelligence: Which Construct Doesn't Fit? [J]. Journal of Personality, 1997, 65 (2): 171－204.

还有研究者提出将智力与特质联合体①（特质联合体是一小部分认知、情感及意动特质的聚合，目前确定的特质联合体有如下四种：科学/数学的、文化的、社会的以及习俗的特质联合体。如科学/数学特质联合体包括数学推理、视知觉等认知特质、现实主义的个性特质，以及研究性的兴趣特质。特质联合体刻画了个体获得某领域专长必须具备的一些心理特质，智力、特质联合体及知识结构构成了获得专长的优质的“投资”结构，这对人才培养有重要意义。）整合起来解释专长获得的观点。因为特质联合体是一个具有领域限制并涵盖认知、情感、意动成分的特质群，这样将智力以及情感意动等个性心理特质也纳入到影响专长获得的因素之中。这一观点有助于改变以往主要从认知侧面研究获得专长的研究习惯，启发研究者全面地考察专家教师的知识、经验、个体心理特质如何相互作用以促进专长的获得。

对专家教师及教学专长研究的梳理使笔者认识到：专家教师的教学专长既有丰富并且组织有序的知识结构和经验作基础，又有认知达自动化水平的认知技能以及有效地解决问题的程序、方法和策略作工具，还有优秀品性和较强的自我效能感及动机作调控及动力支持手段，这三者在实践中不断相互协调整合优化的过程就是教学专长的获得过程，即教师专业发展过程。

（四）专家型教师与新手型教师的差异

对专家教师及教学专长研究的主要目的之一就是追寻优质教学的内涵及获得途径，从而将一般教师特别是新手教师引向通往有效、高效教学之路。要实现这一目标就必须先弄清楚新手教师与专家教师的差距表现在哪些方面。

专家与新手的比较研究，是认知心理学家研究专门领域的知识时经常采用的方法。这一方法最初由西蒙等人应用于象棋领域，主要考察了象棋专家和新手对某棋盘上棋子的某些特殊格局的记忆，发现与新手相比，专家有七方面的明显特点：善于解决本领域的问题；以较大的意义单元加工信息；记忆容量大；解决问题的速度快；用更多的时间表征问题；在更深的水平上表

---

① 郝宁．专长的获得：一种智力与特质联合体整合的观点［J］．华东师范大学学报（教科版），2004（4）：71－75.

征问题；具有更好的自我监控能力[①]。此后，专家与新手的比较研究在教师教学差异比较研究中也被广泛的采用。

1. 知识结构的差异

斯腾伯格认为，专家教师和新手教师之间最基本的差异不仅在于他们所具有的知识量上的差异，更多在于知识组织方式上的差异以及可利用知识范围上的差异。专家教师拥有的知识是以脚本、命题结构和图式的形式出现的，它比新手教师的知识组织得更完整、结构更好、更易被提取；专家教师还擅长将广博的、可资利用的各种知识组织起来运用在教学中；专家教师还具有高效教学赖以产生的政治和社会背景知识，这些知识能帮助其解决教学中遇到的诸如教师如何被认可以及如何保持作为专家型教师之类的问题[②]。

新手教师常常因缺乏教学法知识和策略性知识而使其教学效能低下。芒比（H. Munby）和拉歇（T. Russell）对一位曾有 11 年化学技术研究背景的中学化学教师的教学研究表明：尽管她能清晰、简洁、准确地讲解所教的化学知识，但却不能解释所教内容与其他章节内容之间的联系，无法将新授内容与已学内容在概念上建立联系，也不善于给学生提供独立地、循序渐进地解决问题的机会[③]。利文斯顿（C. Livingston）和博科（H. Borko）研究表明，专家教师具有良好的策略性知识，新手教师缺乏或不会使用这些知识[④]。

2. 教学行为的差异

教学有三个环节：计划、课堂管理与教学、课后评价与反思。这三个环节与教学内容和活动、步骤、策略相结合就构成了一个完整的课堂教学过程。

莱因哈特（G. Leinhart）对专家教师和新手教师的课时计划的考察结果表明：专家教师的课时计划包括检查家庭作业、呈现某些概念或材料和检查学生对其理解、监督练习等常规工作，也有对学生的特殊问题的关键处的解

---

① 胡志坚. 课堂教学中新手和专家教师注意选择性特点的比较研究［J］. 中小学教师培训，2001（9）：8.

② Sternberg R J，Horvath J A. A Prototype View of Expert Teaching［J］. Educational Researcher，1995，24（6）：12.

③ Munby H，Russell T. Transforming Chemistry Research into Chemitry Teaching：The Complexities of Adopting New Frames for Experience［G］//Russell，Munby（ed.）. Teacher and Teaching：From Classroom to Reflection. London：The Falmer Press. 1991：90－108.

④ Livingston C，Borko H. Expert-Novice Differences in Teaching：A Cognitive Analysis and Implication for Teacher Education［J］. Journal of Teacher Education，1989，40（2）：36－42.

释和将学生的反馈与目标相联系的具体内容，还有对预料到的和未预料到的事件作出反应的决策成分；而新手教师既缺乏高效的一般教学常规，也缺乏具体内容的教学知识（不事先备好例子和解释，现场举例和解释会发生困难），不大可能预料学生的某些错误概念，更难以把学生的问题与课时目标相联系①。

利文斯顿、博科和韦斯特曼（D. A. Westerman）等人的研究表明，专家教师在课堂教学过程中的教学行为明显优于新手教师，概括起来有三个方面差异。①计划和教案的差异：专家教师不仅有课时计划，还有单元计划、学期计划和学年计划而且在年初就规划好，还能根据学生能力和教学内容调整；新手教师大多仅有课时计划，因受经验和知识的限制，他们多把精力放在当天或本周教学上，往往只有课时计划（也称教案）。专家教师的教案简洁、以学生为中心并有预见性外，还注重知识的整合、教学方法及学生的反映；新手教师的教案非常详细，注重教学实例和教学时间的分配。②课堂教学的差异：专家教师能观察到学生学习行为上的微弱变化信息，能根据所出现教学事件的本质原因进行反应并迅速做出决策；新手教师由于缺乏相关的本质原因知识，教学图式等只能注意一些表面特征。③课后评价与反思的差异：专家教师的评价内容是学生的学习情况和自己目标达成情况，不仅反思教学方法和策略，还与教学计划相联系；新手教师的评价则注重自己是否完成了教学任务、自己的教学是否有效②。

3. 问题解决的差异

问题解决是指向个体目标的一系列认知操作，当个体欲达到某个目标而缺乏达到目标的手段时，就产生了问题。斯腾伯格认为专家教师在解决教学领域里的问题时是富有洞察力的。专家教师能够鉴别有助于问题解决的信息，并能够有效地将这些信息联系起来；能够通过注意，找出相似性及运用类推来重新表征问题。相反，一方面新手教师难以从学生的行为和学习中发现问题并辨别问题的意义，另一方面新手教师常常借用“尝试错误”来解

① Leinhart G. Expertise in Mathematics Teaching [J]. Educational Leadership. 1986, 43 (6): 28-33.

② Westerman D A. Expert and Novice Teacher Decision Making [J]. Journal of Teacher Education. 1991, 42 (4): 292-305.

决，缺乏综合利用多种解决方案进行问题解决的能力①。

以上对专家教师与新手教师三方面的比较使我们得到以下的认识。

（1）在知识结构和组织方面，专家教师是丰富的、多层次和多重联系的，而新手教师则较简单而且较为孤立。

（2）在教学行为方面，专家教师的教学常规工作程序已高度熟练，达到自动化水平，很少或不需要意识控制；而新手则将更多注意力用于如何使自己按照一般教学程序完成教学任务，很难将注意力分配到其他事情上。尽管新手教师知晓大量的课堂教学知识、方法和策略，但难以应用于实践，缺乏变通能力。

（3）在问题解决方面，专家教师在新手教师不易发现问题的地方更易发现问题，凭借丰富的知识和经验迅速找到问题的关键，能够灵活地自如地将问题解决。新手则按部就班地解决一般性问题，具有尝试性、机械性和效率低的特点。

从以上研究可以得出这样的结论：在这些差异中，知识组织和知识结构是基本原因，另外，差异的产生还与专家—新手教师对问题表征的深度、解决问题的程序、方法和策略的有效性，解决问题的认知自动化水平和元认知能力的发展水平的不同相关。

二、国内对专家型与新手型教师教学的研究

国内有关教学专长（也称作教育专长）和专家—新手教师比较研究尚处于起步阶段，多限于对国外研究成果的综述研究，也有很多借鉴国外专家—新手教师的比较研究方式，采用问卷调查、课堂教学行为观察和访谈方法对教师的个人教学效能感和教学动机、问题表征等教师心理特征进行实证研究，还有对教学专长的获得以及教师专业成长进行理论构想的研究。

（一）教学专长

国内研究者在借鉴国外教师教学专长的构成及发展的理论、教学专长发展的评价维度、测量和评价方法等基础上，基于国际视野展开了对教学专长的本土化的理论与实证研究。

---

① Sternberg R J, Horvath J A. A Prototype View of Expert Teaching [J]. Educational Researcher, 1995, 24 (6): 14.

1. 教学专长概念的研究现状

在对教育（教学）专长概念及理论解释方面，我国学者纷纷提出了自己的见解。李茵等学者采用因素分析和集贮建构测验的方法分别对近300名普通教师和有经验教师的教育专长的集体观念进行研究，提炼出了教育专长的概念①。在2006年的后续研究还发现，有经验教师对教育专长的理解不仅停留在专长的行为表现上，而且体现在对专长表现的心智基础及发展的深层动力上，他们更强调思维方式和思维品质，将问题解决扩展至生活领域，重视掌握问题的复杂性避免简化问题；普通教师的教育专长观念在思考的复杂度和细致度上稍有欠缺②。

2. 教学专长的获得途径

在获得教学专长的途径方面，郝宁在专长的反思研究者（其着重强调经验的积累在专长获得中的重要性）与智力研究者（其着重强调智力对专长获得的基础作用）争论的基础上，提出专长获得是在智力与特质联合体（涵盖认知、情感、意动成分）的共同作用下完成的，提高智力和优化特质联合体将有利于专长的获得和教师的专业成长③。张英萍从内隐学习理论的视角提出专家与新手在知识表征上差异的根源可能在于他们内隐学习表征上的差异；习得专长的一个重要途径是长期的刻意练习并努力对自己的训练进行监控，刻意练习的数量与获得的专长的业绩水平是密切相关的④。

（二）专家型与新手型教师的比较

专家型教师有何特征？新手型教师与专家型教师差距何在？如何引领新手型教师迈向专业的成功之路？……这类问题已成为教师教育研究的热门话题。国内研究者借鉴国外有关专家型教师和新手型教师比较研究的方法，展开了专家型教师心理特征与新手型教师心理特征的比较、教师专业成长方面的本土化研究。

---

① 李茵，黄蕴智．中国教师关于教育专长的内隐理论［J］．教育研究与实验，2004（2）：51－58.

② 李茵，黄蕴智．有经验教师关于教育专长的集体观念［J］．教育研究与实验，2006（3）：62－68.

③ 郝宁．专长的获得：一种智力与特质联合体整合的观点［J］．华东师范大学学报（教科版），2004（4）：71－75.

④ 张英萍．内隐学习理论的新进展及其对专长研究的启示［J］．心理发展与教育，2006（1）：109－112.

1. 专家型与新手型教师心理特征的比较

俞国良采用问卷调查、课堂教学行为观察和访谈方法对48名普通中学的专家教师和新手教师的比较研究发现：专家教师的总体教学效能感水平和个人教学效能感水平都明显高于新手教师，而新手教师的一般教学效能感高于专家教师；在教学行为的各个方面及总分上，专家教师显著优于新手教师；两类教师的个人教学效能感与教学行为均存在显著的正相关①。胡志坚从注意指向性和注意选择的典型性及分配性的维度对课堂教学中新手和专家教师注意选择性特点进行了比较研究②。罗晓路的研究发现，在教学监控能力方面，专家教师在计划与准备性、调节与控制性、评价与反馈性、课后的反省性以及监控总分上均比新手教师得分高③。连榕的研究团队先后对专家—熟手—新手教师的教学策略与成就目标及人格特征的关系、心理特征、教学策略、教学动机特点等进行了实证性的比较研究，其研究结论为研究教师专业成长提供了心理学方面的支持依据④。

2. 专家型教师的特征

在介绍和借鉴国外有关教师职业发展阶段理论和专家教师研究成果的基础上，国内研究者也纷纷提出本土化的有关教师成长的规律、专家教师的特征等。宋广文从认知心理学视角指出专家教师在操作层面的明显特征表现在：对教学情境的分析、教学的灵活性、解决问题的方式特点以及创造性的教学风格上⑤。徐碧美抓住专家教师与教育环境相互作用的实践性和情境性的特征，通过对4位英语教师的案例研究，发现反思是专家教师知识和技能的重要特征，专家教师的教学专长是在实践知识的理论化和理论知识的实践

---

① 俞国良. 专家新手型教师教学效能感和教学行为的研究［J］. 心理学探新，1999（2）：32－39.

② 胡志坚. 课堂教学中新手和专家教师注意选择性特点的比较研究［J］. 中小学教师培训，2001（9）：8－10.

③ 罗晓路. 专家—新手型教师教学效能感和教学监控能力研究［J］. 心理科学，2000（6）：741－742.

④ 连榕，等. 专家—熟手—新手型教师教学策略与成就目标、人格特征的关系研究［J］. 心理科学，2003（1）：28－31. 连榕，等. 新手—熟手—专家的心理特征比较［J］. 心理学报，2004（1）：44－52. 连榕，等. 专家—熟手—新手型教师教学策略的比较研究［J］. 心理发展与教育，2004（4）：70－73. 潘贤权，连榕，等. 新手—熟手—专家教师教学动机特点研究［J］. 教学与管理，2005（18）：23－24.

⑤ 宋广文. 教师的发展：一种关于专家教师形成的认知心理学分析［J］. 外国教育资料，2000（5）：41－43.

化的互动过程中获得和发展的，专家教师不断地迎接挑战和应对挑战，不断探索和试验、质疑看似“没有问题”的问题及回应工作环境的方式促进其专业发展，特别是这种回应工作环境的方式是专家教师和非专家教师的关键差异所在①。

3. 教师的专业成长

郑和从生命发展之维审视教师专业成长的内涵，提出优秀教师（专家教师）的专业成长是一种自主成长过程，即自觉自愿地追求幸福与完善人生，追求作为教师的人生意义与价值的成长方式，并指出优秀教师自主成长的基本策略是以理论学习与培训为先导，以自我反思为基本手段，在教育行动研究中成长，并在成长中自主记录成长轨迹②。李定仁等学者在对国内外教师及其成长研究进行概括总结后，指出国内有关教师的研究还处于起步阶段，缺乏从纵向角度对教师成长过程进行全面考察和研究，缺乏从主体角度对教师的全面理解和研究，缺乏对教师成长影响因素的系统研究③。

我们通过梳理发现，国内研究者对专家教师与新手教师教学的研究从理论视角进行演绎研究的成果较多，实证研究主要集中在专家型与新手型教师的心理特征比较方面。教师是在具体化情境化的教学实践中获得专长，成长为专家教师。但是，有关各学科专家教师如何在教学实践中获得教学专长的实证性研究较为缺乏，研究专家教师如何努力实现教学实践的合理性、如何积累和丰富教师的实践性知识、如何将其内隐的教学理论进行外化或显化方面的研究甚少，而这些对于新手教师向专家教师的转变具有重要意义。因此，本书的研究将对教师的信念、教学知识和教学行为的形成过程进行系统的理论探讨与实证研究。

第二节　教师特质的研究

人格心理学的相关文献表明，人格具有三个基本特征：首先，人格是相对稳定的，具有跨时间和跨情境的一致性，这是人格研究的前提之一；其次，人格是相对独特的，它是区分个体与个体、群体与群体差异的主要标

① 徐碧美. 追求卓越——教师专业发展案例研究［M］. 陈静，等，译. 北京：人民教育出版社，2003：257－293.

② 郑和. 优秀教师自主成长的内涵与策略［J］. 课程教材教法，2004（11）：78－82.

③ 李定仁，等. 教师及其成长研究：回顾与前瞻［J］. 教育理论与实践，2003（6）：34－38.

志；再者，人格具有情境性，个体拥有的某些特征或品质会在某些相关的情境中表现出来，如害羞、诚实、整洁、糊涂等。人格的稳定性与独特性在很大程度上归功于其核心成分——特质（trait），这是一种以某种特定方式行动的相对稳定的、持久的倾向。

奥尔波特（G. W. Allport）将特质界定为个体内在的系统和倾向，这种系统或倾向使个体以独特的方式知觉情境，并对各种极不相同的情境作出相同的反应方式；特质是人格的“心理结构”，是个体的“神经特性”，具有“支配个人行为的能力”①。后来他又强调，“在一个人的活动倾向中，除了可变的那部分外，另外还有一部分是稳定不变的，后者正是我们力图用特质概念所说明的那部分”。由此，一些认知心理学研究者认为个体行为差异源于个性心理结构的差异，正是特质使得个体在变化的情境中接受外界的刺激，并产生相对一致性的行为②。于是，研究者运用心理学中特质概念及其特质的因素分析来研究有效教师的人格心理特征，试图辨别出影响教师有效教学的教师人格因素，进而探讨有效教师的人格、认知及行为间的相互影响。

一、国外对教师特质的研究

国外对教师特质的研究始于20世纪30年代，以此作为对有效教学研究的开端或序幕。教师特质研究旨在分析和鉴别可能影响教学有效性的教师某些人格特征（态度、经验、热心等）、做事风格、个性、经验背景对学生的影响以及与学生学业成就之间的关系。

卡特尔（Cattell）通过调查发现，使用频率最高的描述好教师品质的词依次为：个性与意志、才智、同情与机智、思想开放、幽默感。瑞安（Rran）等人通过观察方法辨别出了影响教师有效教学的三个主要变量（采用肯定和否定两极相对的形式依次表述为）：热情、理解⟷冷漠、无情；有组织、有效率⟷散漫、草率；有刺激、富于想象力⟷单调乏味、墨守成规。盖特泽尔（Getzels）和杰克逊（Jackson）阐述了教师人格与学生学习成绩之间的关

① Allport G W，Odbert H S. Trait Names：A Psycho-Lexical Study［J］. Psychological Monographs，1936，47.（1）：7－10.

② 陈少华，郑雪，曾毅，等. 人格特质与认知操作关系的初步研究［G］//中国心理学会：第九届全国心理学学术会议文摘选集，2001：382.

系。博里奇（Borich）还提供了一个关于教师人格特性的研究综述。斯通斯（Stones）对教师有效教学研究集中在教师的人格因素，20 世纪有人对这种远离课堂教学实践而不能为改善教学行为、实现有效教学提供范例的研究提出了质疑①。

20 世纪 90 年代后，有关教师特质研究视角较为广泛、成果较为丰富，这里选择部分文献为代表进行分析（见表 1－1），从中可以看出教师特质研究内容的变化、结论较为发散的特点。

从早期对教师特质研究看，由于受公众认为对学生的人格教育要比知识能力训练更为重要的影响，教育看重教师“人师”的示范作用，对教师特质要求也以人格为首要，所以，特质研究内容集中于教师人格特质方面。继而，随着科学技术的进步和师范教育开始重视专业性，所以将丰富的学科知识和教学知识及培养学生学习习惯也作为教师特质的基本要求。后来，对教师角色要求日趋全方位化，教师不仅要是“人师”、“经师”，还要成为高级的“教学设计师”，能够合理利用一切教育人力和教育技术资源，围绕作为教育资源呈现的内容、时机、样式、手段，以及促成并维持学生的主动学习知识与方法等方面进行设计，另外，还要谙熟教学心理及沟通技巧，经过设计、执行、评价与监控教师教学和学生学习的全过程，有计划有系统地促进学生的学习与发展。

表 1－1　20 世纪 90 年代后国外有关教师特质研究的文献列举

研究问题	研究者及时间	研究方法及对象	特质内容
优良教师的特质	尚诺斯基（Shanoski）和哈尼茨（Hranitz），1991②	问卷调查（优秀教师）	爱学生、有任教学科专门知识、良好沟通技巧、有弹性、具备幽默感

① 黄慕周. 受台“北国”小六年级学生欢迎之教师教学特质研究［D］. 台北：“国立台北师范学院课程与教学研究所”，2003：20－21.

② Shanoski L A，Hranitz J R. A Foundation for Excellence in Teaching［R］. Paper Presented at the Annual Meeting of the Association of Teacher Educators71st，New Orleans，LA，February 14－18，1991.

续表

研究问题	研究者及时间	研究方法及对象	特质内容
不同性别教师有关教师特质的相关性	贝伦斯（Behrens）和理查德（Richard），1993①	问卷调查（职前和在职教师、行政人员）	不同性别的教师针对每个学生提供不同的指导、教会学生自己思考、带着热情进行教学这三个特质最具相关性
课堂中与学生成功最紧密的教学特质	布罗德尼（Brodney）、桑德拉（Sandra）和邦特洛克（Buntrock）等，1993②	问卷调查（职前和在职教师、行政人员）	培养学生的自我尊重意识、拥有自信、运用有趣的方式呈现知识、教会学生自己思考、带着热情进行教学
最优良教师的特质	麦克（Mack）和杰克逊（Jackson），1995③	问卷调查（家长）	以身作则、好听众、不用方言、善用修辞、对学生都有高度期望、热心教学
心目中好教师的特质	阿克索伊（Aksoy）和纳西（Naciye），1998④	问卷调查（土耳其小学生）	师生关系良好、亲切、讲得好、常复习、鼓励学生问问题、作业不太多、考试简单

① Behrens, Richard, et al. Effects of gender on Perceptions of Teacher Influence [R]. Paper presented at the Annual Meeting of the Mid-South Educational Research Association. 22nd, New Orleans: LA, November 10-12, 1993.

② Brodney, Sandra, Buntrock, et al. Effects of Age on Perceptions of Teacher Influence [R]. Paper presented at the Annual Meeting of the Mid-South Educational Research Association. 22nd, New Orleans, LA, November 10-12, 1993.

③ Mack, Faite R-P, et al. Parental Attitudes Regarding the Characteristics of a "Best Teacher": Comparison by Gender and Ethnic Group [R]. Paper presented at the Annual Meeting of the American Association of Colleges for Teacher Education. Washington, D C, February 12-15, 1995.

④ Aksoy, Naciye. Opinions of Upper Elementary Students about a "Good Teacher": Case Study in Turkey [R]. Paper presented at the Annual Meeting of the Northeastern Educational Research Association. 29th, Ellenville, N Y, October 28-30, 1998.

续表

研究问题	研究者及时间	研究方法及对象	特质内容
数学教师良好的教学特质	查普曼（Chapman）和奥利夫（Olive），2002①	问卷调查（高中生）	视教学为由教师和学生及语言问题组成的三角关系、善于将知识进行问题化并予以分解与整合、鼓励小组合作、以提问促进讨论或参与讨论活动、倡导一题多解、对关键词语给予通俗化解释、教学生如何进行评价
怎样才是一名优秀的教师	皮科克（Peacock）和托马斯（Thomas）②	问卷调查（职前教师）	具备知识、鼓励学生、运用解释、使用例子和类比、高期待、公平、受学生尊敬、具有变通性、热心助人、对学生有兴趣、倾听、善解人意、使用多种方法

可见，从研究者选取的研究内容看，随着对教师专业性的重视，研究者注重将教学能力（如对教材运用自如、对学生评价适切、及时提供练习及反馈机会、灵活运用教学方法等）及教学策略（如善于将知识进行问题化并予以分解与整合、鼓励小组合作、以提问促进讨论、倡导一题多解、对关键词语给予通俗化解释、教学生如何进行评价等）要素纳入教师特质内容之中，使教师特质由单一的人格特质走向综合。

从研究者选取的研究对象来看，有中小学生、职前教师、在职教师、专家学者、行政人员、学生家长等。研究对象不同，所得出的教师特质结论是不同的或是有差距的，例如，受小学生欢迎的教师特质就不同于专家学者眼中的教师特质，优秀教师认同的教师特质与普通教师或职前教师认同的教师

① Chapman, Olive. Teaching Word Problems: What High School Mathematics Teachers Value [Z] // Proceedings of the Annual Meeting of the North American Chapter of the International Group for the Psychology of Mathematics Education (24th, Athens, G A, October 26 – 29, 2002). Volumes 1 – 4.

② Peacock, Thomas. Native Students Speak: What Makes a good Teacher? [J]. Tribal College Journal of American Indian Higher Education, 2006, 17 (4): 10 – 13.

特质或教学特质是有差距的。

由此看来，国外对教师特质的研究呈现出视角较为宽泛、与学科教学实践联系不够紧密的特点。总之，从笔者能够检索到有关教师特质文献来看，前人研究大多集中在对有效教师人格特质分析上，而关于化学教师的教学特质及人格特质的文献未曾检索到。教学特质与人格特质不尽相同。因为，人格特质是指个人在生活中对环境、事、物的认识和行为反应倾向的独特个性，通常还具有持久性和复杂的情境性。而教师的教学特质则是指教师在担任教师角色所表现出的教学行为特性，教师的人格特质是一位教师日常生活和教学生活整体行为的特性。尽管教师的人格特质包含教学特质并影响教学特质，但两者并不等同，不同群体之间，甚至同一个体在不同情境下有时差异很大。课堂是教师专业生活的主要场所，而结合学科课堂教学实践进行教师教学特质研究成果鲜见，因而，立足学科课堂教学实践研究教师的课堂教学特质对指导教师教学实践活动有重要意义。

二、国内对教师教学特质的研究

总体上讲，国内对教师教学特质的研究着重人格特质及行为的比较和概括。由于研究者对特质及教学特质的界定模糊，且与个性特征、特质、行为特质、教师素质等概念及内涵方面未加以区分和厘清，就造成研究视角多、结论空泛、不能聚焦于教师教学行为规范及其背后的核心要素等这类特质因素方面，使其研究成果远离学科教学实践而不能发挥直接指导学科教学的作用，特别是不能发挥专家教师引领普通教师优化教学行为的作用。

笔者查阅1994年以前的化学教育类期刊发现，对优秀化学教师（特级教师、研究型教师、骨干教师）的研究大多属对个人课堂教学实践操作的描述（如教学实录、教案）和教学体会以及个人的经验总结，未发现有关以“化学教师特质”为关键词的研究。后来，通过查阅中国知网（CNKI）的“教育与社会科学综合”专辑的期刊、学位、会议、报纸全文数据库，以“论文题名”为检索项，分别输入论文相关主题词“教师特质”、“专家教师教学”、“专家化学教师”、“化学教师课堂教学”、“化学教师课堂教学行为”等，在1979—2010时段范围内进行检索。根据检索到的文献发现：国内对有关教师特质、专家教师以及教师课堂教学行为研究虽始于20世纪90年代，但近两年才逐渐兴起的，研究成果还不够丰富，对化学学科教师课堂教学的相关研究就更为稀缺。对检索到的相关文献进一步分析发现有以下特点。

1. 选择研究对象的区域与学科分布不平衡

当前，有关教师特质和专家教师教学研究对象主要是城市中小学教师，而对幼儿教师、高校教师、边远地区及农村教师的研究较少。

从学科分布来看，主要集中在语文、数学、英语、体育的教师，而对生物、化学、地理等学科的教师的研究较少。例如2002年孟迎芳运用教学策略量表对福州市578名中学教师进行调查；2006年孙晓林选取了苏州市54名物理教学骨干教师和26名教育硕士进行了有关课堂教学行为因素对教学效果影响力的问卷调查；2006年王晓舟则对长春市48名高中化学教师进行了课堂教学行为与教师人口学变量之间关系进行了调查研究。然而，对边远地区及农村教师人格特质进行研究的仅有2006年肖三蓉等撰写的《农村初级中学教师抑郁与人格特质初探》。

2. 研究方法上理论演绎分析多而实证性研究少

在关于教师特质的30篇期刊论文中，采用了问卷调查、叙事研究、因素分析等实证研究方法的仅有4篇论文，它们分别是：张敏2004年的《教师作为合作者胜任特质的现状调查与分析》、2003年徐丽玲《一位优秀女教师特质的叙事研究》、《教师和大学生对教师人格结构评定的因素分析》（上）（下），而其他相关教师特质的论文均属于理论分析层面的。但是，在关于专家教师教学研究的期刊论文，大多采用了调查法、测量法、观察法等研究专家型、熟手型与新手型教师的教学动机、教学效能感、教学监控能力、教学选择性、教学策略等。

学位论文在理论分析基础上，大多采用问卷调查，有的还结合运用了访谈、个案研究、课堂观察等质化研究方法。有关专家教师教学的4篇硕博论文，即2001年郭志东的《专家型化学教师的成长规律和培养方法探索》以文献法进行理论分析研究，2005年张云华的《新手—专家型体育教师教学策略的研究》、2004年潘贤权的《新手—熟手—专家型教师主观幸福感与教学动机研究》采用量表测量工具进行调查研究，2006年杨翠蓉的《小学数学专家与新手教师教学过程中的认知比较研究》是通过调查法、个案法进行研究的。

如果将检索范围限制在化学学科内，检索到论文很少，除学位论文注重运用问卷调查和个案研究实证方法外，期刊论文大多是理论分析或对教学经验的总结。通过以上分析发现，在有关教师特质和专家教师教学的研究方法方面，研究者侧重于理论和经验总结层次，实证研究成果较少，质的研究成果就相对更少。

3. 重概括优秀教师人格特质而轻发挥其引领教学实践的作用

关于教师特质研究，起先集中在对教师的人格特质研究方面。研究内容涉及受学生喜爱教师所具有的心理品质以及教师品质对学生的影响。学生所喜爱教师的人格特质一般是宽容、有爱心、善合作、胜任工作、有责任、情绪稳定、善于激励学生、幽默等传统特征。例如，雷晓宁对三明地区中学优秀教师人格特征的调查结果发现：优秀教师与一般教师在恒定性、聪慧性、幻想性和紧张性方面存在明显差异，表现为优秀教师有更强的事业心、责任心，对学生更关心和负责；善于保持稳定的情绪；学习能力更强，富有才识；对人、对事总是心平气和、充满信心等①。这些结论与10年前韩进之在总结国内外研究基础上提出的优秀教师应具备的优良个性品质是相一致的②。

笔者以为重视教师人格特质研究是受重视教师“人师”角色的教育作用所驱动的。尽管教师人格特质与班级管理、师生关系及教师教学效能有显著关系，但是毕竟教师的人格特质与教师教学特质不是一回事。教师要靠卓越优秀的专业教学特质立足，新手教师更需要优秀教师所具有的与专业教学活动情境密切相联系的教学特质的示范与引领。但是，有关此研究却分散在相关优秀教师的教学设计、教学模式、教学技能等研究之中，较为缺乏系统性的在学科课堂教学实践层面展开的有关优秀教师教学行为及其背后的知识、思维与人格方面特质的研究成果。

4. 教师教学素质及行为特质研究存在“去学科化”倾向

对教师教学特质与行为特质研究文献表明：尽管教学行为特质的研究对象选择是从幼儿园、小学、中学、中专、高校教师，但分析视角与结论总体上却是比较趋同一致的，大多是从对教师素养的基本要求出发的。例如，有研究者对成都市优秀青年教师进行问卷调查，被调查者从“优秀学科教师教学素质”40条内容中选出了普遍认同的最重要的10条内容及比例依次为：善于启发学生思考（88%）；重视学生参与（80%）；指导学生不断改进学法（78%）；善于因材施教（76%）；能激发学生兴趣（74%）；讲课富有感情（66%）；讲课由浅入深，引人入胜（56%）；教学有创新（54%）；逻辑

① 雷晓宁．三明地区中学优秀教师人格特征的调查研究［J］．三明师专学报，1999（3）：55.

② 韩进之．教育心理学纲要［M］．北京：人民教育出版社，1989：565－570.

性强（48%）；能很好地调节课堂气氛（46%）[①]。

对教师行为特质的研究结论与学科教学规律及学科课堂教学实践联系不紧密，不同类别和不同学科的教师行为特质只是在知识结构及教学能力某一点上稍有区别。例如，在《试论研究型语文教师的行为特质》文中将行为特质分解为观念、态度、知识、教学能力和心理品质方面，其行为特质的结论除了强调语文教师自身的听、说、读、写能力外，其他方面就难以发现语文教师不同于其他学科教师的特征[②]。2005 年，王丽娟将研究型化学教师的行为特征概括为具有先进教育理念、重视化学实验、善于使用现代教育媒体和开展教育科研、关注学科交叉与渗透、教学技艺精湛并能不断反思。此处除了强调化学实验以外，其他特征均可推演到任何学科的优秀教师身上。再比如，2006 年，彭兵的“研究型幼儿教师特质及培养机制初探”研究中，我们亦然难以发现不同于其他类别教师的研究型幼儿教师特质与培养的特殊要求。

此外，有关教师专业特质论述基本是根据教师专业化发展对教师专业素养结构要求出发来进行演绎分析的，其教师的专业特质只不过是教师专业素养结构的另一种说法。例如，在《专业化教师的特质探析》文中作者认为，教师专业化过程就是教师的专业特质形成、发展的过程。教师专业特质是教师拥有和以往教学情境的专业知识、专业技能和专业态度的集合。教师专业技能特质是由教学技巧和教学的设计实施评价能力构成。教师的专业特质发展水平决定了教师专业发展水平的高低，要凸显教师的专业性，必须重视教师专业基本技能特质的培养和训练[③]。后来还指出：教师的专业态度特质就是教师的专业自我，可将其分解为自我定位、自我评价和自我超越三个维度，并对这三者作了进一步阐述[④]。这种对教师专业态度特质层层解析的观点就比较具体易于操作，而不等同于将教师专业态度特质解释为爱学生、爱学科、爱教学、认真负责等这样比较泛化的观点。

上述研究一方面表现出研究者对教师教学素质、行为特质、教师素质未加以区分和厘清的状况；另一方面，我们也欣喜地看到研究者对专业技能特质和专业态度特质的认识正逐渐由宽泛描述走向具体可操作化。

---

① 查有梁. 优秀学科教师最重要的教学素质［J］. 甘肃教育，2000（3）：12.

② 牛清霞. 试论研究型语文教师的行为特质［J］. 内蒙古民族大学学报，2006（2）：51－54.

③ 杨桂兰. 专业化教师的特质探析［J］. 东北农业大学学报（社科版），2004（2）：17－20.

④ 杨桂兰. 基于专业化教师特质的专业自我与专业发展［J］. 教书育人，2006（1）：37－39.

5. 对专家教师教学研究重理论分析轻教学实践行为剖析

对专家教师教学的研究内容涉及专家教师的特征及培养、新手型与专家型教师的比较等方面，其中有关专家教师的特征及新手型与专家型教师的比较研究着重分析他们的人格、认知方式和教学策略。

在学校教育过程中，凝聚着无数教师心血、占据学生身心主要精力的是学科教育特别是学科课堂教学。学科课堂教学既是检验一般教育理论的实验室，也是丰富和发展教育理论和学科教育的源泉。特别是当前新课程推进到“决战课堂、聚焦教学”的关键阶段，研究教师的学科课堂教师实践是实现教育理论与实践相结合以及推进新课程改革向纵深发展的重要途径。我们欣喜地发现，类似《专家与非专家教师课堂教学差异之比较——课堂话语分析》① 和《小学数学专家与新手教师教学过程中的认知比较研究》② 文章的出现，是在学科课堂教学这样中观层面展开的教师教学知识和技能的研究成果。期望这类实证性较强、比较视点具体的立足学科教学实践的研究越来越多。然而，关于专家型教师的培养途径与模式的研究大多停留在理论分析层面（郭志东，2001；王锡有，2005；蔡清吉，2005），立足于专家教师学科教学实践层面的较为系统的研究成果很少。

笔者以为，关于教师特质及专家型教师课堂教学行为研究还处于起步阶段，大量研究局限在理论探讨、现状调查层面，有关专家教师特质的研究结论大多集中在教师的个性特征以及与教学工作相关的品质两个方面。而涉及专家教师在学科教学实践中如何操作的研究很缺乏，特别是关于专家教师在学科课堂教学中的活动设计、组织、示范行为方面的卓越表现及其成因的研究更为欠缺。

总之，国内有关教师教学特质研究成果虽然对教师教育、促进教师自主专业成长有目标指向或理念明晰上有重要意义，但是要实现专业成长关键在于如何将理念落实在学科教学实践行动中，理念与行动之间还有相当的距离，需要付出非凡的努力。对普通教师和新手教师来说，需要专家教师教学实践的引领，因而对教师教学特质，特别是专家教师教学特质研究不能只停留在一般教育理念层面，应走进专家教师学科课堂教学现场，研究专家教师

① 陈羚．专家与非专家教师课堂教学差异之比较——课堂教学的话语分析［J］．现代中小学教育，2007（1）：27－29.

② 杨翠蓉．小学数学专家与新手教师教学过程中的认知比较研究［D］．上海：华东师范大学，2006.

如何高效完成教学任务实现教学目标的，特别要重视研究专家教师教学行为及其背后的教学知识和教学思维特征。

第三节　回顾与反思：国内对化学教师的研究

化学教师作为学科教师群体中的一个专门群体，其专业知识应具有化学学科知识和教育学科知识双重的学科基础，化学教师承担着提升学生的科学素养，培养创新精神和实践能力以促进个体、自然与社会和谐发展的重任。如何建立一支高素质的化学学科教师队伍是化学教育改革的关注焦点和瓶颈。研究化学教师及其专业发展的根本目的在于：一是促进教师在课堂教学实践中遵循化学教学规律高效率地完成课程标准所规定的教学任务；二是帮助学生用最少的时间去获得最大限度的化学学科知识和化学学科素养，继而培养学生的自主学习能力，促进全体学生全面和谐地发展。新中国成立以来，国内对化学教师的研究主要集中在对优秀教师教学经验研究、教师教学行为研究、教师素质研究、化学教师的专业化与专业标准的研究等方面。

一、优秀教师教学经验的总结与推广

我国对优秀化学教师的研究始于20世纪50年代。当时在苏联先进教育理论和经验的指导下，通过召开“中学化学教学专题讨论会”让教师交换各自促进有效教学培养学生能力的教学经验，来达到提高业务水平能力的目的。

1957年，首次在《人民教育》上连续刊出介绍北京四中特级化学教师刘景昆的重视学科知识系统、知识重点和启发式教学的经验。刘先生强调化学本身就是个层次分明联系紧密的知识系统，其头脑中充满了各种各样的个性化的化学知识框架图（见图1－2）。他认为化学教师应重视充分挖掘知识点之间的联系来把握知识的本质，并采用对比、推演、归纳等方法向学生展现生动、层次清晰又富有逻辑的化学知识图景，以达成巩固学科知识、渗透科学方法、培养化学思维的目的。

目前，《化学教育》、《中学化学教学参考》、《化学教学》、《学科教育》等期刊设置了介绍优秀教师教学经验及化学教师讨论交流教育教学体会的栏目及文章刊出，如介绍董学增老师精讲多练、注重实验和狠抓落实的教学经验①。

① 北京三中化学教研组．董学增老师教学经验点滴［J］．化学教育，1982（4）：27－30.

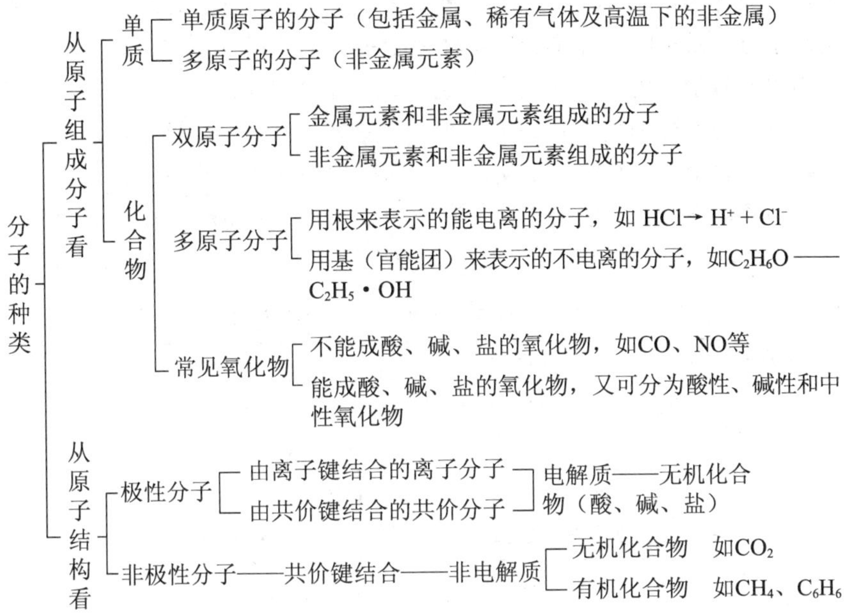

图 1－2　刘景昆先生有关分子种类的关系[①]

近 20 多年来，还出版了一些化学特级教师教学经验与思想的著作或案例集录。这些成果充分展示了优秀教师在学科教学中如何进行课堂设计、组织、实施的教学技巧和教学艺术，反映了教师的教育智慧，既有真切的教学体验、深刻的教材剖析和精致的模式建构，又有独到的教学研究和精彩的人格展示等等。优秀教师的宝贵教学经验与思想是从教学实践中提炼出来的，又服务于教学实践，具有很强的应用和开发价值，是研究化学学科教师教学的宝贵素材。

二、从教学技能到教学策略与教学反思

化学教学行为是指化学教师在教学实践中依据教学经验对各种教学要素的专业化理解以及选择、组织、运用和控制的工作行为。迄今为止，对化学教师的教学行为研究主要散见于关键词为“化学教学设计”、“化学教学实践”、“化学教学艺术”、“化学教学行为技术”、“化学教学模式”、“化学教

① 张家骑．介绍刘景昆先生的化学教学经验［J］．人民教育，1957（1）：38.

学策略”、“化学教学法”等论著及教材中，展现在制定教学计划、选择和运用教学方法及策略、评价和反思性教学等方面。段作章将化学教师教学行为分为主要教学行为（又称主教行为）、辅助教学行为和课堂管理行为，它们各具有自己的行为指向和具体表现（见表1－2）①。对教师教学行为的研究起初是以教学经验总结的论文、对教师执教的基本行为进行系统提炼和技术化分解及培训的教材或著作形式出现的。如赵彦改主编《中学化学教学艺术》，朱嘉泰主编《中学化学微格教学教程》等。

表1－2　化学教师课堂教学行为类别

行为类别	行为指向	具体表现
主要教学行为	直接指向教学目标和教学内容	呈现行为：语言描述、文字材料、演示实验、模型、挂图及课件等
辅助教学行为	课堂中的学生或情景中的问题，常常是无法预测的	有效的课堂交流、激发学生潜能、及时回应学生的各种问题
课堂管理行为	课堂中偶发事件或学生的异常行为	课堂行为准则、实验规则、课堂管理模式（权威型或民主型等）

进入21世纪以来，江玉安提出承担化学创新教育的教师应从行为上体现创新环境的营建者、创新知识的提供者、创新实验的组织者及创新学习的评价者等角色②。段庆祥则呼吁应重视对教师教学行为的研究，将此项研究既作为化学教师研究的主体内容，也要作为化学教学论研究的出发点和归宿③。陆军概括了研究型化学教师在知识教学、解题“规律”教学与运用实验手段的行为特点④。梁永平构建了科学本质教学行为自我监控系统，引领理科教师利用此系统对自身的有关科学本质教学行为进行自我监控⑤。

当走进化学新课程后，探讨化学新课程所要求的教师教学行为以及如何在行为上落实新课程理念成为研究热点。一些研究者认为：化学教师的教学要以学生为主体，以提高学生化学素养为本，以学习过程为中心，引导学生自主学习与合作交流，提高分析和解决问题能力，以教学方式的转变促进学

① 段作章. 新课程理念下的中学学科教育［M］. 合肥：安徽教育出版社，2004：272－273.

② 江玉安. 试论化学创新教育的教师行为［J］. 化学教育，2002（1）：21－23.

③ 段庆祥. 行为研究——化学教师研究的主体内容［J］. 台州师院学报，2003（6）.

④ 陆军. 研究型化学教师教学行为的几个特点［J］. 化学教学，2003（11）：20－21.

⑤ 梁永平. 理科教师科学本质教学行为自我监控案例［J］. 化学教育，2005（11）：38－41.

生学习方式的转变，将工业流程化、没有关注学生个性的教学转变为关注学生的基础水平和认知特点的差异以鼓励学生个性化发展的教学①。

在研究化学教师的教学反思行为方面，有人提出通过研究教师的化学教历（即教师对自身以往行为与表现的纪录，而这种记录是一种经验积累的过程，可以为当前或以后的行为改进提供重要的参考）来达成改进教师教学行为进而提高化学教学质量的目的②；也有倡导化学教师不仅要以新课程理念来反思和改造惯常的教学行为和教学细节，而且还要在教学实践中形成和改善教学习惯和教学行为，通过重塑自己的教学行为来重建课堂③；还有探讨教学反思的实质和作用，建议化学教师要抓好教学的前瞻性反思、教学中的调控性反思以及教学后的批判性反思④。

随着新课程的推进，人们开始思考反思新课程背景下化学教师教学行为究竟发生了什么变化。付立海调查发现：目前，化学教师对科学探究的认识、理解和实施与化学新课程的要求还有较大差距，讲解—接受—演练仍然是主流的化学教学行为；学生的学习方式局限在听课、记笔记、阅读教材、做练习等被动接受式学习上，新课程所倡导的主动参与、乐于探究、勤于思考的学习方式并没有在新课程实施过程中得到应有的落实⑤。郑媛媛对高中化学教师实验教学行为的抽样调查发现化学教师实验教学中存在少作为、低效作为甚至不作为的现象⑥。卢颖智采用访谈法对某市几所高中化学课堂教师有效教学行为的现状、存在问题进行研究表明：教师和学生对有效教学行为的关注点有所不同，中级教师与高级教师和特级教师的教学行为存在差异⑦。这将为教师在新课程改革中反思与调节自身的教学活动提供依据，也为教师行为的应然提供事实依据。

盖立春使用“创意教学行为”量表，分别对辽西和河北地区对高中化学

---

① 娄善平．在化学课程改革中更新教育理念和教育行为［J］．中小学教材教学，2004（11）：28－31．江胜根，何穗．新课程标准对化学教师课堂教学行为的要求［J］．教育理论与实践，2004（8）：63．张联合．新课程理念下化学有效教学的建构［J］．课程教材教法，2005（1）：62－66．

② 张联合．新课程理念下化学有效教学的建构［J］．课程教材教法，2005（1）：62－66．

③ 朱菲力．化学课堂教学细节的反思［J］．教书育人，2005（4）：67－68．

④ 朱增华．化学教师如何在教学反思中改变自己［J］．中小学教材教学，2005（11）：63－66．

⑤ 付立海．化学教师实施科学探究的调查报告［J］．中小学教师培训，2005（3）：26－28．

⑥ 郑媛媛．呼和浩特市高中化学教师实验教学行为现状的调查与分析［J］．内蒙古师范大学学报（教科版），2006（4）：74－75．

⑦ 卢颖智．新课程背景下的有效课堂——高中化学课堂教师教学行为有效性访谈［J］．化学教育，2009（9）：53－55．

教师“创意教学行为”的现状、影响因素及发展规律进行了调查研究。有结果表明：学校类型，教师的性别、学历、教龄和是否为班主任对其教学行为的创意程度有影响，但不显著；教学行为的创意程度随教龄增长而周期性波动：如果以 3 年作为一个完整的周期，在每个周期开始的那一年，教学行为的创意程度明显偏高；而在每个周期的中间或者即将结束的那一年，教学行为的创意程度明显偏低①。

可见，教学实践中化学教师的具体教学行为与教育理念所倡导的教学行为还有相当的差距，研究者对化学教师教学行为研究从宏观理念层面开始转向学科实践场景中的微观测量与评价层面，特别值得关注的是东北师范大学郑长龙教授的研究团队立足学科教学实践，从教师的人口学变量、性格类型、学科观念以及对学生学习主动性影响等视角出发研究化学教师课堂教学行为，这对明确影响化学教师课堂教学行为的主客观因素及化学有效教学提供事实依据，也为化学教师反思与调节自身的教学活动、优化教学行为提供操作性指导。然而，对化学教师教学行为背后的教学思维，以及处于不同成长阶段教师的教学行为差异的比较的系统化研究还有待产出。

三、教师专业素质结构的明晰与发展

《教育大辞典》指出，教师专业素质是“教师为完成教育教学任务所应具备的心理和行为品质的基本条件”②。可见，缺少应有的心理和行为品质就不能成为一名合格的教师。有研究者认为：教师专业素质是“教师拥有和带往教学情景的知识、能力和信念的集合，它是在教师具有优良的先存特性的基础上经过正确而严格的教师教育所获得的”③。有学者认为，科学的教师专业素质的定义应具备如下要求：第一，要切实体现教师这一职业的特殊性，反映教师的独特的本质；第二，对于教师专业素质的理解，要有深刻的理论背景，不能由研究者凭空设计；第三，教学活动是教师工作的中心任务，教师专业素质的涵义必须着眼于教学活动本身；第四，反对那种元素堆砌的教

① 盖立春．化学教师“创意教学行为”的发展规律及其影响因素研究［J］．化学教育，2010（9）：53－55．

② 顾明远．教育大词典（卷 2）［M］．上海：上海教育科学出版社，1990：16．

③ 郑燕祥．教育的功能与效能［G］//教育部教育师范司．教师专业化理论与实践．北京：人民教育出版社，2003：53．

师专业素质观，应将教师专业素质看成是一个系统的结构，其内部包含着复杂的成分；第五，教师的素质是结构和过程的统一，发展性、动态性是其精髓；第六，教师专业素质的涵义应能为教育实践和教师培训工作提供理论指导，又具有可操作性①。国内对化学教师专业素质的研究集中表现在明晰专业素质结构要素、不同类型教师专业素质的特征以及对化学教师专业素质现状的调查等方面。

（一）素质结构要素及内涵的丰富

1. 素质的结构：从知识技能到系统化综合

对化学教师专业素质结构的研究源自对教师的知识、技能以及能力或智能结构的研究。20 世纪 80 年代初，我国倡导“智力开发”教育和“三个面向”教育，对中学化学教师的智能结构和能力结构提出了新的要求。很多研究者对化学教师素质结构的分析、研究也以此为中心，提出很多观点。其中有代表性的研究如下。

陶琅提出：中学化学教师只有具备较强的自我更新知识能力、改进和设计新实验能力、教学研究能力、独立使用传统和现代教育技术手段的能力以及一定的创造性教育能力构成的智能结构，才能实现“三个面向”和提高学生智力和培养学生能力的目标②。裘大彭认为化学教师在实践过程中要着重发展和形成以下能力：获取、处理、传递信息的能力；教学设计和教学实施的能力；选择组织和运用实验仪器设计完成实验的能力；教学应变和创造能力③。

90 年代以来，随着人们对科学教育本质及功能认识的深化，学者们开始明确意识到化学教育应肩负着对学生的科学素养的培养和提高的责任，而化学教师的专业素养直接关系到科学素养教育的成效以及化学教育的兴衰成败。于是，研究者纷纷探讨素质教育背景下的化学教师的专业素质或素养问题。例如，阎梦醒以史为鉴提出了化学教师的专业素养应体现在：高尚的思想道德品质、合理的知识结构、合格的能力结构、可行的思维方法和作风等

---

① 林崇德．教师素质结构与教师教育［G］//中国教育学会．新世纪教师专业化的理论与实践．长春：东北师范大学出版社，2003：9－14.

② 陶琅．当代中学化学教师智能结构初探［J］．化学教育，1986（3）：29－31.

③ 裘大彭．浅谈中学化学教师的能力问题［J］．化学教育，1986（4）：36－39.

方面①。有关优秀或成功教师素质结构包括专业知识、职业技能和专业情意三个方面②。众多化学教育研究者认为师德修养、知识结构、职业能力、专业精神以及科学与人文素养是化学教师专业素养的构成要素。

不难发现80年代对化学教师专业素质的研究停留在一般教学技能、化学实验操作和创新性教育教学能力水平方面，而在深化教育改革推进素质教育的今天，研究者是着眼于提高学生的整体素质来对化学教师的专业素养进行系统的综合的界定的。可见化学教师专业素养结构趋向系统、综合，内涵趋向丰富。

2. 素质的灵魂：专业理念和角色意识的更新

教师的专业理念就是教育理念，是教师在对教育工作本质理解的基础上所形成的关于教育的观念和理性信念，它为教师的专业行为提供理性支点③。教师的专业理念表现为教师的学科观、学科教育观、学生观、教师角色观及职业交往观等。它不仅是教师教育教学行为的灵魂和统帅，而且对教师自身的学习与成长也有重大影响。比如，化学学科观是从化学视角出发，对自然、社会和化学学科的存在与发展的最基本的看法。首先，作为物质学科之一的化学学科，在原子、分子的层次上研究物质的组成、结构、性质与变化的规律，其魅力就在于它是一门中心的、实用的和创造性的科学。化学学科的最大的特征就是在一个“老的自然界”旁边创造了一个“新的自然界”④。其次，化学有自己独特的语言表达体系和认识探索物质世界的视角和技术手段，还有在学科的发展过程中积淀和浓缩出了变化、守恒、结构决定性质和用途、原子经济性和可持续发展等基本观念。

教育观是指个人对教育的基本看法。教师的教育教学行为总是反映了一定的教育观，并是受一定的教育观支配的。研究表明：优秀化学教师的教育教学经验均源于其正确的化学教育观，其化学教育观都具有重视基础性、全面性和应用性的共同特征。比如，著名的化学特级教师陆禾先生认为，作为培养未来社会公民的科学素养的中学化学教育应该具有基础性和全面性两大特征。基础性强调化学教育要面向全体学生，使其在掌握化学基础知识和基

① 阎梦醒. 以史为鉴谈化学教师的素养［J］. 化学教育，1993（6）：27－30.

② 教育部教育师范司. 教师专业化理论与实践［M］. 北京：人民教育出版社，2003：54.

③ 叶澜. 教师角色与教师发展新探［M］. 北京：教育科学出版社，2001：232.

④ R. 布里斯罗. 化学的今天和明天［M］. 华彤文，宋心琦，张德和，等，译. 北京：科学出版社，1998：i.

本技能的同时形成化学的思维逻辑。全面性则强调化学教育包括知识教育、技能和能力教育、科学态度和科学方法教育、思想教育、兴趣和意志情感领域的教育①。有调查发现：西北某市化学教师与参加国家级培训的中学化学骨干教师相比教育观念相差不大，但教育行为滞后表明其观念尚未真正实现内化②。

20 世纪以来，在推进素质教育和实施化学新课程的背景下，研究者纷纷结合化学学科的特点，提出化学教师应具有正确的学科观、教育观、课程观、学生观、学习观、教学观和评价观的同时，还应扮演好学生学习的促进者、教育教学研究者、课程建设者与开发者等多重角色。众多研究者纷纷撰文探析新课改背景下化学教师在实验教学、研究性学习、探究式教学、互动教学中的角色定位及转变。例如，有人提出：化学教师要从激发学生的学习兴趣、巧妙设计教学过程、注重方法指导等三方面着手，以实现新课标下教师角色意识和课堂行为的定位③。还有人从重构师生关系的视角提出：在新课改背景下的化学教师应扮演好学生自主学习的促进者、学生学习过程的协作者、课堂教学过程的组织者、课堂师生双边活动的设计者和学生创造性个性品质的塑造者④。

毋庸置疑，与知晓某一词语相比，观念的确立、内化并落实到行动要受诸多因素的影响。制约理念转变为行动的关键在于教学实践中知识、思维、行为方式等诸多因素的综合作用才能有效地解决教师教育教学中“知易行难”的问题，而有关这方面的研究还较为少见。

3. *素质的知识结构：单一的学科知识到综合的学科教学知识*

教师的知识结构是从事教育工作的前提条件，教学能力则是从事教学活动的核心要素，两者有效融合和转化构成教师专业素质的核心，是教师专业成长的支柱。教师的知识在本质上是一种学科教学知识体系，它是教师独有的知识类型，是教学专家与学科专家的最大区别。学科教学知识是教师基于教学实践对学科知识、教学知识、学生知识和情境知识的综合与发展，是基于自身对理论形态的“公共知识”的理解、概括与系统化，并通过与教学实

---

① 陆禾，郁波．化学教学艺术与研究［M］．济南：山东教育出版社，1997：7.

② 刘丽君．甘肃天水中学化学教师教育观念和教育行为的调查与思考——兼与化学科中学骨干教师国家级培训班学员差异性比较［J］．化学教育，2002（7－8）：60－63.

③ 蒋涛．新课标下化学教师角色意识和课堂行为的定位［J］．化学教学，2009（5）：31－34.

④ 李振．在新课改背景下的化学教师角色定位［J］．教师，2010（16）：39－40.

践行为的不断互动，才逐步形成自己所拥有的、真正信奉的并且能指导实践的个人实践性知识。

有研究者指出中学化学教师的知识结构由学科知识、条件性知识和实践性知识组成，而学科知识又是由核心知识、紧密知识和外围知识组成，具有“壳层”结构（见表1－3和图1－3）①。对教师实践性知识研究散见于教学设计、教学策略、教学模式、学生学习心理等方面，而从教师自身出发进行系统化研究的成果鲜见。

表1－3　中学化学教师知识组成及内容

类　别		具体内容
学科知识	核心知识（最基础）	中学化学基础知识、基本理论、基本实验技能以及教材的结构安排等
	紧密知识（深度）	与教材内容相关的较高层次的化学理论、化学学科的体系框架、化学学科发展史、探究化学学科知识的标准与思考方式、对化学学科及其发展的基本认识和价值判断等
	外围知识（广度）	与社会、生产、生活密切相关的知识，化学与其他学科的交叉融合，化学学科最新成就等
条件性知识	教育学与心理学的知识	教学中所运用的包括学生发展、课堂互动、个体差异、教学评价、教学方法与策略、教学计划与目标等
实践性知识	实践经验积累	在实际教学过程中所具有的课堂情境知识以及与之相关的策略知识

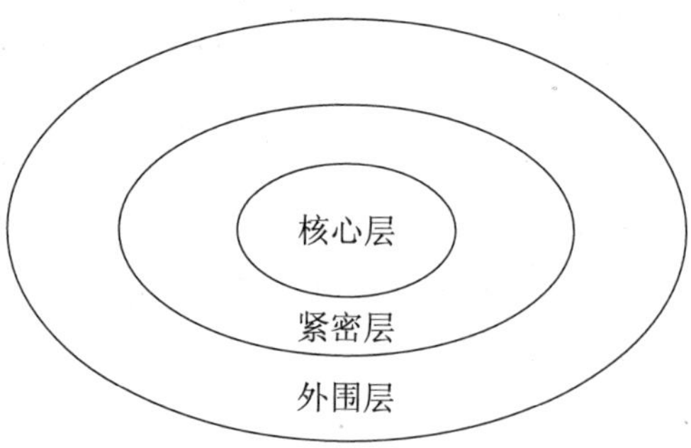

图1－3　教师学科知识结构

① 何彩霞. 对化学教师学科知识结构的测评与思考［J］. 化学教育，2001（5）：22.

王晓聪指出要改变教师偏重确定性知识（即新课标中的知识与技能）的教学，相对地忽视不确定性知识（即新课标中的过程与方法、情感态度与价值观）的教学。而不确定性知识涉及学科思想、学科方法、学科技能以及学生思考能力和学习动机等智慧层面，对学生发展和人类社会更具有价值和影响力①。

陈治仁对某市高中化学教师的知识结构调查表明：尽管多数教师热爱化学教育、具有良好的教学能力、教育观念有了明显的改进，但在知识结构和教研能力上与课程改革的要求还有明显的差距。如缺乏用现代的观点来重新审视中学化学的知识点，不能将化学的最新进展、化学史、化学思想与方法融入化学教学中，对教材知识体系进行优化重组；不能以研究者的眼光审视和分析化学教学实践中遇到的各种问题，对自身的教学行为和学生的学习无法做出科学的分析和评价，更不能及时地进行教育经验总结并使之上升为理性认识②。吴江明对学生进行问卷调查，了解中学生眼中的化学教师知识结构的现状，学生认为大多数化学教师职业道德素质较高，化学专业知识较丰富，教学基本能力较好。但是，学生对教师也有不满意的地方：教学局限在教科书和考试大纲，基本以学生成绩来评价学生，对教师的实验能力、化学知识的拓展及课堂组织管理能力不强③。冯翊等人的问卷调查和个案研究结果表明：中学化学教师在学科知识结构上还存在不容忽视的“漏洞”，中学化学教师的学科知识结构有待进一步完善、优化；中学化学教师学科知识的发展存在阶段性，大致可划分为初中启蒙阶段、高中形成知识系统阶段、本（专）科全面学习阶段、工作后运用阶段这四个阶段，其中“工作后”这个阶段教师学科知识结构的发展与所教年级、学历进修等因素密切相关；中学化学教师的学科知识结构的发展是一个不断优化的过程，是教师经过中学教学实践，将自己所学到的学科知识、技能结合教育教学理论进行重组和优化，从而转化成适合教学的、便于学生接受的知识（学科教学知识）的过程④。

以上可见，对化学教师的知识结构特别是学科教学知识结构的研究停留在要素提取、建立框架的水平上，缺乏在理论与实践层面上对化学教师学科

① 王晓聪．化学教师知识观与学生的可持续发展［J］．中学化学教学参考，2005（12）：10－11.

② 陈治仁．化学教师的知识结构调查与分析［J］．中学化学教学参考，2005（8－9）：20－22.

③ 吴江明，等．新课程理念下化学教师知识结构的现状调查［J］．化学教育，2008（3）：57.

④ 冯翊，等．中学化学教师学科知识结构调查研究［J］．化学教育，2009（12）：39－43.

教学知识的本质及各要素间相互关系的研究，比如，专家—熟手—新手型化学教师关于特定主题的学科教学知识的特点；结合案例分析化学教师是如何将学科知识转换为教学知识，这种转换如何能有效地使学生获得知识技能并促进思考和探索的研究。

（二）划分教师类型与素质结构要素

在教学实践中，对化学教师除了有专家、熟手、新手教师的划分和称谓外，还有知识型、经验型、研究型（也称学者型）、创新型和智慧型的划分和称谓。在此，对后者的划分我们不去论及其是否科学合理，但是这种划分体现了时代变化对化学教师专业素养结构要求的变化。

拥有较为丰富的化学学科知识、教育学、心理学理论知识，在教学中基本上能运用常规的教学手段和方法授课，能完成教学任务，这只是对化学教师的基本要求，在此基础上，还必须积累丰富经验；有了知识和经验，还必须将经验与理论链接，追溯经验的理论根据并进行归纳和整理，将经验升华到理性知识层面，否则会受思维定势的影响，难以将经验迁移到新情境中加以有效利用；预设再充分，教学是师生、生生的互动交流过程，这当中有及时性的生成，其中包括诸多非预期的教学事件或问题，这又要求具有教育教学智慧巧妙的化解、适切予以引导和提升……

总之，如何在充满不确定因素的新课程改革实践中求生存、追求发展和创新需要教师深思，更需要教师教育研究者的探讨。为此，人们不禁要思索优秀教师专业素养的本质特征是什么？他们在教学活动情境中如何积累教学知识和经验？又是如何超越经验进行创新并不断追求卓越的？

（三）素质现状调查喜忧参半

为了更有效开展职前教师教育和职后教师教育以促进教师专业成长，研究者在对化学教师专业素质的理论构想研究的基础上，还开展了对化学教师的素质状况的调查。陆真等人对 93 所省级重点高中 149 名化学教师调查后发现，中学化学骨干教师亟待解决的主要素质问题依次为：对学生进行学法指导的能力、根据学生心理生理特征进行针对性教育的能力、教师敬业精神和师德水平、改进设计实验的能力、从事多媒体辅助教学的能力、开设选修课指导活动课的能力、深钻教材及辅导奥赛学生的能力。另外，还发现对骨干教师能力形成起重要作用的因素依次为：学科专业知识、工作实践、自我进取、学科教学论课程及训练、教育心理学理论等①。

相佃国对某县17所初高中学校的161名化学教师的创新素质调查表明：在观念上，绝大多数教师认为每个正常学生都有创新潜能，师生关系已从垂直严格型向水平亲和型转变；在创新品质上，中学化学教师的自信心、坚定性强，但依赖有余，求异不足；在创新知识技能的学习上，存在学习时间短、重实用轻理论和使用现代信息手段比例低的问题；在对教学内容的创新处理上，多数教师注意挖掘创新教学内容，但却局限于教材知识层面，忽视化学实验及生产生活中的素材；在教学总结方面，教师更多地采用“比较认真地写效果记录”，而不能运用现代教育理论反思、评价自己的教学②。

孔玉梅等人对5省（区）38所中学的177位中学化学教师素质调查发现存在这样的问题：现代教育思想落后；知识结构只专不博；运用现代化教学手段进行教学的能力明显不足；开设探究性实验、增加大纲之外实验、改进和设计实验、对学生实验考核能力需要提高；教科研主要立足于总结推广教育教学经验，理论研究能力较欠缺，其中约70%的教师未获过教科研奖，未参加省市区教科研项目，未撰写论文、论著或研究报告③。蔡文联的问卷调查表明：新课程背景下部分中学化学教师存在专业思想素质不高，文化知识面不宽，在分析组织教材、设计研究性活动、教育教学研究方面的能力及素质偏低④。

以上调查所发现的问题说明：中学化学教师现实素养水平与理论的构想水平还有相当的差距，现实中问题的解决、差距的缩短需要我们重新审视和探讨化学教师专业发展的目标和专业成长的内涵。

反观我国学者对化学教师专业素质的研究，可以看出具有三个基本特点：第一，几乎都集中于教师应具备的职业道德标准、知识结构、能力结构等，比较强调教师素质的社会性和完整性，逐步将教师素质结构系统化、综合化；第二，研究者对教师专业素质结构所包含的基本要素认识趋于一致，大多数研究者认为教师专业素质应当包括与教育活动有关的“知识”、“能力”、“理念”、“观念”等，这些共识之处可能就是教师专业素质结构中比

① 陆真，等．中学化学教师素质的研究与实践［J］．课程教材教法，2002（5）：57－63．

② 相佃国．中学化学教师创新素质的调查报告［J］．化学教育，2004（11）：43－45．

③ 孔育梅，等．从学科前沿看中学化学教师素质的调查结果［J］．化学教育，2005（12）：45－46．

④ 蔡文联．新课程背景下中学化学教师继续教育知识结构和能力结构的研究［J］．化学教育，2009（3）：46－49．

较关键而稳定的构成要素；第三，重视教育过程中的人文因素，如注重教师的责任心、热爱学生、高尚的思想品德等人格因素。但是这种思辨性的纯理论分析越来越系统、综合，内涵趋向丰富，同时也导致了在具体实践过程中缺乏可操作性，其显著表现就在于对教师素质结构多是进行了“是这样”的描述，而对其“为什么是这样”，“怎样达成这样”的研究不够，缺乏对化学教师的学科教学实践能力方面的具体特长发展的研究成果。

四、化学教师专业发展的探索

教师专业发展的目标是专家教师。研究者从对化学教师专业素养的要求为出发点，对课程设置、专业化发展的内容、培养专家型化学教师的模式、促进教师专业发展途径、化学教师专业化标准与评价体系建构等方面进行思考与实践。

周青等人认为职前化学教师专业化发展最终要落实在课程设置上，可通过加强学科课程体系改革，拓宽理科师范生知识面；加强理科师范生的教育科学素质培养；培养理科师范生的教育科研能力等途径来促进我国理科教师专业化的发展①。唐艳茹提出化学教师要实现专业化发展必须首先在知识结构、教师角色的转变、教学技术方式等方面重新进行专业化定位，培养和提高自身能力以适应新课程的建议②。曾涛借鉴国外专家与新手教师研究成果，结合化学学科特点，提出专家型化学教师应具备的素质特征以及采用微格教学、反思教学实践和开展行动研究作为培养专家教师的基本模式③。邓明兰则根据教师专业标准的内涵提出了建构化学教师专业标准的原则，从教师师德、知识结构、专业技能、身心素质和终身学习观等五个方面拟定了中学化学教师专业标准的基本框架④。陈淑芬在对教师教育、教师专业发展、教师评价理论进行文献研究的基础上，针对中学化学教师专业发展的内容，应用构建评价指标体系的方法设计了研究方案和问卷，对中学化学教师、大学化学教学论专家开展访谈及问卷调查，采用因素分析法和专家咨询法等方法，建立了“中学化学教师专业发展评价指标体系”。该指标体系包含 5 个一级

---

① 周青，等. 职前化学教师专业化发展的课程设置 [J]. 吉林师范大学学报，2003 (4)：87 − 89.

② 唐艳茹. 适应新课程化学教师的专业化定位 [J]. 长春师范学院学报，2004 (3)：80 − 82.

③ 曾涛. 专家与新手教师的研究及培养启示 [J]. 承德民族师专学报，2005 (3)：109 − 110.

④ 邓明兰. 试论中学化学教师专业标准的建构 [J]. 中学化学教学参考，2005 (11)：7 − 9.

指标、13个二级指标和73个三级指标。确定了评价中学化学教师专业发展水平主要从五个维度进行评价，即职业道德、教学信念、专业知识、专业能力和心理素质，并将其作为中学化学教师专业发展评价的一级指标，其权重依序为0.06、0.04、0.31、0.43、0.16①。

促进化学教师专业发展途径与策略研究多集中在：如何提升各级各类教师培训项目的实效性、如何建立学习共同体以课堂教学中的问题为本通过反思与合作促进教师专业发展等。一线教师在课堂教学中积累了许多的教学案例，对课堂中真实的、典型的教学案例分析与反思可以缩短教育理论与教育实践的距离，提高分析问题的能力，促进教师的专业发展。石敬珠认为从化学思想、学生的认知、教师的观念与行为、课堂生成的有效资源（比如“错误”也是）等四个视角进行剖解，通过对教师案例教学的专业引领来促进教师自身的专业发展②。北京师范大学化学教育研究所集合本所老师、博士和硕士研究生以及一批中学志愿老师形成研究团队，组建了“高端备课”教学实验室，以开展认识发展为本的教学设计与实践为核心理念，以化学核心知识内容的教学问题诊断及有效教学策略为研究单位，以专家支持的研究性集体备课为方法手段，以学生的认识发展效果为证据，以多元化的教学设计和教师专业发展共同体为平台，旨在实现促进教师教学设计与实践从基本要求向高水平跨越进而促进学生认识发展的目标。从2008年至2009年的3个学期中，到7所项目学校指导、座谈、听课、访谈共计75次，举办新课程教师专业发展论坛6次，派出各类专家15位，指导35名一线教师完成了必修1、必修2、化学反应原理、有机化学基础、化学与生活、化学与技术、实验化学7个模块及高三高考复习教学共计54节高水平的课堂教学案例。在这些实践取向研究的基础上，形成了系列化的化学核心内容的教学论问题及其有效教学策略的研究报告，以及基于促进学生化学核心认识发展的教学设计与实践案例，基于这些研究，逐渐明确和形成了促进学生认识发展的化学教学理论与方法，以促进教师教学观念向有效教学行为转化的培训模式和策略③。

此外，结合我国的教育现状和学校的办学现状以及教师的素质，人们开

① 陈淑芬. 中学化学教师专业发展评价指标体系的建构［D］. 重庆师范大学，硕士论文，2007：52.

② 石敬珠. 案例教学与化学教师专业发展——由一个课堂教学案例引发的分析与解读［J］. 化学教与学，2010（8）：2-4.

③ 王磊. 从知识解析为本到基于学生认识发展　促进化学教学设计与水平向高水平跨越［J］. 化学教育，2010（1）：2.

始探索如何依托化学教研组、化学名师工作室、网络研修等平台，通过名师引领和教师个体之间不同教学思想的碰撞，促进教师审思自身教育实践，唤醒教师专业自觉性，增强教师间的合作意识，形成一种团队精神来实现教师专业发展。解吉普从教研组实践的角度提出了促进中学化学教师自身专业发展的“目标激励、活动带动、骨干引路、青蓝结对、学习培训、评价鞭策”等途径和策略①。李小君概括出以名师工作室促进教师专业发展的四项实施策略：一、鼓励教师个人超越自我，协商确立教师专业共同体的共同愿景；二、搭建工作室博客网络资源平台，促进教师专业共同体内知识的共享；三、工作室在实践工作中开展读书、课例研究、学术沙龙、课题研究、博客论坛等活动，致力于提升教师专业能力；四、健全目标激励机制，严格管理考核办法以保证教师专业发展顺利进行②。

回顾以上对化学教师专业发展的研究发现，化学教师专业发展逐渐聚焦于课堂教学，研究者和一线教师逐渐认识到：利用案例分析、校本教研、名师工作室、专业学习共同体、网络研修等途径与平台，促进教师自主地探讨学科教学规律，遵循教学规律、提高课堂教学实效性的策略与方法，培养学生化学学科素养、促进教师专业发展是化学新课程改革的目标；促进学生认识方式转变及认识发展的教学设计与实践是提高课堂教学实效性的根本所在。所以，基于化学核心知识内容教学设计与实践的化学课程、教学及学生发展的研究应该是化学教育理论者和实践者研究与工作的核心交汇区，也是学科教师专业发展的重要载体。

五、已有研究的反思与启示

20 世纪末 90 年代，在世界各国相继开展基础教育课程改革促进教师专业发展的强劲浪潮中，我国自 1999 年 8 月全面启动第 8 次基础教育课程改革，教育部成立初、高中化学课程标准研制组开始研制课程标准，2001 年教育部颁布《全日制义务教育化学课程标准（实验稿）》，38 个地市成为首批国家级新课程实验区。至今，以新课程为代表的 21 世纪中国基础化学教育

① 解吉普．化学学科组（教研组）如何促进教师专业水平的发展［J］．化学教育，2010（5）：48－49．

② 李小君．建设学习共同体 促进教师专业发展——以“常州市高中化学教育房宏名教师工作室”为例［J］．中学化学教学参考，2010（7）：11－13．

课程改革走进第10个年头，国内化学教育理论研究者和广大的一线教师都亲身经历并参与了这一改革的过程。在21世纪我们再度梳理以往特别是新课程改革10年来国内化学教师相关研究成果，从中可以获得哪些反思性认识和启示呢？这对思考未来化学教师教育研究应该何去何从是不可或缺的。

（一）对化学教师研究的反思

尽管国内对化学教师的研究历史不长、整体水平有待提高，但从研究内容和研究进程来看，已呈现出方兴未艾的发展态势。表现在：从最初对化学优秀教师教学经验的传递与推广转向对化学教师主体的专业素养及形成、专业发展的目标和发展框架等，即由外在行为表现研究转向教师自我的全面综合的特征研究；关注影响教师教学行为的动力因素如教师的观念、角色意识及其角色转换研究；开始关注如何提高化学教师各种能力（如化学教学设计与实施能力、化学实验教学能力、有效开发与利用课程资源的能力、教学反思能力等）、提高教师学科素养进而实现促进学生化学认识素养发展的教学方法与策略研究等。

作为课标的研制者、教材的编写者、新课程的培训者以及学校和课堂教学实施的参与者和研究者王磊教授指出：在基础化学教育课程改革的几年当中，我们与实验区广大老师有了从未有过的广泛而深入的接触，一方面切切实实地看到老师们为实施新课程所付出的巨大努力，他们创造和积累了丰富的实施经验；他们从开始的怀疑、排斥、畏难到平静下来认真思考、理性认识再到认真实践、积极探索；他们从开始对新课程的简单理解、片面认识逐渐发展为能够比较全面地理解新课程的变化、辩证地认识新课程实施中出现的各种问题、灵活地处理教学与评价中遇到的各种困难。一方面广大教师对新课程的认识不再停留于课程标准的文本层面，他们面对新课程的物化形态——新教材、新课程的实施形态——学校和课堂中的课程，以及新课程的评价形态——中考和高考，感受到、体验到、思考到了很多。另一方面我们也强烈地体会到老师们面对新旧课程和教材更替过程中观念上的冲突与困惑、认识与操作之间的矛盾与落差、教学与管理之间的不协调等，以及不同地区、不同学校和不同老师之间存在着很大的差异①。

在国家、各级政府、教研部门以及高师院校的研究人员和一线教师为化

① 王磊．基础化学教育课程改革10年进展与反思（下）［J］．化学教育，2010（5）：20.

学教育和化学教师教育研究付出巨大努力、产出许多研究成果的引领和推动下，广大中学化学教师的课堂教学观念和教学行为产生了积极而显著的变化，特别是伴随化学新课程改革 10 年来的变化令人感到尤为强烈与深刻。与此同时，异常丰富的新课程教学中出现的现象、策略、经验、矛盾、问题和困难等前所未有地刺激、丰富、扩展和深化着化学教育与化学教师研究的问题、空间和范畴。面对新课程的挑战，笔者在梳理国内有关化学教师研究成果的过程中也发现存在以下不足。

1. 从研究取向看，缺乏理论与实践有效结合以彰显本学科特色的研究

从对一般教师专业发展研究成果进行理论演绎而来的研究较多，这类研究多属于自上而下的“贴标签式”或“蜻蜓点水式”的研究，并未做到植根于中学化学教学实践，难以与一线化学教师教学实践的有效接合；而来自一线化学教师的研究成果大多属个人实践操作与经验的归纳总结，还有待于凝练提升到教学理论层面。演绎与归纳这两种取向的研究难以达成教学理论与教学实践有效地接轨和融合，这是造成有关化学教师研究成果的化学学科特色并不显著的主要原因。

2. 从研究内容看，缺少关注化学教师从理念到行为的有效转化的研究

实施化学新课程需要教师更新课程意识、树立新的教材观、重构对化学教学知识体系的认识和理解、学习多样化的教学方式与评价管理方法等。新课程改革主要阵地在课堂教学，课堂教学改革重在从观念到行为的积极有效转化。而涉及有效转化的系统化研究的成果不多，其缺失主要表现在：首先，缺乏化学教师有关教学主题内容的观念及行为的描述与解释研究；其次，缺乏立足教学实践特别是课堂教学活动情境中教师的知识、技能和思维的比较研究；最后，还缺乏对促进与制约化学教师从观念到行为转化的影响因素的研究。这三个层次的研究密切相关，其中对当今国内化学教师在学科教学实践活动中所具有的教学思维和教学行为进行合理恰当地描述与剖解是有效转化研究的关键。

3. 从研究方法看，选择文献法、调查法较多而选择质的研究较少

一线化学教师囿于繁忙的日常教学工作，其研究大多属于教学实践操作与体会的经验总结，而化学教育专业研究人员则较多采用调查法、文献法、内容分析法进行现状分析、发现问题、寻找对策、提炼学科教学思想或建构学科教学理论等。质的研究是人文社科领域非常流行的研究范式，它“是以研究者本人作为研究工具，在自然情境下采用多种资料收集方法对社会现象

进行整体性探究、使用归纳法分析资料和形成理论、通过与研究对象互动对其行为和意义建构获得解释性理解的一种活动"①。可见，质的研究并不是某一种具体的研究方法，所体现的研究思路适切教育研究，尤其适合教师的日常研究。从现有的研究成果看，运用课堂观察法、行动研究、教育叙事、案例分析、反思日志等质性研究方法的较少，有关化学教师的实践知识、教学实践智慧、反思能力及其专业成长历程的研究成果不多，至于对化学教师研究自身进行反思性的研究更为少见，相关的理论质疑及批判性的文章更是鲜见。究其原因，一方面可能与化学专业研究者对化学教育研究的反思和化学教育研究方法体系与方法论的建构不够重视有关，另一方面也反映了国内化学教师教育专业研究者和一线教师从事教育研究的研究意识及方法涵养及水平有待提高。

4. *从研究问题看，回归课堂进行学科教学规律的研究成果较少*

已有的对化学教师研究成果多停留在对教师的素养、理念和角色转换等宏观层面和对教师的教学知识、教学技能和教学思维等微观层面。其实，无论是对优秀教师教学经验的提炼和推广，还是对教师专业素养的构成或教师专业标准的制定或者教师专业成长的研究，目标都是为了实现课堂有效教学、促进化学教师的专业发展。因而，研究化学教师教学和化学教师专业发展的应回归对化学学科教学规律的研究，尤其不能缺少或忽略对教师如何把握学科教学规律这样的中观层次的研究。

当前化学新课程改革已进入"深水区"，无论是一线教师还是化学教育研究工作者都需要积极面对和认真研究学科实践层面出现的矛盾与问题。例如：现代科学教育和化学教学理念与以往的教学行为习惯之间的矛盾；必修和选修层级式的课程结构与具体教学要求深广度地把握与处理之间的矛盾；多元化教学内容和教学目标的落实与有限教学时间之间的矛盾；不同版本教材呈现的不同知识组织和处理模式与教师教学设计决策之间的矛盾；以探究为核心的多样化教学的开放性与教师教学控制能力和预设的教学实效之间的矛盾等。还需要深入思考和关注这些化学核心的教学问题：研究元素化合物的方法与程序如何？学习元素化合物的真正核心价值是什么？如何促进学生自主探究、构建元素化合物知识的内在结构？如何帮助学生建构化学概念与原理？如何开发化学概念与原理的认识功能？如何明晰化学概念与原理在不

① 陈向明．教师如何做质的研究［M］．北京：教育科学出版社，2001：12．

同模块课程中的不同取向与定位？化学概念与原理的探究教学活动内容与要求是什么？如何提高化学教学设计的开放性和实效性？……对这些学科实践层面的矛盾与问题的研究将有助于教师把握学科教学规律、提高课堂教学有效性进而提高教师的学科教学素养。因为，提高课堂教学实效性的根本就在于教师要遵循学科教学规律，实施促进学生认识方式转变与发展的教学。

（二）对研究专家教师教学的启示

通过以上对国内外教师教学行为及专家教师研究成果的分析、综合与反思，给我们研究专家型化学教师教学带来了以下的启示。

1. 多采用综合视角进行多因素分析研究

专家教师课堂教学是优质高效的。这种优质高效的教学是其教学观念、学科知识、教学思维、教学行为等诸多因素整合优化的结果。因而，若从单一视角去研究，就难以全面、立体地勾勒出专家教师高效教学的脉络，难以发挥其对普通教师特别是新手教师专业成长的引领作用。

2. 立足于学科内容的课堂教学实践进行研究

课堂是教师专业成长的主要场所，课堂教学是学科教师专业生活的主体。研究专家教师除了要采用综合视角外，还要回到专家教师的课堂教学活动中去考察各教学要素是如何相互作用的，更要考察专家教师是如何进行各类学科知识内容教学的，也就是要考察专家教师的教学特点和规律，这样才能为化学教师的课堂教学实践提供具有指导性的可操作的支持与帮助。

3. 开展对教师教学特质的研究

教师教学究竟受制于哪些核心因素？专家教师优质高效的教学是如何成就的？心理学认为，特质是决定个人行为倾向的个性心理结构，具有独特性、情境性和相对稳定的特点，那么，教学特质是教师在教学活动情境中教学行为一致性的组织结构。虽然，教学特质受教师人格特质的影响，但教师回应教学工作的行为需要教师学科知识、教学思维、教学情感和意志的协同作用教学才能有效，所以对教师教学特质研究不能只停留在对教师的人格特质方面，而应该注重研究教师在丰富多变的教学活动情境中如何接受外界的信息，如何形成教学行为一致性的组织结构，还有一致性行为背后的知识、思维和情意特征。研究教师教学特质的根本目的在于帮助教师涵养自身的教学情意、建构自身的教学知识、优化自身的教学行为，使学生在获得知识与技能过程中促进学生认识方式的转变与发展。

总之，取向单一或脱离课堂教学实践及学科教学内容去研究教师及其教学，对于促进教师专业发展来说无异于纸上谈兵。教师专业发展旨在促进教师的有效教学，而教师的有效教学是靠教师的学科知识、教学思维、教学技能以及人格品质在特定学科教学活动情境中相互作用来实现的。有关化学教师教学的研究应该回归到具体的课堂教学活动情境中去分析其教学行为表现及背后的学科知识结构、教学思维、教学情感等要素及其相互作用，从而归纳出教师教学特质及构成要素的特征及其相互关系。

第二章　本研究的理论基础和基本思路

本章在简单介绍特质理论、图式理论和“精彩观念”理论的基础上，尝试对课堂教学特质概念进行了界定和解析，然后提出如何进行专家型化学教师与新手教师课堂教学特质比较研究的基本思路。

第一节　相关理论研究与启示

优秀教师或专家教师的课堂教学教学行为有无一致性？若存在一致性的话，其表现特征如何？是哪些因素促成了他们课堂教学行为一致性的？专家教师是如何建构学科知识的？又是通过何种途径促进学生认知方式的转变与认知发展的？专家教师优质教学的精髓是什么？……对这些问题的思考将笔者引向人格心理学中的特质理论和认知心理学中的图式理论以及达克沃斯的“精彩观念”理论，通过它们来帮助我们认识和分析上述问题。

一、特质理论及其启示

人格心理学认为个体行为差异源于个性心理结构的差异，并提出了特质这一概念，还将特质定义为决定个人行为倾向的个性心理结构，认为特质具有独特性、情境性和相对稳定的特点。正是特质使得个体在变化的情境中接受外界的刺激，并产生一致性的行为。研究者为探究人类人格行为表现及其一致性的特征而提出特质理论，它能够对个体回应环境持久的或规律性行为及总体倾向给予比较细致的描述。为此，我们研究教师的有效教学行为就应该回到课堂教学实践活动中寻找其教学行为特征及其影响因素。

1. 特质研究的溯源

人格是心理学中最有吸引力也是最具挑战性的研究领域之一，心理学史上那些最杰出的心理学家，如弗洛伊德（S. Freud）、奥尔波特（G. W. Allport）、马斯洛（A. H. Maslow）等往往都是因人格领域的建树而闻名，他们均从不同侧面描述了人格的本质。珀文（L. A. Pervin）指出人格是个体思维情感行为过程中独特的相对一致的模式，人格理论则是指试图描述和解释个体相似性及其差异的一种理论①。

特质理论是西方人格心理学的核心理论之一，也是集中于鉴别、描述及测量个体差异的人格理论，人格心理学的诞生正是起源于美国心理学家、人格特质论的创始人奥尔波特的名著《人格：一种心理学的解释》。文献研究表明，有关人格的研究有两点共同的结论：其一，人格是相对稳定的，具有跨时间和跨情境的一致性，这是人格研究的前提之一；其二，人格是相对独特的，它是区分个体与个体、群体与群体差异的主要标志。人格的稳定性与独特性在很大程度上归功于其核心成分——特质，这是一种以某种特定方式行动的相对稳定的、持久的倾向。

奥尔波特于1937年首次提出人格特质理论。他认为人格是一个人内部决定他特有的行为和思想的心身系统的动力组织，它决定一个人对环境的独特适应。而人格是由特质构成的，并把特质定义为：一般化了的，个人所具有的神经心理结构，它能使多种刺激在机能上具有等价作用，并有引起和导致一贯的适应和表现行为的能力②。不难看出，早期的特质概念中已经暗含了特质对认知和行为的影响。在一般情况下，特质是指用于区分人或物的特征或品质，尤其是指一种或多或少相一致的行为模式。个体拥有的这种特征或品质很可能在相关的情境中表现出来，如害羞、诚实、整洁、糊涂等。所以，特质成为人格心理学中用于研究人性本质的核心概念之一，用以指代人们通常一致的相互关联的行为模式，特别是表现性或风格性的行为。

后来，奥尔波特将个性的各种特质区分为一般特质和特有特质；特有特质又分为首要特质、中心特质和次要特质（见图2-1）③。在奥尔波特看来，特有特质属个人所有，是个体拥有的影响行为的品质或特性，它被看作一种神经生理结构即每个人都具有的内在的一般行为倾向，使个体以相对一贯的方式对刺激做出趋于一致的反应。特质之间是相互独立而又彼此重叠，一系列特质相互交织整合在一起，就构成了人格。虽然特质我们看不见它，但可以通过观察个人的行为的一贯表现而推断其存在，因为特质使人的行为反应有了一致性。

① Pervin L A. The Science of Personality［M］. New York：Wiley，1997：24.

② 高玉祥. 个性心理学［M］. 北京：北京师范大学出版社，1989：262.

③ 高玉祥. 个性心理学［M］. 北京：北京师范大学出版社，1989：265.

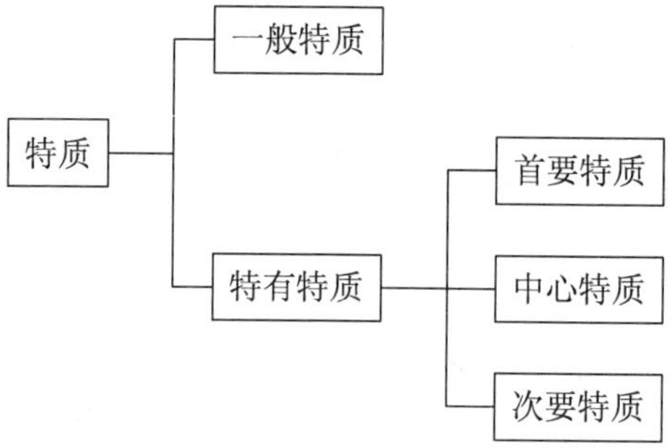

图 2-1　奥尔波特的人格特质分类

卡特尔（R. B. Cattell）是继特质论创始人奥尔波特之后另一位重要研究者，高玉祥教授将他誉为“特质的主要建筑家和技师”①。卡特尔认为人格是一种倾向，可借以预测一个人在给定情境中的行为，它是与个体外显的和内隐的行为联系在一起的。而特质是指人在不同时间和情境中都保持的某种行为方式及其一致性；人格的基本结构元素就是特质。卡特尔受元素周期表的启发，以因素分析为手段，以特质概念为理论基础，对人格特质进行分析，通过表面特质找到背后潜在的根源特质，提出了特质网络结构（见图 2-2），制定了“卡特尔 16 种人格因素测验”。

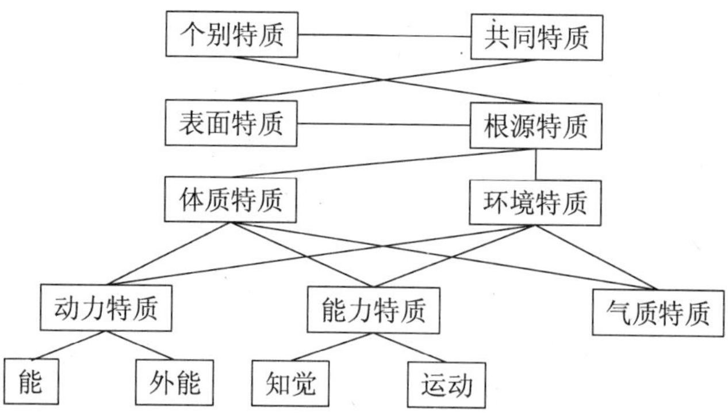

图 2-2　卡特尔的特质网络结构

随后，艾森克（H. J. Eysenck）利用统计法和因素分析法以及实验心理学的丰富性，吸收荣格的内外向概念，提出个性四层次结构和三因素模型，进一步推动了特质理论的发展。

① 高玉祥. 个性心理学［M］. 北京：北京师范大学出版社，1989：270.

图普斯（Tupes）和奇兹托（Chistal）运用词汇学的方法对前人提出的各种人格特质进行了再分析，提出了包括开放性、责任心、外倾性、宜人性和神经质或情绪稳定性的五因素模型理论。后来，阿尔玛格（Almagor）和特勒根（Tellegen）等又提出包括正情绪、负情绪、正价、负价、可靠性、宜人性、因袭性的七因素模型理论[①]。

正如奥尔波特自己一开始所承认的那样，特质的概念是有其局限性，行为肯定要受各种环境因素的影响，事实上我们很难用特质准确地预测个体的行为。但是他又认为，“在一个人的活动倾向中，除了可变的那部分外，另外还有一部分是稳定不变的，后者正是我们力图用特质概念所说明的那部分”[②]。他还指出，人格特质在神经系统中具有生理性成分，通过深入分析个体神经系统的组织结构，科学家们终有一天会发明一种识别人格特质的技术。很显然，无论是特质的概念或特质研究的方法，它们都为人格与认知关系的定量研究铺平了道路。

当然任何理论都有其局限性，许多心理学家对特质理论将人格结构归为简单的因素连锁、对人格因素测验的准确性、将共同特质只做量的比较、将人的特质差异只归为量的不同等观点提出质疑。但问题终归是问题，并不能由此否认特质理论对人格研究的卓越贡献。

2. 启示

特质理论是致力于研究人类人格行为表现及其一致性的特征及根源的，也许它不能说出人类行为表现将来会如何变化，但是它能够对生活在现实社会中人们持久的行为和总体的倾向给出比较细致和结构式的描述。所以，我们可以借鉴特质概念及理论来对教师特别是专家教师的教学行为及根源进行研究。

当然，教师的人格特质和教师的教学特质是不尽相同的两个概念。人格特质是指个人在生活历程中对环境的人、事、物所反映的独特个性，通常具有持久性和复杂性。教师人格特质是指一位教师生活整体行为的特性，而教师教学特质则是指其在担任教师角色所表现出的教学行为特性，教师教学特质主要针对的是教师在课堂教学方面的行为反应和教学能力的。尽管教师的人格特质往往会影响教学特质，但两者有时却差异比较大。比如，某位教师可能在平时生活中是一位内向不爱说话的人，而在课堂上却是滔滔不绝、能

---

① 彭聃龄，等. 普通心理学［M］. 北京：北京师范大学出版社，2001：432－433.

② Allport G W，Odbert H S. Trait names：A psycho-lexical Study［J］. Psychological Monographs，1936：41.

言善道的，在生活与教学上呈现两种不同的行为表现。本书第一章第二节中有关教师特质的研究文献多是对优良教师人格特质的探讨，缺少对教学实践中的学科教师教学特质的研究成果。

特质理论给我们研究教师教学特质带来以下两点启示。

①教师总是以其最基本教学行为特征来回应教学挑战，开展课堂教学工作，以其内隐的教学知识图式和教学思维特征来设计教学活动和组织教学经验。教师在教学行为、教学知识图式、教学思维和教学情意方面最基本的综合特征就是教师的教学特质，教师的课堂教学特质决定其教学效能水平，或者说教师课堂教学效能的根本在于教师的课堂教学特质。

②研究教师的教学特质应回到研究教师专业生活主要现场表现——课堂教学行为及其影响因素研究，立足于学科教学内容，从整体视角去探讨教师如何探索和运用教学规律，实现有效教学。

二、图式理论及其启示

图式是个体对世界的知觉、理解和思考的方式，是为了应付某一特定情景而产生的认知结构。人脑中的知识单元、知识组块、知识系统、核心概念与应用核心概念的知识之间的关系均可称为图式。通过回顾图式的产生与发展的过程、图式的特征及功能，给我们的启迪是：研究教师的教学行为应该追溯其教学知识图式，教师个体教学知识图式结构既是应对教学情境反应的基础，也是应对教学情境行为的结果，教师教学知识图式结构的优劣与其应对教学情境的行为及能力水平密切相关。

（一）图式理论起源与发展

从图式概念的起源、图式理论的形成和发展过程可以看出，图式的产生和发展就是图式的合理内核和学习过程规律被逐步解释和反映的过程。图式在个体认知实践中是在不断被改造和发展的。

1. 图式概念的哲学和心理学探源

从哲学方面看，图式概念源于古希腊哲学家柏拉图（Plato）的理念论。此理念即概念，是对一般事物的抽象。柏拉图主张概念是原型，事物是摹本，客观事物来源于理念世界，人们是通过理念来认识世界的①。图式概念

① 张传开，等. 西方哲学通卷（上卷）[M]. 合肥：安徽大学出版社，2003：97.

最早是由德国哲学家康德（I. Kant）在 1781 年提出的[①]。康德认为直观无概念则盲，概念无直观则空；直观和概念虽不同质，但统一于知识，图式是实现两者统一所需的中介或桥梁[②]。

心理学意义上的图式概念是德国心理学家巴特利特（F. C. Bartlett）于 1932 年提出的。他认为图式是对“过去反应或过去经验的一种积极组织，这种组织对具有良好适应性的机体的反应产生影响”，“无论何时，都存在一种行为的顺序或规律，图式并非单纯作为一个接一个的单个成分在起作用，而是作为一个组块在起作用。图式的决定作用是所有方法中最根本的”[③]。

2. 图式理论的形成与发展：从康德的图式说到 PDP 模型

康德视图式为具体的感觉表象与具有普遍性的概念范畴相联结的中介，这被研究者作为理解发生认识论的经典参考资料。由于受康德图式论的影响，格式塔理论的创始人韦特海默（M. Wertheimer）排斥经验而强调完形在学习中的作用，其完形即图式，是指人的一种心理组织结构。他强调“学习就是这种心理组织结构由浑沌的模糊状态转变为有意义有结构的状态，‘顿悟’就是通过个体对有关事物的形式进行重新组织或重新建构实现的，这种重组或重构目的是要认清事物的内在联系、结构和性质”[④]。

皮亚杰（J. Piaget）以图式、同化、顺应和平衡概念建立其认知图式理论。他认为图式是动作的结构或组织，也可以看作是心理活动的框架或组织结构。图式的形成和变化是认知发展的实质。个体的认知结构就是通过同化和顺应过程逐步建构起来的，并在“平衡—不平衡—再平衡”的循环中得到不断的丰富，从而实现认知的发展。只有存在认知冲突即不平衡时，才会出现认知的发展。美国课程专家多尔将这种不平衡及其表现解释为“不平衡必须具有结构上的干扰性以促成再组的产生”，这种不平衡表现为“干扰、缺点、错误、困惑”[⑤]。

20 世纪 70 年代中后期产生的现代图式理论视图式为具有信息加工功能的

---

① 韦汉，章柏成．图式理论和中国外语教学研究的回顾与前瞻［J］．西安外国语学院学报，2004（3）：63.

② 周贵莲．认识自然科学之谜的哲学家——康德认识论研究［M］．北京：中共中央党校出版社，1994：150－164.

③ 弗雷德里克·C. 巴特利特．记忆：一个实验的与社会的心理学研究［M］．黎炜，译．杭州：浙江教育出版社，1998：259－280.

④ 施良方．学习论［M］．北京：人民教育出版社，2000：114.

⑤ 小威廉姆·E. 多尔．后现代课程观［M］．王红宇，译．北京：教育科学出版社，2000：117.

知识结构。例如，拉梅尔哈特（D. E. Rumelhart）把图式解释为：以等级形式储存于长期记忆里的一组“相互作用的知识结构”，或“构成认知能力的建筑砌块”①。安德森（C. Anderson）认为图式就是一种抽象的、完善建构好的结构。维特罗克（Kronaveter）提出图式是知识的框架和结构，使记忆中表征知识各个要素相互联系、相互作用形成具有一定心理结构的网络。在 80 年代，拉梅尔哈特等人提出并行分布加工模型（即 PDP 模型），将图式的变量约束视为各种可能的值的分布；将图式加工过程（即具体化）看作是变量自身的现状与变量之间相互影响而施加的限制达到优化整合状态的过程②。这种对图式具体化过程的解释是对比以往将图式视为对环境作出解释的超越。

当今，人们普遍认为图式理论是一种关于将人的知识如何表征以及如何以特有的方式表征有利于知识应用的理论。

图式中的知识是以某种方式或结构组织起来的，这种结构可用结点-连线的方式表示（见图 2－3），也可以用槽道和槽间关系来表示（见表 2－1）。

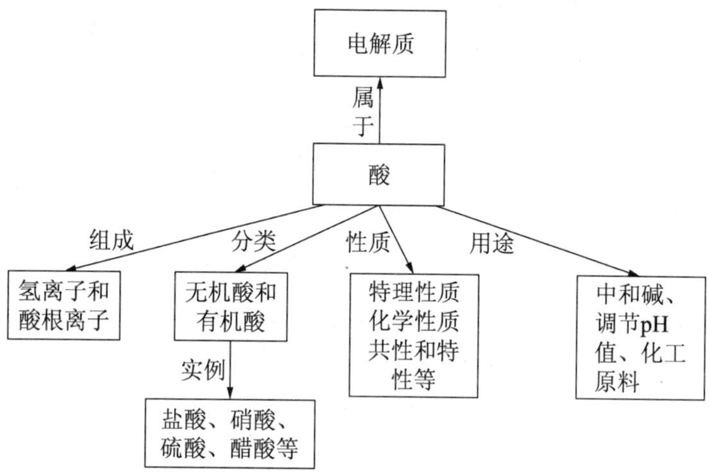

图 2－3 “酸”图式的结点-连线

① Rumelhart D E, Ortony A . The respresentation of knowledge in memory [G] //Anderson C, Spiro R J, Montague W E (eds.). Schooling and the acquisition of knowledge. Hillsdale NJ: Erlbaum. 1977: 11.

② Rumelhart D E, Ortony A, Mccleland J L. Parallel distributed processing: explorations in the microstructure of cognition [M]. New York: The Massachuselts Institule of Technology. 1986: 7－57.

表 2-1　“酸”图式中的变量及关系

上位集合：电解质
组成：H^+、酸根
分类：无机酸、有机酸；无氧酸、含氧酸；强酸、弱酸；一元酸、多元酸等
性质：物理性质和化学性质；共性和特性；氧化性和还原性
用途：中和碱性物质、调节溶液酸碱性、化工原料
实例：盐酸、硫酸、硝酸、醋酸等

3. 图式的特征与功能

拉梅尔哈特和奥特尼（A. Ortony）曾列出图式的四个主要特征：图式含有变量；图式之间可以镶嵌；图式可以表征不同抽象水平知识；图式表征知识而非定义。此外，图式还有两个一般性特征：图式的变化是个能动的过程；图式是识别机制，它加工的目的在于评判图式同被加工的数据之间的拟合优度①。

图式具有剪辑和推理功能。剪辑可分为两级：一级剪辑和二级剪辑。一级剪辑指图式对输入信息的筛选和过滤以及进行抽象获得其基本意义；二级剪辑指将经过一级剪辑的知识进行整理、归类和组织，建构出一个理想网络的过程。当面临认知冲突时，头脑中的图式就被激活，就要对当前知识状态作出解释，进行解释必然包含着预测和推理。图式也正是在发挥上述功能过程中得到发展和改进。

4. 图式的习得与改进

图式是个体在接触很多实例的基础上形成的。面对实例个体通过有意识寻找不同实例之间的相似点，在对这些相似点进行编码表征，剔除实例之间存在的无关紧要的差异，最终在大脑中形成图式。图式的形成需要经过一系列的产生式过程，吴庆麟提出：促进图式形成的教学条件是同时或相继地呈现图式的实例，并要求说出或写出有关实例的相似之处；选择在无关特征方面广为变化的实例；鼓励个体自己提出关于图式的新实例②。例如，某化学教师进行氧化还原反应配平教学，最终帮助学生形成关于氧化还原反应配平的产生式（见表 2-2）。

---

① Rumelhart D E. Schema：The building blocks of cognition［G］// Guthrie J T.（ed.）. Comprehension and Teaching：Research Reviews. New York：International Reading Association. 1983：3-26.

② 吴庆麟，等. 认知教学心理学［M］. 上海：上海科学技术出版社，2000：137-138.

表 2-2 “氧化还原反应配平”的产生式

P_1	如果目标是配平氧化还原反应，那么建立使质量守恒和使得失电子守恒的子目标
P_2	如果子目标是使得失电子守恒，那么建立使化合价升降守恒的子目标
P_3	如果子目标是使化合价升降守恒，那么建立找出化合价变化的子目标
P_4	如果子目标是找出化合价的变化，那么标出各元素的化合价且找出元素化合价的变化
P_5	如果子目标是使质量守恒，那么根据原子数目守恒进行配平

图式改进是指面临新情境，在必要的时候对图式进行修正、扩展或限制。如进一步明晰突出图式中的变量；给图式增加变量，使图式具有更广泛的适应性；将图式中的变量变为常量，使图式对某些特殊情境做出更恰当的解释。

（二）图式理论给予的启示

对图式及图式理论追溯使我们得到以下的认识。

1. 教师是以其所拥有的相关教学知识图式为基础进行教学的

教师的教学知识图式是教师对学科知识进行教学化和心理学化的结果，它是教师教学知识和经验的组织结构，体现着教师对相关知识教学的知觉、理解和思考的方式。教师的教学知识图式是教师教学的起点和基础，它是教师基于自身的学科知识在教学活动情境中通过同化和顺应过程逐步建构的，并在“平衡—不平衡—再平衡”的循环中得到不断的丰富和发展。

2. 教师的教学知识图式水平与其教学行为及能力水平存在着某种一致性

教学知识图式既是教师应对教学情境反应的基础，也是应对教学情境行为的结果。由于教学知识、经验、思维方式及阅历的不同，教师个体建构的教学知识图式存在差异，这些差异反过来又影响教师对教学知识的理解和教学行为表现。若某教师的教学知识图式的概括水平高、包容范围广、容易找到新知识的固定点并能分辨新旧知识的异同点、富含产生式和结构化知识组块的话，那么，该教师就能对教学情境中的问题做出及时恰当的判断和处理，表现出较高的教学效能水平。可见，良好的教学知识图式对教师的有效教学行为起着支撑作用，与教师的教学行为和能力水平存在某种一致性。

3. 如何恰当有效地帮助学生建构相关知识图式是教学的重要目标

人的认知和能力都是在原有图式的基础上，不断对新知识的同化和顺应而逐步建构和完善的。教师可通过实验、练习、情境再现等各种手段引发与学生原有图式不一致的事件，激发学生去寻找原有图式为何不能使用的理由或原因，在获得对某一图式更复杂更精确的理解中改进和发展图式，真正获得认知的发展。

总之，研究教师的教学行为应该追溯其教学知识图式，为此我们将教师教学知识图式的研究作为研究教师课堂教学特质的起点和基础。

三、“精彩观念”理论及启示

美国教育家爱莉诺·达克沃斯（E. Duckworth）曾师从皮亚杰，并担当过皮亚杰和布鲁纳助手，她致力于在课堂情境和课程开发情境中发展皮亚杰理论。首先，达克沃斯提出自己的教学哲学观：“课堂教学必须建基于每一个学生的独特性之上，而学生的独特性集中体现在每一个人的观念的独特性，教学的目的或价值就是帮助学生在原有观念的基础上产生新的、更精彩的观念。”[①] 她认为智力发展的实质是精彩观念的诞生，教育就是为学习者提供机会，让他们主动建构自己的知识。任何教学都应指向学生个性和创造力的发展。其中，教学中精彩观念的诞生是学生个性化发展和创造力提升的重要表征之一。达克沃斯强调教学理论主旨是要帮助人的心灵产生创造的力量，即产生认知性意义，而产生意义的途径就是问题解决，产生意义的方法是“拓展性临床访谈”。

其次，达克沃斯将自己“拓展性临床访谈”发展为一种使教学与研究一体化的教学方法论。这种方法论的本质是“去倾听学习者，并让学习者告诉我们他们的思想”[②]。基于此理念，她不再将教学理解为教师讲解、学生倾听的过程，相反，她认为，教学是学生讲解、教师倾听的过程。这种教学就是提供让学生产生精彩观念的机会。教师倾听是使学生体验受关注的方式。达克沃斯说：“我们在努力理解学习者的意义方面给予的关注，对他们保持参与的兴趣发挥巨大作用。（许多学习者告诉我们，很少有人如此密切地关注他们的思想和他们对观念的感受。）而且，他们投入的程度，对他们说出他

① 爱莉诺·达克沃斯. 精彩观念的诞生——达克沃斯教学论文集［M］. 张华，等，译. 北京：高等教育出版社，2005：前言Ⅲ.

② 爱莉诺·达克沃斯. 多多益善——倾听学习者的解释［M］. 张华，等，译. 北京：高等教育出版社. 2004：165.

们正在创造的意义的激情方面，同样发挥着作用。”① 正是教师倾听这种特殊的关注方式使学生更投入、更富激情地在学习中创造着意义并表达着意义。

再次，教学要注重课程开发与评价，通过揭示学科和进入世界以保持学科和世界的复杂性。达克沃斯说：“一旦我们愿意接受学科内容真正的复杂性，就会发现这些复杂性甚至匿藏于平常认为最不可能的地方。我希望教师能发展的能力之一就是能够在看似简单甚至很基本的材料中发现意料之外的复杂性。人们是在勇敢地面对这种复杂性的过程中才发展了真正的理解。”② 作为课程开发者，教师通过“揭示学科”和“进入世界”，发展使学生善于关注并学习身边的事物，学会解释日常世界的方法，这样学科世界和日常世界才能对学生产生意义。我认为，达克沃斯理论对研究教师课堂教学给予了以下的启示。

1. 教学的根本价值就在于帮助学生产生精彩观念

这意味着：第一，教师愿意接受学生的观念，包括学生错误的观念；第二，教师要创设暗含着精彩观念的情境；第三，当学生为情境中的理智问题所吸引时，通过师生及生生间的会话使学生日益深入地直接接触所讨论主题，并倾听学生对其的解释。课堂教学必须基于每一个学生的独特性之上，而学生的独特性集中体现在其个人观念的独特性，教学的价值就是帮助学生在原有观念的基础上产生新的、更精彩的观念。

2. 要在尊重和接受学生个人观念独特性的基础上进行引导

教师要尊重和接受学生个人观念的独特性，就要探寻“他为什么这样想”，创设暗含着精彩观念的情境，通过对话让学生与所学主题直接接触，倾听学生解释，使学生体验知识是人主动建构的。学生的观念是教学的出发点和归宿。任何年龄阶段、任何发展水平的任何学生都是带着自己的观念进入教学过程的，因此，教学的首要任务是倾听学生自己的观念。教学当然并不局限于学生已有的观念。教学的根本目的是倾听学生，创造条件，让学生诞生更精彩的观念。学生精彩观念不可能诞生于压抑的、控制性的环境中，而只能涌现于学生体验到、平等感受到尊重和欣赏的氛围之中。

---

① 爱莉诺·达克沃斯. 多多益善——倾听学习者的解释［M］. 张华，等，译. 北京：高等教育出版社. 2004：3.

② 爱莉诺·达克沃斯. 精彩观念的诞生—达克沃斯教学论文集［M］. 张华，等，译. 北京：高等教育出版社，2005：148－149.

3. 应擅长在学科知识和日常生活之间建立联系

教师在教学中应关注教师、学生、学科知识和日常生活四要素的相互作用，从学生已有的知识和生活经验以及将要经历的社会生活实际出发，创设与所学知识相似的或相关的情境，通过设疑、猜想与假设、设计方案、实验论证、解释与结论等进行思维重建和探究行动，帮助学生认识化学与人类生活的密切关系，关注人类面临的与化学相关的社会问题，培养学生的社会责任感、参与意识和决策能力。这样引导学生从化学学科视觉出发去关注日常生活世界，掌握利用学科知识来解释日常生活世界的方法，培养他们到日常生活世界中寻找化学学科知识的意义，帮助他们体验化学能使人类享受更加美好的生活。

为此，对教师课堂教学行为的研究，一方面，要着重考察教师在课堂教学中是如何通过师生之间和生生之间的交往互动来促进学生对已有知识经验的改造，从而获得知、情、意和谐发展的；另一方面，还要考察教师在课堂教学中面对非预期的教学问题是如何迅速判断问题关键、临场改变、及时纠正偏失、点化提升以帮助学生在原有观念的基础上产生新的、更精彩的观念的。即践行达克沃斯的精彩观念理论中所提倡的体现教学本质的教学行为与策略。

第二节　相关概念及其界定

一、教师课堂教学特质

本研究以教师课堂教学特质为核心，分析中学专家型化学教师与新手型教师有关学科内容知识的课堂教学行为、剖析其教学行为背后的知识图式和教学思维特点，期望获得对专家型化学教师有效教学的系统认识，能为新手型化学教师课堂教学实践提供具有针对性和可操作性的指导。文中的特质并非某一特征或特点，而是决定教师课堂教学效能水平的核心要素的有机集合，它能对教师回应课堂教学的工作给予较为整体的描述。在此，将教师课堂教学特质尝试性地做如下界定。

教师课堂教学特质是指学科教师基于自身的教学知识图式和教学情意，结合当下课堂教学情境要素，借助恰当的教学思路对教学内容实施合理的教学实践操作，以达成教学目标、促进学生的学习和发展的教学组织结构（见图2-4）。

可见，教师课堂教学特质是教师学科知识、教学思路、教学行为和教学

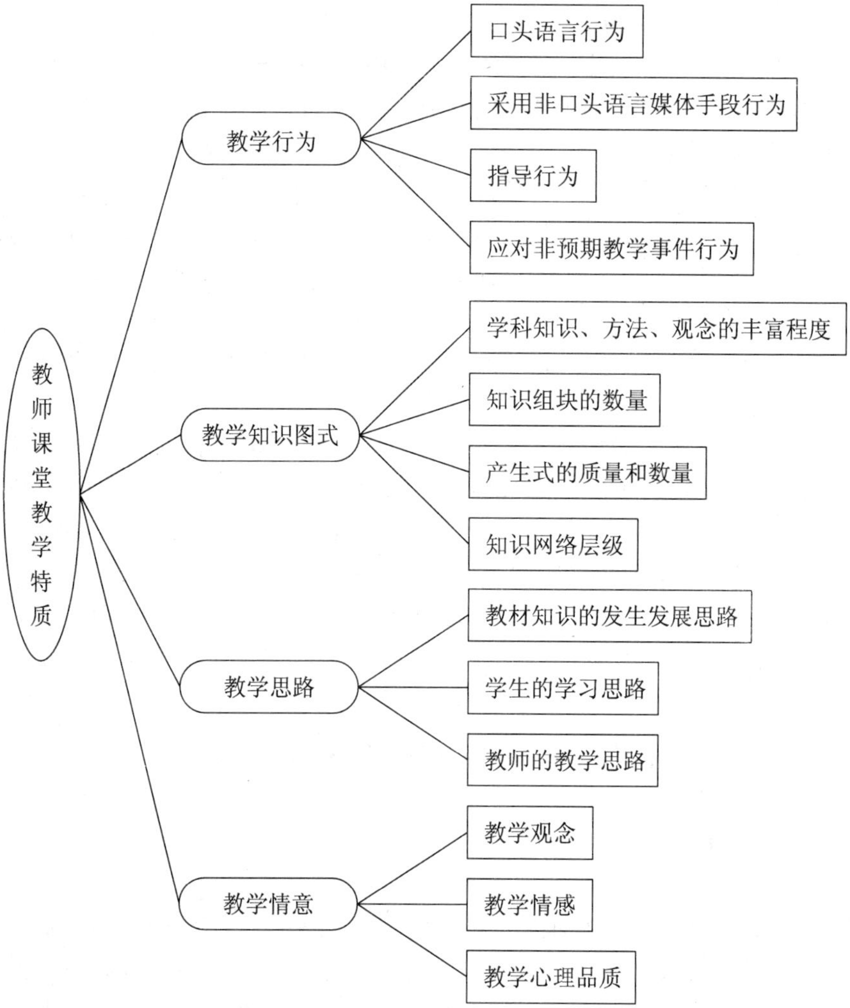

图 2-4　教师课堂教学特质及构成要素

情意的综合体现，因此，我们将教师课堂教学特质分解为教学行为、教学知识图式、教学思路、教学情意这四大要素，其中教学知识图式是教师课堂教学特质的基础，教学思路是教师课堂教学特质的核心，教学行为是教师课堂教学特质的展现，教学情意是教师课堂教学特质的动力和调控。这四大要素之间既相互独立又彼此联系，围绕课堂教学内容相互交织整合在一起，就构成教师课堂教学特质。

尽管教师课堂教学特质不能自发地清晰地外显，但它是客观存在的，制约着教师课堂教学效能水平。我们可以通过观察教师的课堂教学行为表现结合访谈而推断其存在，因为依据特质理论，人的特质与人的行为反应有一致性，那么，教师课堂教学特质与教师课堂教学效能水平也存在一致性。

教师课堂教学特质概念的提出是为全面剖析教师有效教学的内涵提供的一个研究框架和研究内容。对于该框架，从宏观来看，要研究教师对学科教学目标与价值的认识及合理追求；对教学知识以及教学规律的把握与创造性地运用；对教学过程中非预期事件的洞察、深思及敏锐感悟和机智应对能力。从中观来看，要研究教师是如何通过教学思维来优化课堂教与学的程序，促成师生、生生间的积极主动地有效互动以实现教学目标的。从微观来看，要研究教师针对具体学科知识点进行激趣、化解难点、点化提升、及时纠正偏失的策略。教师有效教学的根本在于教师基于自身优良的教学知识图式，借助恰当的教学思路和教学实践操作，合理利用一切教学资源，通过有效地帮助学生建构教学知识图式而促进学生全面和谐地发展。如果教师的教学知识图式越完善、教学思维水平越高、教学情意越浓越真挚的话，那么，该教师的课堂教学行为表现就越优异，教学效能就越高。

二、课堂教学特质要素的界定

（一）教学行为

现代心理学认为，“行为是指人在主客观因素影响下而产生的外部活动。人类的行为，是基于特定的欲求，为了实现特定的目标，并选择各种各样的手段去实现目标的活动”①。可见，行为是在社会、个人及具体场景共同作用下人的心理的外化表现形式，它是一个复杂的整合系统。教育学认为，“教学行为是指在教学过程中，为达到一定的教学目的所采取的行为。不仅包括教师和学生之间的相互作用，学生之间的相互作用，还包括教师、学生和整个教学环境的相互作用”②。若从活动视角来看，课堂教学是教师的教与学生的学的两种活动的统一，两者都旨在完成化学教与学的任务，实现化学课堂教学目标，提高学生的科学素养水平进而促进学生积极主动地全面发展。教师教的活动是教师根据学生的特点和实际教学资源为促进学生顺利地开展学

① 朱智贤．心理学大辞典［M］．北京：北京师范大学出版社，1989：786.

② 顾明远．教育大辞典［M］．上海：上海教育出版社，2002：81.

习活动、有效地完成化学学习任务而采取的一系列步骤，教师教学行为就是教师引导学生完成化学学习任务的一系列具体的手段及操作。课堂教学正是通过依托教师一系列的教学行为来组织完成的。依此“行为”定义并结合化学课堂教学的特点，本研究将“教学行为”界定为：

教学行为是指在课堂教学过程中由教师引起、维持或促进学生学习的一系列具体的手段及操作，是教师为了促进学生完成学习目标而进行的支持性、服务性的言语行为、非言语行为、指导行为以及应对非预期教学事件行为的总和。

本研究着重要考察的是教师课堂教学行为构成（见表2－3）。

表2－3 教师课堂教学行为构成

行为类别		行为特点	行为表现
主要教学行为（直接指向教学目标）	言语行为	最突出的特点是“说”，主要是教师通过教学语言来呈现化学教学内容	讲授（如介绍、讲述、讲解、总结、评价等）；提问（发问、追问、反问、叫答等）
	非言语行为	突出特点是“动”，主要是教师通过动手操作来呈现化学教学内容	展示（如实物、模型、标本、图表、图片等）；演示（如演示实验等）；播放（投影、录像、多媒体、网络等）以及板演等
	指导行为	指导学生的实践活动来呈现化学教学内容的一类行为	阅读指导、讨论指导、练习指导以及实验操作指导等
辅助教学行为	解决非预期教学事件行为	迅速感知辨别顿悟智慧地化解、巧妙提升为有效教学资源	对实验意外、学生插话、答非所问等令教师尴尬事件的及时恰当地处理

化学教师的课堂教学行为是决定课堂教学成败的关键因素，研究学科教师的课堂教学行为是否有效，应该如何着手？以什么为尺度？笔者以为研究学科教师教学效能要回到学科教师专业生活的主场——学科知识的课堂教学现场，并围绕课堂教学活动去分析其教学行为，考察其教学行为是否体现了对“真、善、美”的追求。所谓求“真”，就是其教学行为符合规律性（指学科逻辑性、学生认知规律性、教学规律性）；所谓求“善”，就是其教学行为符合目的性（既指有利于教学目标的实现和学生的未来发展，又指恰当具有灵活、变通及适宜性）；所谓求“美”，就是其教学行为符合艺术性

（指具有独特性和创造性），这是有效教师教学行为最高境界的表现。

（二）教学知识图式

教师的教学知识图式是教师对学科知识进行教学化和心理学化的结果，它是教师关于学科教学内容知识及教学经验的组织结构，体现着教师对相关知识教学的知觉、理解和思考的方式。

无论专家教师还是新手教师，都拥有自己的教学知识图式，而且是以它为基础来进行教学的。具备良好的化学教学知识图式，既是化学教师专业素养的重要构成，也是化学教师有效教学的起点和前提条件。本研究中的化学学科知识主要包括化学事实性知识、化学理论性知识和化学计算技能性知识，我们将教学知识图式界定为：教学知识图式是指化学教师在教学实践中形成的针对某一特定化学教学主题或核心概念的有层次的、整体性的知识结构。它以化学知识为基础，具有一般图式的特征，它是在教学实践中不断被丰富、发展的（见图2－5）。

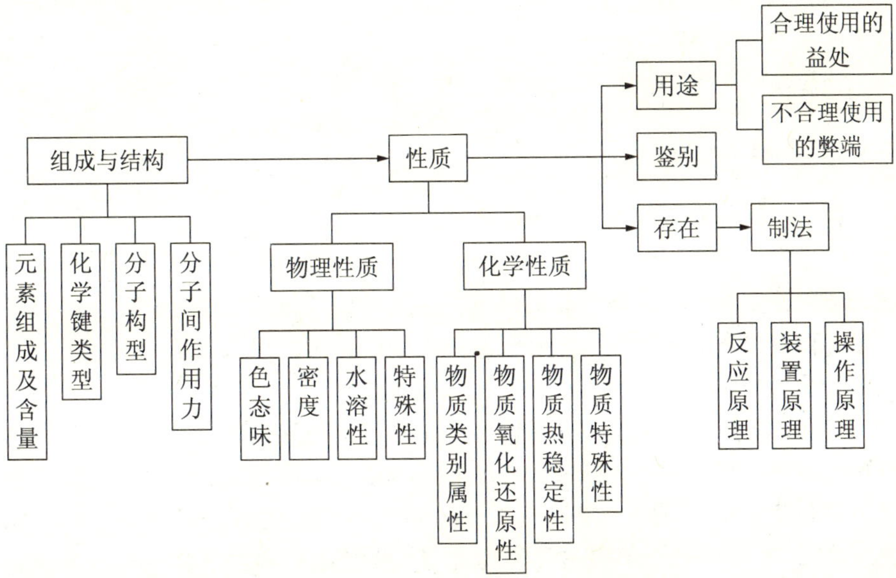

图2－5　有关化学物质的基本性质的教学知识图式

从内容来看，教学知识图式是化学基本知识在教师个体头脑中的反映，化学学科知识是教学知识图式基础和建构发展的出发点；从对内容的构成来看，有关化学学科概念、原理、理论及事实性知识是教学知识图式的核心与基础，教学知识图式还包括经过教师内化而形成化学知识之间的逻辑关系，解决某些化学问题的方法、技巧和运用知识的策略等。另外，教学知识图式中还蕴涵着有关哲学、化学学科观念及化学方法论的知识。

从发展来看，化学教学知识图式是一个不断发展变化的动态结构。根据皮亚杰的图式发展理论，化学教学知识图式的发展是通过“同化”和“顺应”两种方式得以实现的。当面临外界刺激，教师能够通过选择、处理、吸收，引起原有图式量的增加，即为同化。当原有图式由于某种局限无法纳入外界刺激时，只有通过改变和修正原有图式，引起原有图式在质上的变化和飞跃，就是顺应。这种同化和顺应之间及其所带来的子系统与整体系统、部分知识和整体知识之间的不平衡到平衡的往复螺旋式上升的过程，就是新图式不断取代旧图式的过程，也就是教师的学科认识不断提高和深化的过程。教学知识图式的不断建构和发展过程也就是教师专业成长的过程。

总之，化学教学知识图式是教师头脑中所形成的一种个性化的化学知识结构。合理、良好的教学知识图式不仅能够整合各种相关的零散的知识而获得不断的丰富和发展，而且这些丰富的组织化的教学知识图式能帮助教师高效率地解决教与学中的各种问题。

（三）教学思路

教学过程是教师将人类已有的科学知识和实践经验转化为学生的知识，同时引导学生把知识转化为能力及行动体验的一种特殊形式的认识过程。实现这两级转化主要通过教师教的思维与学生学的思维的相互作用。教师的教学思路直接关系到并制约着教师教的思维和学生学的思维的能否有效地相互作用以及两级转化能否实现。本文将“教学思路”界定为以下方面。

教师在充分研究学生和教学内容的基础上，为达到教学目标而设计的学科知识内容展开程序，教师教的程序与学生学的程序的综合。教学思路由教材知识的发生发展思路（简称“教材思路”）、教师的教学思路（简称“教的思路”）和学生的学习思路（简称“学的思路”）构成，其中教材思路是依据，学的思路是中心，教的思路是桥梁。追求三条思路的顺畅和协调一致的过程，就是有序推进教学与优化教学的过程。

教材思路通常是教师在对教材中知识的发生与发展思考基础之上作出的程序安排。考察教师的教材思路重在分析：教师是否明确知识的类别和知识间的逻辑关系以及知识产生发展的脉络；是否能兼顾知识的逻辑性、系统性和教学的阶段性；是否能选择利用展现知识用途、相关的生活事件及经验等素材。

学的思路是教师引导学生思考问题或学习新知识的思维线索及程序安排。考察教师对学的思路的设计和实施重在分析：教师是否估计可能造成学生思路中断的一些问题和解决办法；观察教师在课堂上是如何通过激发、疏导、深化、迁移等环节来逐步引导学生建构新知识、发展思维能力的。

教的思路是教师在钻研教材、大纲的基础上，将教材中静态的教学内容知识进行“动态化”教学组织的思维线索和程序安排。考察教师教的思路重在分析教师如何将教学内容分解为各个知识“点”和“线”，又是如何多角度地筛选、鉴别和有效利用相关课程资源来设计组织各知识“点”的教学活动，最后，还要考察教师如何根据教学内容恰当地选择多种教学方法，将各个知识“点”的活动设计有效地链接起来以实现教学目标的。此外，考察教师教的思路还包括分析教师在教学过程中是如何根据学生的反馈信息调整教学进度和教学方法的。

教学要取得成功、富有成效，这三条思路不仅要合理顺畅，还必须有效贯通保持协调同步状态。考察教师如何将三条思路有效贯通保持协调状态，重在分析：教师是否确立教学过程是在教师引导下的学生自主建构与发展过程的观点；教师是如何激发兴趣启发思考和探索的；教师是如何帮助学生突破思维障碍；教师采用了哪些反馈调控的手段以保持协调同步。

概括地讲，教学思路是教学设计和教学实践的具体化，追求三条思路的顺畅和协调一致目的就是把教学知识的发生发展思路通过教师的教学思路转化为学生的学习思路，训练学生思维，使学生在掌握学科知识的同时，向着全面和谐的方向发展。

（四）教学情意

诚然，有效课堂教学过程是教师依托丰富的组织化的教学知识图式、顺畅和协调的教学思路、高超的教学技能去实施教学活动的过程，教学过程离不开学科知识的传承和学科技能的培养，但在知识与技能的教学中不能不关注学生主体生命价值（比如尊重学生以自己已有的经验背景和价值需求进行选择性学习；提供师生之间和生生之间的探究、体验、交流、合作、分享等必需的时间和空间，帮助学生获得个人化的知识；为学生主动获取知识提供获取资源的渠道和方法及策略，培养学生的主体精神以促进学生全面发展等），既要教给学生立身之术，更要教给学生立身之本。因此，从根本上讲，有效教学过程是促进学生生命价值的生成过程，而不仅仅是知识与技能的堆积。德国哲学家雅斯贝尔斯（K. Jaspers）曾言："真正的教育意味着一棵树摇动着另一棵树，一朵云推动着另一朵云，一个灵魂唤醒另一个灵魂。"雅斯贝尔斯接着强调，"所谓教育，不过是人对人的主体间灵肉的交流活动，包括知识内容的传授、生命内涵的领悟、行为意志的规范，并通过文化传递的功能，将文化遗产教给年轻一代，使他们自由地生长，并启迪其自由天性。因此，教育的原则，是通过现存世界的全部文化导向人的灵活觉醒之本源和根基，而不是导向原初派生出来的东西和平庸的知识"①。为回归教育教学的本质，新课程要求教师既要重视对学生的知识与技能、过程与方法的教学与训练，更要重视对学生的情感、态度、价值观的培养，以形成正确的价值观和积极的人生态度，所以，教师的教学情意也像教师的教学知识与教学技能一样应成为教师教学特质的重要组成部分。而在笔者看来，优秀教师与一般教师的最根本的差异恰恰在于教学情意这一"软"的，但却更为根本的教学特质要素。

国内心理学界没有权威的界定"情意"这一概念。《张氏心理学辞典》中将"情感"与"情意"都翻译为 affection，其中，"affection"的含义是指：（1）包括情绪、感情、心境等一切属于情感方面的心理历程；（2）在传统心理学上，情感与认知、意志合称为知、情、意三个心理官能②。关于教师专业情意的研究始于教师的"职业精神"、"专业情感"、"专业态度"，直到"专业情意"这一概念的提出，至今还没有形成权威的见解或有影响力的观点。其中具有代表性的观点有：教师的专业情意是教师对教育、教学专业的一种深厚的感情，教师专业化的成熟境界意味着专业情意的健全③；专业情意是一种外在于专业知识的自我意识、价值观等具有人文内涵的情感体验状态④；专业情意是基于对所从事专业的价值、意义深刻理解的基础上形成的奋斗不息、追求不止的精神，指教师在专业教学行为活动中形成的情感

① 雅斯贝尔斯. 什么是教育［M］. 邹进，译. 北京：生活·读书·新知三联书店，1991：3.

② 张春兴. 张氏心理学辞典［M］. 台北：东华书局，1989：22.

③ 胡东芳. 教师形象：从"公仆"到"专家"——创新教学呼唤教师专业化［J］. 教育发展研究，2001（11）.

④ 冯龙芝. 高师院校教学改革与师范生专业素养发展［J］. 中国高教研究，2005（5）.

和意志力，也反映了对工作的一种热情程度或者说是一种专业情绪，从心理学意义上说是一种更高的职业境界①；教师的专业情意是指教师基于对自身所从事的专业的价值、意义深刻理解的基础上，所形成的教师职业所必需的认知、情感和行为倾向②。教师的专业情意是教师对教育事业的情感态度与价值观的融合，是教师职业道德的集中体现，在教师专业发展中发挥着导向、动力、调控和强化作用。通过对教师有关专业情意文献的梳理，不难发现还存在以下有待细化与深入研究之处。

首先，对于教师专业情意的内涵和构成要素的认定大都是参照2001年教育部师范司编的《教师专业化的理论与实践》中专业情意的提法（在其2003年修订版中又将专业情意改为专业态度），书中对此概念的内涵解释较为笼统，可操作性不强。其次，在教师专业情意的评价方面，通常较重视社会各界对教师提出的要求，很少关注教师专业素质形成的内在规律和自身对专业的感受，缺乏教师专业成长的内在需要的视角。因此在确立评价指标时，我们应该更加关心教师的自我实现需要（追求发展、自我完善等）和内在感受（自豪感、价值感等），使教师的专业发展获得真正的动力源泉。再次，对教师重要品质的研究多集中于对教师专业成长中智力因素的研究。心理学家研究发现：一个人事业成功或人生幸福20%归于智力因素的作用，80%归于非智力因素的作用。可见，教师的成就动机、情感、性格、意志力等非智力因素的水平与其事业成功都存在着显著的关系。尤其对那些智力水平中等的新手教师和普通教师的非智力因素研究更是不容忽视，而对此研究成果甚少，立足课堂对学科教师专业情意的研究就更少。

学科是知识结构的主体，课堂教学既是素质教育的主渠道，也是教师专业生活的基本形式与基本场所，对教师课堂教学特质的探寻也应该根基于学科教师在课堂专业生活中的情意。新课程要求教师要重视学生的情感、态度、价值观的培养，以形成正确的价值观和积极的人生态度。所以，教师的灵魂深处就应扎根有爱、智慧、公正、自觉、坚定、果断……即教师自己首先应该拥有丰富而美好的教学情感和良好的教学意志品质。任何教师都无法超越栖居在其内心的教学观念、教学情感和教学心理品质，这三者的综合对教师的教学行为、教学思路、教学知识图式发挥着动力和调节作用。笔者从

---

① 王秀香，等. 对辽宁省中学体育教师专业素质现状的调查与分析［J］. 辽宁师范大学学报，2005（9）.

② 陈书洋. 当代小学教师专业情意的分析研究［D］. 苏州：苏州大学，2007：9.

教师课堂教学活动这一特定的背景上审视教师的情感，将教师的“教学情意”界定为：

教学情意是指教师在学科教学实践中形成的教学观念、教学情感和教学心理品质等方面的认识态度及体验与心理品质的综合。其中教学观念影响着教师对教学活动的知觉、判断，进而影响其教学行为；以师爱为核心的教学情感和以教师自身主导情绪状态及自我调节能力为主的教学心理品质则是产生感染震撼学生的教学艺术魅力之所在。

教师的“教学观念”是指教师从实践的经验中逐步形成的对学科教学本质与过程及活动要素的基本看法。教师的教学观念一旦确定，就会在他们的头脑中形成一个框架，影响到他们对教学过程中具体学科知识及教学活动设计的看法，影响到他们在教学中的决策和实际表现，进而影响到学生的学习。

教师的“教学情感”是指教师对教学工作、所教学科和学生的积极或消极的情感态度。作为情感相对成熟和稳定的教师，是教学活动的组织者和指导者，其主导地位决定了教师教学情感对教学活动具有更大的能动作用。很多研究表明，高效能的教师都是由衷地喜爱自己所教学科、满怀使命感、视教育教学为“天职”，边教学边钻研，善于营造师生情感交融的气氛，热情地帮助学生学习和成长。

“教学心理品质”是指教学过程中教师自身的主导情绪状态及自我调节的个性心理特征。如是否善于体察学生的心理世界与内心变化；是否善于营造有趣快乐的学习氛围；是否具有较强的组织管理能力，等等。教学心理品质是教师在教学实践活动中积累概括而形成和发展的。具备良好的教学心理品质的教师不仅善于激发学生学习的内驱力，而且善于创设愉快轻松的课堂教学氛围，能及时有效地建立和谐的师生关系，以增进教学效果和提高教学效益。

教学心理品质既受教师教学观念、教学情感的制约，又是教师自身性格和气质特点的反映，但也与教师的自我修养以及坚定、果断、自制和耐心的意志品质有关。在教学活动中，往往会出现许多主观和客观方面的困难，需要教师自觉调控、用顽强的意志去克服。这就要求教师有明确的目的和达到教学目的的坚定性，有处理课堂问题的果断性，有控制不愉快心境的自制力，有期待学生思考和解决问题的耐心。如果教师缺乏良好的教学心理品质的话，课堂上可能会出现消极、优柔寡断、遇事慌乱、感情用事、烦躁不安等现象，难以营造亲切活跃的课堂气氛，进而影响顺利实施教学活动与取得理想的教学效果。

第三节　研究的基本思路

近二三十年来，教师教育研究者借鉴技能领域的专家—新手比较研究范式，从各自视角出发、采用不同方法研究了专家型教师和新手型教师在知识结构、问题解决、教学行为、教学心理及人格特质等各方面的特征及差异，其结论对教师的专业成长、教师资格认证、教师培训产生了积极的影响。其中有关教师课堂教学的研究大多是从不同侧面去研究和解释专家型与新手型教师的特征和差异的，在具体的学科课堂教学情境中进行专家型与新手型教师的教学特质的系统化研究较为鲜见。在反思化学教师教学研究内容和研究方法的基础上，笔者以为要研究教师教学行为，应该回归到教师真实的课堂教学情境中，去考察专家教师和新手教师教学实践行为及其背后的教学知识图式和教学思路，分析他们对教学的基本规律的探究和与运用水平等。笔者期望对此问题的研究能对教师教学实践有现实的指导意义。

一、研究的目标和问题

专家教师是教师队伍中最优秀的群体，在师德、教学和教研方面发挥着领军作用。专家教师的课堂教学是优质高效的，能博得绝大多数学生的喜欢以及同行的首肯和赞叹，这是专家教师课堂教学魅力使然。如何解读专家教师优质高效的课堂教学呢？采用专家型与新手型比较的方式，观察分析专家型化学教师和新手型教师的课堂教学行为，剖析行为背后的知识图式和教学思路特征，获得对专家型化学教师高效教学行为的恰当描述和解释，并对其课堂教学特质建立一个系统的认识。在本书中，我们要研究以下这些问题。

（1）什么是教师的课堂教学特质？其构成要素是什么？

（2）专家型与新手型教师在课堂教学行为、教学知识图式、教学思路和教学情意方面表现如何？有何差异？

（3）新手型化学教师的课堂教学特质如何？其构成要素间关系如何？

（4）专家型化学教师的课堂教学特质如何？其构成要素间关系如何？

（5）专家型化学教师与新手型教师的课堂教学特质差异如何？

二、研究的假设和程序

本研究围绕专家型化学教师与新手型化学教师的课堂教学实践，从理论和实证两个角度研究专家型教师与新手型教师课堂教学特质及差异。

本研究提出以下基本假设。

（1）专家教师与新手教师在课堂教学活动中都有其共同特征，将此共同特征称为教师课堂教学特质。

（2）教师课堂教学特质是教学知识图式、教学思路、教学行为、教学情意四方面特征的集合，其中教学知识图式、教学思路、教学情意相互影响、相互促进共同决定教师的课堂教学行为。

（3）专家与新手教师教学效果的差异在于其课堂教学特质构成要素的差异。

本研究基本程序如下。

（1）通过对国内外有关教师教学行为、专家教师与新手教师的比较、教学特质研究的文献进行梳理以获得对教师教学研究的背景认识，从中选择研究课题及其研究的突破口和可参照的依据。在对国内有关化学教师教学研究现状及反思的基础上，引出研究课题“化学专家—新手教师课堂教学特质的比较研究”。

（2）明确教师课堂教学特质研究的理论基础、相关概念的界定以及本课题研究目标、研究对象、内容和方法。

（3）化学专家型与新手型教师课堂教学行为的比较研究。围绕专家教师与新手教师的课堂教学实践，对其语言行为、运用直观教学手段行为以及指导学生行为进行质的和量的比较分析，结合实例展现和解释专家教师应对课堂教学中非预期教学事件的行为，概括出专家型化学教师课堂教学行为特征。

（4）专家教师与新手教师的教学知识图式的比较研究。借鉴相关图式理论研究成果，结合教学内容对专家型教师与新手型教师的教学知识图式进行量的分析和质的比较分析，揭示出专家教师和新手教师有关课堂教学知识图式的差异，概括出专家型化学教师各类教学知识图式的特征。

（5）专家型化学教师与新手型教师教学思路的比较研究。基于教学思路分析框架，结合教学内容对教师不同类型知识教材思路、教与学的思路进行质的分析，揭示专家教师与新手教师在不同类型知识教学中教与学思路的差异，概括出专家型化学教师教学思路特征。

（6）专家型化学教师教学情意的比较研究。基于教学情意分析视角，结合学科特色和学科教学内容对教师的教学观念、教学情感和教学心理品质进行质的分析，概括出专家型化学教师教学情意特征。

（7）总结以上四方面实证研究，进一步认识专家型化学教师的课堂教学特质，分析专家型化学教师的教学行为、教学知识图式、教学思路、教学情意各特质要素间的相互关系。

三、研究对象、内容和方法

（一）研究对象的选择

本研究按照文献中专家教师、新手教师的定义、选择标准和方法来选择研究对象。研究中的专家型化学教师是指具有 10 年以上教龄，因教学业绩突出而获得特级教师或学科带头人等荣誉称号的化学教师；新手教师是指教龄在两年以内的化学教师。他们分别是两所重点中学（分别简称为 A 和 B）的中学化学教师（见表 2－4）。

表 2－4　8 位研究对象教师的信息概况

	EA1	EA2	NA1	NA2	EB1	EB2	NB1	NB2
性别	女	男	女	女	男	男	女	女
教龄	26	15	2	2	10	22	2	1
教学荣誉	特级教师	省级学科带头人	△	△	省级学科带头人	特级教师	△	△
其他	奥赛辅导	幽默大师	△	△	明星教师	奥赛辅导	△	△

笔者在 A、B 两所中学均听课两个多月，曾听过 12 位教师的课，对 10 余位教师进行过跟踪访谈，他们中的一些与笔者还成为交谈深入的朋友，后来因为个人精力所限及论文结构考虑，最终笔者在文中呈现的主要是 8 位研究对象教师的课堂教学素材，同时，辅以国内一些化学特级教师的论著及教学实录素材来分析比较化学教师的课堂教学特质。本研究的比较具有相对意义，通过比较所得的结论不同于大规模抽样问卷调查研究所得出的“普适性”结论，它更多的是对学科教师课堂教学实践的解读。

（二）研究者的角色定位

在进行课堂观察和跟踪访谈过程中，研究者尽可能“悬置”自己的观点，跟随研究对象听课，还观察其如何进行课外辅导、班会工作，以便了解他们的日常教学生活情况。比如，课余请他们谈谈自己专业成长背景、经历以及影响其成长的主要因素，尽可能鼓励对方以他的方式讲述自己的成长故事。对研究者来说，是为了解教师，而不是改造教师。显然，没有这些教师的支持和配合，研究者的研究不可能进行，因此，研究者对他们心存感激，经常自问：“我能为他们做点什么?”我只能通过提供他们所需要的信息资料，认真呈上他们所询问的问题的观点和看法，赠送精心挑选的小礼物等方式向他们表达敬意和谢意。

（三）研究的内容与方法

研究的具体内容与方法在以下 4 个方面。

（1）采用文献分析法对有效教师教学、专家教师、教学专长、特质等研究文献等进行分析后，提出教师课堂教学特质及构成要素，确立本课题的研究框架。

（2）通过访谈、调查了解研究对象的专业成长背景、教学观念和教学情感；通过观课后追踪访谈了解研究对象对相关教学内容的认识和教学反思等特征。

（3）运用课堂观察、跟踪访谈、教学录像及教案分析方法对研究对象在化学事实性知识、理论性知识、化学计算三类知识的典型教学案例进行比较分析，概括他们在教学行为、知识图式、教学思路等方面的特征，为探讨化学教师课堂教学特质及影响因素积累素材。

（4）运用比较方法分析专家型化学教师与新手型化学教师课堂教学特质的差异，在此基础上进一步归纳出中学专家型化学教师课堂教学的基本规范。

（四）资料收集与整理

收集资料的方式主要是课堂观察、跟踪访谈、教学录像及教案分析。为了获得一些了解研究对象专业生活的线索，研究者尽可能细心地、共情地与合作教师交流，根据他们的陈述进行适当地、灵活地提问，期间常受到许多的感悟和激励。由于要同时听几位老师的课，而他们上课的时间常常冲突，于是就事先征得他们同意，并抄好课表，具体听哪节课随机进行，这样使得研究者所听的课尽可能是“常态课”。经过两个多月的实地研究，研究者做了近 60 节的课堂记录和 20 余次访谈记录。尽管这些资料杂乱而又丰富，能够直接展现于本文研究的素材只占很少，但它却满足了研究者对一线化学教师专业生活的好奇心和与他们深层沟通的愿望。

第三章　课堂教学行为的解析

课堂教学行为是教师课堂教学特质的主要外在表现，教师有效教学目标的达成是靠教师有效课堂教学行为来实现。但是已有的对化学教师教学行为研究基本停留在宏观理念或微观技术层面，缺少对教师课堂教学行为及背后的学科知识、教学思维、教学情意的系统研究，更缺少对不同成长阶段化学教师课堂教学行为差异的比较研究。本章着重比较三组专家型与新手型化学教师在进行不同类型学科知识内容教学中的课堂教学行为的差异，为后继研究教师教学知识图式和教学思路以及剖析专家型化学教师的有效教学奠定基础。

第一节　专家型与新手型化学教师课堂教学行为的比较

剖析专家型化学教师的课堂教学特质先从其有效课堂教学行为入手。通过课堂观察、跟踪访谈、回放录像等手段分析三组专家型与新手型化学教师（EA1-NA1、EB1-NA2、EB2-NB2）进行不同类型学科知识教学的课堂教学，着重比较他们在学习活动的启动、指导、练习巩固、评价与反馈等环节上的语言行为、采用非口语媒体手段行为和指导行为的差异，概括专家型化学教师在相应学科知识教学中的有效教学行为特征。

本研究分以下三个主题：

主题一，化学事实性知识课堂教学行为比较（以二氧化硫教学为例）；

主题二，化学理论性知识课堂教学行为比较（以元素周期律教学为例）；

主题三，化学计算技能课堂教学行为比较（以物质的量应用于化学方程式计算为例）。

本研究选用这三个具体教学案例是基于以下考虑。

（1）二氧化硫是具有中间价态的酸性氧化物，性质变化丰富，与工农业生产、日常生活和环境联系紧密，是进行科学—技术—社会—环境教育的典型的元素化合物素材。

（2）元素周期律和元素周期表属重要的化学基本理论知识，可视为学习和研究元素化合物知识的指南针，是化学教学的重点内容，在整个中学化学中具有重要的作用。但由于元素周期律理论内在逻辑性极强，比较抽象而且复杂，需要感性思维和理性思维相结合来加以认识和把握，所以，一直又是中学化学教学的难点。

（3）物质的量应用于化学方程式的计算是初中“质量”在化学方程式计算中应用的计算继续。物质的量是化学计量单位转换的核心，根据化学方程式计算是定性研究化学的基础，所以，将物质的量应用于化学方程式的计算就成为整个化学计算及中学化学计算的核心和基础；如何让学生由“质量”作为化学方程式计算的核心过渡到以“物质的量”作为化学方程式计算的依据和中心去解决实际问题是中学化学计算教学的难点。

一、事实性知识的课堂教学行为分析

中学化学学科内容由学科知识、学科观念和学科方法等构成。学科观念的形成、学科方法的掌握是离不开学科知识的，即化学学科知识是形成化学学科观念，发展化学学科能力的基础和载体。

化学学科知识是人们通过化学实践获得的关于客观事物及其内在规律的认识。它可分为化学事实性知识、概念性知识、理论性知识和过程性知识。化学事实性知识是指反映物质的性质、存在、制法和用途等多方面内容的元素化合物知识以及化学与社会生产和生活实际联系的知识。主要包括两大类：无机元素及其化合物知识和有机化合物知识。

化学事实性知识是化学概念和化学基础理论的基础，是化学学习的出发点和归宿，是中学化学知识的主干。但是，很多教师认为化学事实性知识“碎、散、繁、多”，无非是按照“存在、结构、性质、制法、用途”这一套路来教学，教师的教与学生的学均感到单调乏味。如何使事实性知识教学呈现出鲜活、生动、富有内在联系规律与意义的特点是化学教学实践中的一个重要课题。通过以 NA1 和 EA1 两位教师关于二氧化硫的课堂教学行为表现为例进行分析，结合其他素材归纳出专家教师与新手教师化学事实性知识教学行为的特征。

（一）二氧化硫化学性质的教学行为

根据教师呈现化学教学内容所选择的主要途径或手段的不同，将教师的教学行为划分为语言显示行为、采用媒体手段行为和指导行为三类来加以比较。通过对 NA1 和 EA1 两位教师关于二氧化硫化学性质教学实录过程分析（见附录 1）进行比较可知，在教学目标明确、教学思路清晰、演示实验的设计方面两者差异不大，这些可能属于课堂教学行为较为一般的要求，它们容易被新教师认识到，也相对容易被掌握。然而，比较发现 NA1 和 EA1 所展现语言行为、采用非语言行为和指导行为的频次（见表 3－1）同教学行为效果方面存在较大差异。

表 3－1　NA1 和 EA1 的主要教学行为频次统计的比较

	语言呈示行为					采用媒体手段行为			指导行为	
	发问	追问	反问	评价	总结	演示实验	投影	板书	讨论	练习
NA1	8	2	0	2	2	6	0	4	1	1
EA1	10	6	1	6	5	5	2	6	5	4

1. 对语言呈示行为的分析比较

（1）提出问题的类型、目的不同

NA1 提出的问题基本属于“是什么”和“为什么”或“怎么样”的问题。例如，“能溶于水并显酸性的氧化物叫什么氧化物?”“酸性氧化物还具有什么性质?”他们对学生的回答不习惯作出及时反馈评价，也不习惯进一步进行追问或反问，甚至难以对学生回答中的不妥或错误产生敏捷的反应和回应。请看下列提问片段：

NA1：将 SO_2 通入 H_2S 溶液中，有何变化?

S5：溶液变浑浊。

NA1：溶液变浑浊，证明有单质 S 生成，说明 SO_2 被还原成 S 单质，SO_2 发生氧化反应，所以 SO_2 的第二点化学性质就是具有氧化性。

附录 1 中 NA1 的教学实录里，类似这样的片段说明 NA1 提问的目的似乎是想从学生那里寻找一个自己讲述教学知识的起点，只要这个起点从学生那里脱口而出，她就接过来顺着的自己的思路往下讲述。可见，NA1 提问的目的是为了顺应自己的讲解，她与学生的语言互动多停留在表层化和形式化上。

然而，对于同样的教学内容，EA1 提出的问题除了属于“是什么”和“为什么”或“怎么样”以外，还有“你是怎么判断的?”“你是怎么想到的?”“该怎样证实?”等问题。例如，“你由 SO_2的化学式推测 SO_2可能具有什么化学性质?”“请你谈谈验证 SO_2的氧化性实验设计”等，而且针对学生的回答，专家教师不仅能作出及时、中肯的评价，而且还在学生回答的基础上通过追问、反问、板书等使学生回答思路清晰化、使新旧知识产生联系或者转换提问角度将学生的思维及讨论引向深入，以推进学生主动参与学习活动。EA1 提问目的是让学生独立思考、主动地探索和解决问题。

(2) 总结的频次和深度不同

NA1 总结 2 次（过程中总结 1 次和学习主题结束时总结 1 次），可见 NA1 缺乏过程中的总结意识，而且主题结束前的总结停留在要点的罗列，要点间的逻辑关系或关联未曾揭示。例如，NA1 对 SO_2化学性质的总结：到此，我们学习的 SO_2的化学性质主要表现在哪些方面？抓住四点：与水反应、氧化性、还原性和暂时的漂白性。

EA1 总结 5 次（过程中总结 4 次和学习主题结束时总结 1 次），而且 EA1 善于及时进行带有精致和整合色彩的总结，帮助学生进行新旧知识的联结、条理化和结构化。例如，EA1 对 SO_2化学性质的总结：总体来看，SO_2的化学性质主要表现在酸性氧化物性质和处于中间状态的氧化还原性以及暂时的漂白性方面。SO_2虽具有氧化性，但更多地表现出较强的还原性，可被许多强的、中等强度的以及弱的氧化剂所氧化。我们研究 SO_2是从物质类属通性、氧化还原反应和特性的角度来认识，这也是研究化合物化学性质的一般思路。

(3) 对学生应答的态度不同

EA1 对学生的回答，不论正确与否，先对学生的思考行为进行肯定，常用“好!”“很好!”“基本正确!”“有一定道理!”等给予激励，并能进一步分析学生回答中的对与错的关键点，引导其得出结论。相形之下，NA1 对学生的回应停留在佐证自己的结论的层面上。

2. 对采用教学媒体手段的分析比较

研究发现 NA1 和 EA1 在采用教学媒体手段方面的差异主要表现在使用媒体手段的目的性和多样性上。尽管 NA1 和 EA1 采用的演示实验内容基本相同，但安排的时机和目的不同。NA1 先集中进行演示实验，再通过解释这些演示实验现象来说明 SO_2 的各种性质，演示实验服务于教师个人的知识讲授。

EA1 将演示实验分别安排在学生设计讨论该性质的实验验证方案之后，作为检验学生的验证实验设计方案来使用的，演示实验服务于学生的讨论学习活动；同时，EA1 还采用投影展示进行实验设计的仪器试剂、展示实验设计方案的简单表格，为学生讨论设计活动提供脚手架。我们还发现 EA1 和 NA1 板书均以关键词、纲要式地呈现学习主题的基本信息，但 EA1 在板书上注重体现内容的逻辑关系，与学生的表述或自己的讲解紧密配合并及时地通过板书展现。

3. 对指导学生活动的分析比较

NA1 的教学基本是以自己的预设来展开教学的。教学以演示实验创设情境，围绕解释实验现象讲述知识内容，可能受对教学内容不够熟悉、教学经验有限的制约，不敢放手开展学生的讨论活动，也缺乏讲练结合的教学实践活动安排。

EA1 则是以学生的讨论与设计为中心展开教学活动的。不仅通过有效的提问、评价、追问以及引导学生进行学科知识思考，而且还安排及时性、拓展性以及变式练习等活动促进学生加深理解和合理地建构知识。

（二）事实性知识的教学行为的特征

通过对上述 EA1 和 NA1 有关 SO_2 化学性质教学行为的比较分析，结合其他课堂观察素材及文献资料，我们将专家型化学教师与新手型化学教师事实性知识课堂教学行为的特征归纳如下。

1. 新手型教师有关事实性知识教学行为的特征

总体上看，结合演示实验进行讲解是新手型化学教师的事实性知识课堂教学行为的主流，他们注重运用演示实验为学生提供直观的感性认识，但缺乏引领学生进行较深层的思考、总结、练习的提问、板书及组织学生活动的教学行为能力。具体地讲：

（1）在语言行为上，新手型化学教师的提问多数是属于封闭型问题，如“是什么?”和“为什么?”提问的主要目的是让学生顺应自己个人的讲解。对学生回答的反馈和评价停留在表面层次，不能通过转换提问角度将学生的思考引向深入。还不习惯在教学过程中总结，结束前对知识点的总结未体现其内在的逻辑关系以及与化学理论的上位勾连。

（2）在运用教学手段上，注重利用演示实验创设教学情境服务于教师个人的知识讲解，但缺乏对实验细节考虑以及利用其他的投影、板书等直观性手段进行优化教学。

（3）可能受制于教学知识和经验的限制，新手型化学教师还不擅长就生活中相关现象和问题，组织学生开展推理验证性讨论或进行讲练结合的实践活动。

总之，新手型化学教师对事实性知识课堂教学行为基本属于以教师为中心的传递性知识教学，视学生如同实验等为教学手段，而不是教学目的。

2. 专家型教师有关事实性知识教学行为的特征

专家型教师有关事实性知识课堂教学行为是对机械地依照物质的存在、性质、制法、用途进行讲授方式的超越。专家型教师将自己的角色定位为学生学习的帮助者和引导者，需在引领学生思考和探索过程中完成教学任务，这是其与新手教师课堂教学行为有很大区别的根源。专家型化学教师关于事实性知识课堂教学行为有如下特征。

（1）擅长提出开放性问题。专家型教师常常在提出“是什么?”“为什么?”问题之后，还会追问:“你是怎么想的?”“你是怎么判断的?”“该怎么证实呢?”等问题。提问题的目的是让学生成为解决问题的探索者，而不是旁观者，利用有梯度的问题推动学生深入思考。

（2）善于肯定学生的思考行为。专家型教师面对学生的回答，不论正确与否，常用“好!”“很好!”“基本正确!”“有一定道理!”等给予激励，然后再分析学生回答的对与错的关键点，不断地激励与强化学生的思考，使得课堂教学中的“思考”“探索”能持续进行并引向深入。

（3）有效地利用实验、投影、录像、图表、模型等直观教学手段。专家型教师利用实验、投影、录像、图表、模型等直观教学手段帮助学生建立感性认识；在此基础上通过分析、讨论、总结方式，把感性的、描述性的知识内容变成理性的、结构化、系统化的知识网络。

（4）注重总结并揭示所学知识的意义。专家型教师注重过程中和学习主题结束时的总结，这样概括规律以消除知识的散乱现象。还重视将所教授的知识与生产、生活实际中所熟悉的事物相联系，使学生充分认识到所学知识的意义。例如，专家型教师在进行有关 SO_2 的漂白、SO_2 与人类关系的知识教学时，既生动又具体，既有问题又有对问题全面辩证的分析，这样促进学生通过联系实际和学以致用，将知识“活化”，并为将知识转化为能力打好基础。

总之，专家型化学教师对事实性知识课堂教学行为力求凸显学生的学习主体性，擅长就生活中相关的现象与问题，组织学生开展推理验证性的讨论或进行讲练结合的学生实践活动，以促进学生发展作为教学的根本目的。

二、理论性知识的课堂教学行为分析

就化学学科而言，化学事实性知识和化学理论性知识两者相互依存缺一不可。若没有化学理论性知识，化学不能称为科学，因为无法对物质化学性质和化学变化做出合理的解释，更无法对物质的性质及变化做出预测；相反，若没有化学事实性知识，化学也不会称其为一门自然科学，因为那样的话，化学就只有推理与思辨，化学就不会成为一门中心的、实用的和创造性的科学。

化学理论性知识由化学基本概念和化学基本原理组成，化学基本概念是反映物质化学变化本质属性的最一般、最广泛的具有概括性、典型性的术语，它既是化学认识的结果，又是化学思维的细胞，更是整个化学知识体系的逻辑起点。化学基本原理是物质及其变化本质属性和内在规律的反映，它既能帮助学习者从本质上认识物质的结构、性质和变化，也能把零散的事实性知识按照内在规律组成系统，建立良好的知识结构。

在高中化学课程中设置了两大化学概念与原理主题：物质结构基础和化学反应与能量，既包括原子结构、化学键、分子结构、元素周期律、化学反应速率与化学平衡、化学反应中的能量变化等理论，也包括物质的量、氧化还原反应、离子反应、电离、原电池和电解等核心概念。因此，无论是概念还是原理，它们均是化学知识体系中的精髓，掌握好它们就能发挥作用：化解知识学习中的困难、将知识学习引向深入、帮助学习者做出合乎逻辑的推理和判断。以下就新手教师 NA2 和专家教师 EB1 关于元素周期律的课堂教学行为表现为例进行分析比较，结合其他素材归纳出专家型与新手型化学教师理论性知识教学行为的特征。

（一）元素周期律的教学行为

元素周期律和元素周期表属于基本的化学理论性知识，是化学教学的重点和难点，在整个中学化学中具有非常重要的作用。但由于本节课内容缺少直观、形象的实验，而元素周期律理论的内在逻辑性极强，需要感性思维和理性思维相结合来加以认识和把握。大多数教师都懂得要充分利用教材中的原子核外电子排布、原子半径、元素化合价数据，让学生对数据进行观察分析处理，在师生和生生的交流互动中去发现元素周期律。但是，利用何种教学手段、组织何种学生活动和采用什么样的教学语言去引导学生认识元素周期律，不同教师有不同的选择和不同的实践操作，所形成的教学效果却是大不相同的。

通过对 NA2 和 EB1 两位教师关于元素周期律的课堂教学实录（见附录 2）进行分析比较，发现两者的教学行为差异表现如下。

1. 相比 NA2，EB1 的教学语言深刻而富有激情

教师课堂教学的口头语言是教学的主要工具。尽管 NA2 的教学语言流畅清晰，语调、语气、节奏把握得当，但由于缺乏对教学内容深刻理解和教学经验，其语言内容基本属于教材书面语言的转述，显得平铺直叙、平淡刻板。而 EB1 在整个课堂教学中生动而形象的比喻、环环相扣的提问、逻辑性理论解析等使其教学语言具有启发性和诱导性，还具有较强的表现力和感染力。

例如，NA2 是这样进行元素周期律的新课导入和总结的：

前面学习了碱金属和卤素，知道它们相互之间有某种联系（即相似性），今天，我们就来研究元素之间存在什么联系？这种联系的本质是什么？我们的研究工具是原子序数，请大家打开书 P96 找出原子序数的定义。谁来回答什么是原子序数？……

此导入语是平铺直叙式的，仅仅是简单刻板地告诉学生这节课我们要以原子序数为研究工具来研究元素间的联系以及联系的本质，缺乏启发性和诱导性。

在课的结尾，NA2 总结说：

我们刚才的讨论表明，元素原子的最外层电子排布、原子半径和化合价这三者都呈现周期性变化，其中元素原子的最外层电子排布呈现周期性变化是最根本的，它决定了原子半径和化合价呈现周期性变化。

这样的知识点简单罗列式总结，难以起到帮助学生对新学知识进行条理化和结构化的目的。总的来看，NA2 课的开头和结尾，既没有与元素周期律相联系，也没有体现出研究结论有何意义，特别是对学生的学习有何意义；语言表述平淡而且是书面化语言，没有激起学生的兴奋和学习热情，使学生

难以真正体悟到究竟什么是元素间内在联系——元素周期律。（课后笔者曾随机询问 4 名学生，能说说什么是元素周期律吗？3 名学生说不知道，老师还没讲吧，另 1 名学生翻开书找定义没找到，面带疑惑地说可能就是今天讲到的周期性变化规律吧！）

而 EB1 借用门捷列夫给布瓦伯德朗的一封信导入新课：

在 1875 年的一天，法国化学家布瓦伯德朗收到了门捷列夫的一封来信，信中指出其所发现的新元素镓的密度不应该是 4. 7，而是在 5. 9 到 6. 0 之间。布瓦伯德朗重新提纯了镓，测得密度为 5. 94，测得结果与门捷列夫的预言惊人地相似。门捷列夫预言的依据是什么？是因为他发现了元素之间的内在联系，那么，元素间到底存在什么样的内在联系？现在，就让我们追寻前人的足迹去发现元素间内在联系……

首先，此导入语告诉学生一个吃惊的事实，特意设置了一个悬念；其次，还揭示了门捷列夫之所以能较为准确地预测镓的密度，其秘诀就在于他掌握了元素间的内在联系，点明这节课的任务就是探究这种内在联系。该导入语在确保切题的基础上，起到了先发制人之效，集中了学生的注意力，也激发了学生的求知欲，具有新颖性和趣味性。

在课的结尾，EB1 再次重申了门捷列夫所发现的元素间的内在联系，即经过科学家们进一步丰富和发展，后来人们将这种内在联系称为元素周期律，元素周期表就是它具体的表现形式（投影展示元素周期表）。门捷列夫就是利用周期律和周期表较为准确地预测镓的密度，除此之外，他还预测 11 种未知元素的存在和性质。EB1 还简介了元素周期律在科学研究、生产实践、思想方法方面的意义以及门捷列夫的发现给我们带来的启示。最后，EB1 引导学生注视元素周期表，在优美的轻音乐陪伴下，声情并茂地道出自己对周期律的赞叹："元素周期表中的一行行、一列列和谐、对称而又美观，整个就像一个完美的化学宫殿；每个元素就像是一个个音符，每个周期就像是一篇篇乐章，每个族又像是不同的和弦，这些乐章和弦随着原子序数循环往复变化，仿佛奏出一首首优美的交响曲！同学们，元素周期表美不美?"（当时课堂一片寂静，下课铃声响起，学生方回过神来，随即报之以热烈的掌声，笔者也为此感叹不已，余音缭绕，韵味难却，每每回想此景都会被此教学境界所震撼！）这样首尾呼应，充分发挥教学语言的表现力和感染力，让学生在探究活动中获得知识，体验科学发现的过程和方法，感受学科中蕴涵的美。

2. 相比 NA2，EB1 采用的媒体手段呈多样化

为使抽象、深奥的元素周期律具体化、形象化，并能把宏观世界的性质变化与微观世界的内在特征联系起来，教学中就有必要将传统的直观与现代多媒体手段配合使用，相互补充。在教学口头语言表达的生动和富有激情方面，EA1 和 NA2 有明显差异以外，在教学媒体手段的多样性方面，他们的差异也较为显著。

NA2 主要采用板书手段来展现学生在阅读教材中获得的有关原子核外电子排布、原子半径、主要化合价的具体数据，借此帮助学生归纳概括出这三方面的周期性变化规律。除采用口头语言与板书语言相结合外，NA2 未曾涉及其他的媒体手段。

在 EB1 教学中，他不仅淋漓尽致地发挥了教师口头教学语言的声情并茂、跌宕起伏的感染力，而且将演示实验与播放实验录像相配合让学生整体全面地感悟比较同主族元素金属性的递变规律；利用投影展现第三周期元素丰富的结构和性质反应信息，帮助学生分析概括同周期元素性质的递变规律，利用投影展示化学元素周期表与自然界美丽四季变化的美丽图片对照，借自然周期比喻元素周期性并揭示两者的不同；提供元素卡片、坐标图纸等实物材料让学生通过讨论、整理、粘、画图等操作自编元素周期表、发现元素周期律。这些媒体手段的综合使用既为学生建构元素周期律（表）知识提供脚手架，还调动了学生的各种感觉机制（听觉、言语、视觉和触觉），使学生能积极主动地参与到课堂活动中。因而，善于将多种教学手段的配合使用是 EB1 优质高效教学的物质保障。

3. 相比 NA2，EB1 更能有效地开展和指导学生学习活动

NA2 的教学基本是依照教材的知识呈现顺序来设计实施的，带有某种“教教材”色彩。尽管也安排先让学生集中阅读教材，教师再集中讲解的活动，让学生去感悟分析教材中相关的结构及数据信息获得对周期性变化的认识，但是活动中缺乏师生、生生间的有效互动，学生没有机会充分展现阅读所获得的个人见解。NA2 的提问多属低层次的“是什么”和“为什么”的封闭性问题，其提问或讲解大多是指向自己，只求自己讲完，较少考虑学生的实际，甚至对学生关于 F、O 无正化合价讲解的质疑都未曾给予应有反馈；NA2 只是要求学生回应结论所需的支持信息，难以看到她检查学生活动效果的措施以及引导学生如何对阅读材料进行评价和如何从阅读材料中学会思考，这样的阅读讨论活动仅仅是在表层上理解周期性变化规律，难以使学生

对周期性变化规律产生较深刻的理解和体验，并激发学生的情感。此结果主要原因在于 NA2 自身对元素周期律认识思考水平有限，不能调动个人经验去有效地指导学生阅读和讨论活动。

EB1 则是以学生活动为中心展开教学的。他通过实施 3 项学生分组活动和 1 项集体探究活动来帮助学生对元素周期律（表）进行知识建构和加深理解。分组的活动 1 列举元素尝试，此活动让学生体验到分类要有联系，缺少信息就难以建立联系进行分类；活动 2 根据信息编排表格，此项活动让学生尝试如何在信息中找联系进行分类编排；活动 3 画图展示联系规律，此项活动潜移默化地渗透了元素周期律的内容，也为活动 2 所编排表格的合理性提供了检验依据；活动 4 探究同主族同周期元素金属性和非金属性递变规律，则就“事实—分析—推论—实验验证—结论”的科学思维方法对学生进行了较为综合地系统训练，培养学生分析问题和逻辑推理能力。

EB1 进行以上 4 项递进性活动是紧扣元素周期律的内涵依次展开的，特别是前 3 项活动让学生在小组协作中思考、操作，在全班面前展示并陈述小组的思考和依据，让学生充分暴露自己的思维过程，通过教师的提问和追问（在学生汇报时，EN2 会插入“什么日用品中包含 Na 元素?”“你的思路是什么?”“你的意思是……”“还有补充吗……”），以引出学生的“精彩观念”，或将学生不完整的答案引向深入。这些学习活动既能吸引学生紧扣元素周期律（表）积极主动地学习，还能逐步引导学生自己去发现和寻找答案，进行富有逻辑的思考和探究。

（二）理论性知识的教学行为特征

通过对上述 EB1 和 NA2 有关元素周期律教学行为的比较分析，结合其他课堂观察素材及文献资料，我们将专家型与新手型教师的理论性知识课堂教学行为特征做如下归纳。

1. 新手型化学教师理论性知识的教学行为特征

总体上看，利用教材中提供的化学理论性知识信息资料并依照教材采用的编排逻辑展开教学是新手型化学教师的理论性知识课堂教学行为的主流，他们注重先提示学生回忆明确构成理论性知识的重要概念，运用“读读—议议—讲讲”方式引导学生获得理论性知识的内容，最后教师再揭示内容间的联系，加以总结，使相关理论性知识组织化和条理化。

（1）在语言呈示行为方面，新手型教师的提问多属于封闭性问题，目的是让学生得出与教材和教师一致的答案，较少考虑学生的实际。

如 NA2 的问题基本属于“是什么”和“规律怎么讲”，提问的主要目的是让学生从教材中直接获取答案（“找到那个定义，把它划下来或读出来”“仿照老师的表述来回答”）顺应自己个人的讲解。此刻，学生的任务就是得出与教材内容和教师尽可能一致的答案。对学生回答的反馈和评价停留在表面层次（如对学生关于 F、O 无正化合价质疑的简单化处理），不善于转换提问方式或角度将学生的思考引向深入。

NA2 不习惯在教学过程中总结，只注重学习课题结束时的总结，而且总结多为理论性知识的重述及知识要点的罗列，未体现其内在的逻辑关系以及意义或重要性的介绍。（如 NA2 结课时的总结就未曾指明什么是元素周期律以及其实质、微观和宏观表现及相互联系是什么）

（2）在选择运用教学媒体手段上，视角单一，未能运用多种媒体配合内容。即缺乏合理使用实验、图表、多媒体课件等使抽象概念具体化、深奥理论形象化的能力。

（3）对学生学习活动组织指导停留在形式化和表层化的水平。让学生阅读教材之前，NA2 未曾指明要解决什么问题，教材中的数据资料有何特点，应围绕什么框架去收集支持论据，在长达 8 分钟左右学生阅读期间，NA2 只是巡视。在分析归纳过程中，师生间互动停留在有限的问答，没有生生间互动。学生的学习活动仅限于个人阅读、听讲、练习、答问等方式。

总之，新手型教师理论性知识课堂教学行为本质上属于以教师为中心的传递知识教学，缺乏配合使用多种教学媒体手段、调动个人化教学知识和经验来组织多样化学生学习活动，并将学生的学习活动引向实质性互动以帮助学生获得对理论性知识的认知能力。

2. 专家型化学教师理论性知识的教学行为特征

概括地讲，专家型教师理论性知识课堂教学行为常常表现为对依照教材进行理论性知识内容选择及编排顺序来展开教学一般程式的超越。专家型教师擅长利用各种教学资源对教材中相关理论知识进行分解、重组，采用多种直观教学手段精心地呈现教学内容以配合学生的学习活动或教师的讲解，调动学生各种感官在活动操作中发现规律、建构知识，同时还注重结合知识点对学生进行科学方法的训练和增进对学科的美好情感的体验。

（1）擅长提问和总结。专家型教师提问方式灵活多样，能兼顾封闭性和开放性问题，提问的主要目的是激励学生用已有的知识来理解和探索问题，对学生的观点进行客观地承认、修正、应用、比较和总结。比如，重组学生的回答，利用学生的观点来启发其他学生，利用学生的回答引出下一个问题或利用学生的回答概括要点等。专家型教师不仅擅长在课结束前总结，还擅长在过程中及时总结，在课结束前的总结注重对理论性知识的内在逻辑关系以及蕴涵的方法及其实际应用进行概括性总结。

（2）擅长配合使用实物、实验、投影、录像、图表、模型等多种媒体手段。专家型教师常常将实物、模型与图像相结合，以提高实物或模型的直观效果；将实验与过程示意图、化学方程式相结合，以揭示化学现象发生的过程与本质，培养学生利用抽象思维对实验现象作出正确解释；配合图片进行恰当生动的讲述，以增强教学语言的感染力等。这些做法可使抽象概念具体化、深奥理论形象化。

（3）擅长组织合作学习和学科思维方法训练活动。组织与教学知识点相对应的小组合作学习、训练化学学科思维方法、口头表达讨论等学生实践活动，让学生在活动体验以及互动中感受理解知识、体悟科学研究方法、明确学习策略，通过纠正自身错误以及思考问题的偏失来实现自身能力的提高。

（4）不断地对学生的思考和探索行为进行肯定。专家型教师不论学生回答问题的正确与否，均以激励性的语言给予肯定；然后再利用开放性问题让学生暴露其思维过程，引导学生对其回答进行修正；最后得出正确结论。专家型教师善于通过对学生思考行为的肯定和激励，以推进学生的思考和探索活动。

总之，专家型教师的理论性知识课堂教学行为是力求凸显学生的学习主体性，擅长综合利用各种教学资源和直观教学手段优化教学，采用灵活多样的提问、总结、评价与激励措施，将学生的思考引向深入，组织学生在各项合作学习的实践活动中获取知识、训练学科思维方法，逐渐习得化学学科思维模式与学习策略、增进科学情感，以促进学生的全面发展。

三、计算技能的课堂教学行为分析

化学计算技能知识是指能体现化学学科特色的化学用语（包括化学符号）、化学计算、化学实验等技能形成和发展的知识。当人们反思到“化学教学不仅仅是化学知识教学，更为重要的是要进行科学方法教育和科学探究能力的培养”时，就需要将“科学方法的基础知识”和“科学探究的基本技能”作为“双基”的内容构成的重要组成部分①。可见，有关化学计算技能的内容还要纳入科学方法的基础知识和科学探究的基本技能中。在学科教学实践中将科学方法知识和科学探究技能与各类知识教学相互融合、相互渗透不仅是新课程改革的理念，也应成为一线教师的教学追求。

作为计算技能的重要组成成分之一的化学计算，它是从量的方面来反映物质的组成、结构、性质及变化规律的，具有情境新颖、信息量大、所含化学知识丰富、综合性强等特点，通过化学计算的有效教学不仅能使学生更加深刻地领悟事实性和理论性知识，还可促进学生应用各种知识与技能进行判断、推理、分析、综合以发展逻辑思维和抽象思维能力。访谈中笔者发现，专家型化学教师都非常重视化学计算教学，而且坦言其专业成长的起点就在于重视提高自身的解题能力和钻研化学计算教学，将其视为专业成长的“法宝”或“推进器”。物质的量计算和根据化学方程式计算是化学计算的核心，但现实中大多新手型化学教师对这块知识教学的有效达成却倍感困惑，常常感叹“这么简单的计算要让学生掌握为何这样困难!”所以，笔者选择EB2和NB1两位教师关于“物质的量应用于化学方程式的计算”的教学实录及分析进行比较，概括出专家教师与新手教师在计算技能（化学计算）教学方面的课堂教学行为特征。

（一）物质的量应用于化学方程式计算的教学行为

物质的量应用于化学方程式的计算是初中“质量”在化学方程式计算中应用的计算继续。将物质的量应用于化学方程式，使得化学方程式不仅反映各反应物之间、生成物之间、反应物与生成物之间的分子（或原子、离子）数、质量数之间的变化，而且还反映各反应物之间、生成物之间、反应物与生成物之间的物质的量、气体体积数之间的变化，以及伴随反应而发生的能量变化和物质状态的变化。特别是化学方程式中的系数比代表各物质的物质的量之比，是简单的整数比，这使观察和计算都较为方便，并且物质的量又可以很方便地换算为质量、气态物质的体积、微粒数、溶液浓度等，因此，在根据化学方程式计算类问题中，常选用物质的量的关系进行列式计算。如何引导学生由以“质量”作为化学方程式计算的核心过渡到以“物质的量”作为化学方程式计算的依据与中心去解决实际问题，不同教师有不同的设计

① 盖立春. 对中学化学的“双基”及教学模式的重新审视［J］. 中学化学教学参考，2005(1-2):5.

和教学操作，其教学效果也大相径庭。通过对 NB1 和 EB2 有关物质的量应用于化学方程式的计算课堂教学实录及分析（见附录 3）进行比较，发现两者的教学行为差异表现如下。

1. NB1 的教学语言单调书面化而 EB2 的教学语言富有推理性启发性

尽管 NB1 也像大多数新手教师那样，教学语言也呈现清晰流畅，语调、语气、节奏把握得当的特点，但是，由于他认为本节课的相关计算内容简单，解题原理、步骤和格式一目了然，没有必要再花工夫去设计如何解释或如何比喻，所以，在整个教学过程中，NB1 的教学语言都显得书面化、带有简单指令性的特点。而 EB2 在整个课堂教学中擅长提出启发性的问题以激活学生已有的知识，运用推理性手段使新旧知识建立实质性的联系，促进学生对其原有化学计算的认知结构进行改组与重构。例如，在进行物质的量应用于化学方程式的计算依据或原理教学时，两位教师采用的语言处理方式就不尽相同。

NB1 主要通过讲述：化学方程式中粒子数目关系（没有将粒子数目关系具体明晰到就是微粒的粒子数之比）又叫做化学计量数 υ 的关系（没有指明化学计量数就是化学方程式的系数，参加化学反应的各物质微粒的粒子数之比就是化学计量数 υ 之比），将其分别扩大 N_A 倍后就成了参加化学反应的各物质的物质的量之比，因此，化学方程式中各物质的化学计量数之比，等于组成各物质的粒子数之比，因而也等于各物质的物质的量之比。这就是我们进行物质的量应用于化学方程式计算的原理或者根据。

EB2 则就学生熟悉的点燃条件下氢气和氧气化合成水的反应方程式含义进行提问、拓展和小结方式来揭示解题原理。

问题 1：请同学们回忆初中知识以该反应为例说明化学方程式有什么含义？（在概括学生回答强调从定性和定量认识后，点明方程式中的反应微粒粒子数之比，就是化学计量数（ν）之比）

问题 2：化学计量数（ν）之比和物质的量之比、气体体积之比这三者有什么的关系呢？

问题 3：试想想，如果将反应式中每种微粒数个数（即化学计量数）扩大 N_A 倍，你能有什么发现？

问题 4：如果在 H_2 和 O_2 的计量数前各乘以 22.4L，你又能有什么发现？

小结：通过以上讨论我们不难发现这样的关系：参加反应各物质的微粒粒子数之比 = 参加反应各物质的质量分数之比 = 化学方程式的计量数之比 =

参加反应各物质的物质的量之比 = 同温同压下参加反应的气体的体积之比。这些是我们进行物质的量应用于化学方程式计算的原理或者根据。

这样在唤起学生已有知识的基础上，进一步引导学生认识化学方程式微观意义，在层层递进式提问中既得出将物质的量应用于化学方程式计算的原理或者根据，还将新知识纳入到学生原有对方程式意义的知识结构中，进一步丰富完善该知识结构。

我们还发现 NB1 在教学过程中讲授居多而提问较少，提问基本是在例题讲解中的追问，如例题 1 中追问“如何计算所需硫酸的质量是多少？反应中同时生成水多少摩尔？”例题 2 中追问“Cl_2的体积还可怎么求？”

而 EB2 则在新课引入、例题讲解、学生练习、小结、总结中均有提问，提问的目的是让学生展示其认识和思维过程，在此基础上进行引导、修正和完善。例如，练习后，让学生汇报说明：你是如何读题的？读出什么？如何审题的？审的结果如何？……小结时，先让学生讨论：你认为将物质的量应用于化学方程式计算时，应注意什么问题？……这些问题的提出与回答能有效促进学生深入思考、参与教学活动和巩固所学知识与技能。

2. NB1 注重采用投影手段而 EB2 则重视手段与内容、目的与效果的一致

为增加化学计算教学知识容量、节省时间、减轻教师板书工作量，两位教师均采用投影来展示练习题、以物质的量为中心的关系图等，但两者采用的方式、频率、时机却有差异。

NB1 除了利用板书展示授课章节标题及要点、让学生板演完成物质的量为中心的关系图外，例题及解题过程几乎都采用投影展示，在配合投影讲述解题过程做示范后，让学生先练习，再对照投影的解题过程检查，整个教学过程显得过分依赖投影。

EB2 除利用投影来展示练习题和相关图式外，还重视利用板书来示范解题过程和小结解题思路及注意事项。课后交谈中，EB2 认为现在化学教学中滥用投影、课件等多媒体手段的“电灌”现象有很多弊端，丢掉化学学科直观的特色，不能引发深入思考，以培养学生的计算和实验技能等，特别是对技能性知识的学习“电灌”是不能奏效的，要让学生在教师的示范下逐步地边思考边操练中学习。

EB2 颇具匠心地选择学生熟悉的点燃条件下氢气和氧气化合成水的反应方程式全面地进行物质的量计算教学，重视板书解题过程和解题思路小结，将教学的重心放在引导、训练学生熟悉和体悟运用物质的量进行计算的能力

培养上。即使在设计使用投影图片及内容时，也是从利于大多数学生的思考和练习活动出发的，对照图 3－1 和图 3－2，发现 NB1 的关系图虽然简约，但抽象符号太多，不利于普通学生的思维活动的展开，EB2 在表达形式上是具体、清晰、全面的，利于普通学生在整个计算过程进行有效地提取知识，进行判断推理。

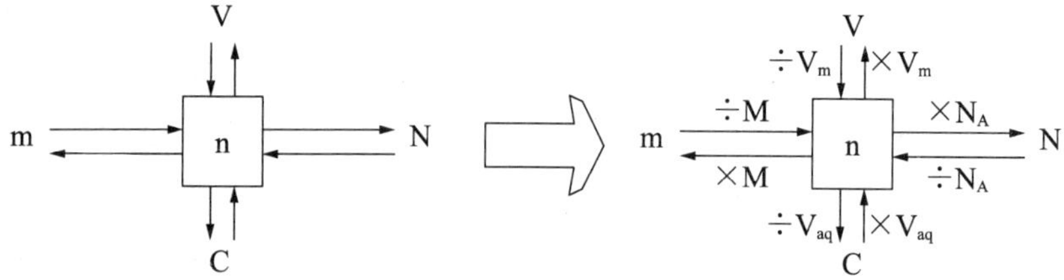

图 3－1　NB1 有关以物质的量为中心的关系图的形成

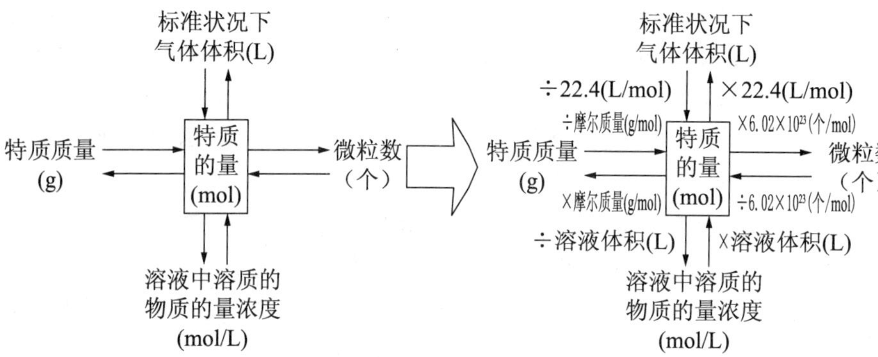

图 3－2　EB2 有关以物质的量为中心的关系图的形成

3. EB2 相比 NB1 能更有效地开展将知识转化为技能的学习活动

有关物质的量应用于化学方程式的计算实质上是以物质的量相关概念为基础，以数学计算为手段，解决化学反应过程中物质之间的数量关系问题的过程。该技能必须在具体的问题情景与相关心智活动的训练中方可获得。

NB1 在给出解题步骤和以物质的量为中心的关系图等支持性条件之后，也重视让学生进行解题和对照检查训练活动，但在训练活动中未曾具体指导学生如何审题、析题、列式计算和检验以培养学生解题思维能力，也不注重强调如何规范解题及书写解题格式等方面的细节要求。课后访谈询问他原因，他认为这么简单的计算，学生只要用心观察模仿投影中解题示范格式就可顺利掌握。殊不知“知道”和“获得技能”是两回事，“知”和“行”之间需要实践操练方能达到合一。

EB2 则是在学生讨论、解答之后进行解题示范，及时给予反馈指导和小结，在强化解题技能阶段，要求学生先解题再说明解题思路，总之，在整个教学过程中安排了 7 项在具体问题情景中的“学生练习—讨论—小结”训练活动，而且重视对学生解题能力的具体化指导与培养。例如，训练学生学会审题就要求学生做到以下几点：①读题，找出关键词语：质量分数、足量浓盐酸、完全反应；②明确：浓盐酸与二氧化锰反应方程式、已知条件、求解问题；③找解题依据：反应计量数之比等于参加反应的盐酸物质的量与二氧化锰物质的量之比；④重要细节：不纯物的量要转化为纯净物的量……这些具体化的学习活动既能让学生充分外显自己的思考过程，又能引导学生按照合理的思维路径去解决问题，吸引学生积极主动地学习，从而有效地培养学生解决化学计算问题的能力。

（二）计算技能的教学行为特征

通过对上述 EB2 和 NB1 有关物质的量应用于化学方程式计算的教学行为的分析比较，结合其他课堂观察素材及文献资料，我们将专家型化学教师与新手型化学教师计算技能的课堂教学行为的特征做如下归纳。

1. 新手型化学教师的计算技能的教学行为特征

新手型化学教师有关计算技能课堂教学基本是采用教材中提供知识素材并依照教材编排顺序来展开教学的。他们注重先提示学生回顾与计算相关的概念，指明计算的依据（或原理）以及计算的步骤、格式等，示范有详细解答步骤的例题让学生先模仿练习、再让学生对照检查以检测自己计算技能的掌握情况，最后教师作概括总结。新手型化学教师在有关化学计算技能教学行为的特征具体如下。

（1）提问多属于聚合性问题，提问的主要目的是让学生顺应教师的讲解思路或是让学生从教材中直接获取答案；不善于提出发散性问题，难以实现让学生展示自己个人解题见解与解题思路，通过思维碰撞和冲突将对问题的思考引向深入；其口头语言除带有较强的书面语言色彩外，还不习惯在教学过程中及时总结，在课结束时所进行的总结是授课要点的罗列。

（2）擅长运用现代教学手段来展示教学内容，但缺乏与其他教学手段的配合，存在过度使用 PPT 投影而弱化传统教学手段特别是板书在计算技能教学中独特功能的倾向。

（3）对学生由知识向技能转化过程中的心智活动缺乏具体有效的指导。这既与新手型教师对化学计算技能教学的实质和特点以及化学计算解题的心智活动缺乏应有的认识有关，也与新手型教师对学生解决计算问题能力水平估计过高，缺乏促进学生将知识转化为能力的指导策略有关。

总之，新手型化学教师计算技能课堂教学行为本质上属于以教师为中心的传递知识的教学，缺乏使用多种直观教学手段、调动个人化教学知识和经验促进学生有效地获得计算技能。

2. 专家型化学教师的计算技能的教学行为特征

相对于新手型教师和普通型教师的化学计算技能的教学来讲，专家型教师的化学计算技能的教学行为是对依照教材中提供知识素材与编排顺序来展开技能教学的一般惯性行为的超越。专家型教师采用提问、举例、练习、讨论、总结的方式，引导学生通过思考、探索和归纳解题的一般思维模式来完成教学任务的。具体地讲有以下几种方式。

（1）擅长提出发散性的问题或有逻辑性、推理性的问题组，提问的主要目的之一是激励学生回忆已有知识和理解新知识，并将新知识合理有序地纳入到已有的知识结构中；目的之二是鼓励学生展示自己的解题思维过程，通过对其进行客观地分析，帮助学生获得一般的概括性的解题活动经验，促进学生更深刻地理解化学问题的实质、化学变化过程的本质及其数量关系，有效培养与提高学生的解题能力。

（2）擅长组织学生围绕具体问题情景以讨论、练习和小结活动方式展开教学，即强调“做中学”以获得计算技能，而且注重对分析计算题型与解题过程和思路给予具体有效的指导与训练。另外，在引导学生讨论与练习中，不论学生的解题思路与计算结果是对还是错，均先对学生参与行为给予充分的肯定，在此基础上再指明学生对与错的关键所在。

（3）擅长精选例题并一题多用（即超越教材、创新性地选择和改编并充分利用该教学素材来完成各种题型的解题技能的教学任务），对所精选例题不仅示范较为详细的解答步骤，而且还善于从中抽象或归纳出某一类计算问题的一般解决方法，并指导学生将其迁移应用到同类问题的解决中，国外研究者将这样利用例题进行计算教学的思想称为“样例学习”（即通过样例归纳解题方法）①。

① Thompson J S. A Simple Rhyme for a Simple Formula [J]. Journal of Chemical Education, 1998: 65 (8): 704.

（4）擅长总结。专家型教师不仅在课结束前予以系统的总结，更多的是在教学过程中通过对学生提问与应答以及练习进行评价和订正的基础上不断地进行及时性的总结。

总之，专家型教师对化学计算技能的课堂教学行为是力求凸显学生的学习主体性，擅长综合利用各种教学资源和传统的板书等直观教学手段与现代教学手段相配合，让学生在各类题型的具体问题情景与实际练习活动中逐渐建立有效的解题思维模式并习得解题策略，提高解题思维效率，增强问题意识，提高解题能力。

第二节　专家型化学教师应对非预期教学事件的行为分析

以上对专家型化学教师的课堂教学行为研究结果表明，其教学具有注重师生、生生间多向、开放的对话与交流的特征，但未涉及专家型教师应对非预期教学事件的行为研究。对专家型教师应对非预期教学事件的行为分析是对其课堂教学行为研究的补充和延伸，从专家型教师应对非预期教学事件的实例中概括其处理此类问题的策略，可为新手型化学教师的教学提供示范和发挥引领作用。

一、非预期教学事件的由来及研究意义

毋庸置疑，在当今化学世界中，物质变化呈现出更多的复杂性与多样性，教学内容日益表现出更多的开放性与综合性，学生阶段性的化学学习表现出对知识理解的有限性和认识能力的差异性，而置身信息时代的学生其思维空前地活跃与偏颇共存，特别是实施新课程以来，原先教学中被忽视的过程与方法，情感、态度与价值观等目标逐渐进入教学视野……这就意味着化学课堂教学不再只是单向、封闭、静态的知识授受过程，而应是师生间多向的、开放的与动态的对话交流过程，课堂教学过程因师生间对话与交流的互动会具有更多的不确定性和生成性，课堂教学不能只是按照预定程序展开的机械操作过程，而是师生共同参与的生命实践过程。

新课程实施中，不少教师尝试打破以讲为主的灌输格局，重视学生参与，学生的声音开始在课堂有一定的激荡，课堂开始产生丰富的生成资源。

因而生成尤其是课堂教学中的生成问题成为中小学教师普遍关注的话题，动态生成成为伴随新课程改革提出的新的教学理念，该理念要求教师摒弃把教学看作是执行教案的过程、教学是知识复制的观点，倡导教师要及时把握充分利用课堂生成的教学资源，调整预设的教学设计，使教学更贴近学生的实际需求，更能促进学生主动、全面、个性发展的需要。谈及动态生成，尽管大家都觉得很重要，还可以列举诸多理由，但究竟什么才是动态生成，动态生成的状态是怎样的，动态生成如何在课堂上运作，如何将关注动态生成理念转化为教与学的具体行为等问题还亟待相应的理论探索与实践操作的引领。

《辞海》对“生成”的解释是“自然形成”。教育现实中“生成”是一个相对于“接受”的说法。有人将过分追求“授受式”的课堂教学描述为：课堂成为了“教案剧”出演的“舞台”，教师是“导演”和“主角”，学生是“配角”，好学生是配角中的“主角”，大多数学生只是不起眼的“群众演员”，很多情况下只是“观众”和“听众”。学生付出的精力主要用于消化理解教师所讲知识，他们头脑中的任务是复制或移植教师讲的知识①。反思传统教学针对只注重授受式教学的弊端而提出生成性教学，目的是强调学生学习的主体能动性，强调思考的过程性和师生富有个性的建构，它追求着学生的生命成长（即全面、主动地发展），要求教师认识到课堂教学中蕴涵着丰富的生命资源，包括学生的现存状态、学生间的差异、学科自身的教育价值等潜在性资源和课堂教学中的其他生成资源。为此，一方面，教师要努力发现课堂教学中丰富的生成性资源，另一方面，教师还要在教学过程中尽量催生出更多的生成性资源。可见，生成是以学生的发展为基石，强调学生本位，关注学生已有的知识和经验水平，所以，生成是一个动态的、多元的、萌生式的思考过程。

研究课堂教学行为，不能避开生成，因为课堂既是生成产生的土壤，也是生成展现的基本场所。对教师来说，课堂中的生成可分为“可预设的生成”和“不可预设的生成”，前者是在教师的教学准备范围之内的，是由教师预设的问题而引发学生的相关生成行为；后者是随机的、偶发的，是教师意想不到的甚至是突发性的事件和行为（本文将后者称为“非预期教学事件”）。例如，课堂演示实验失败或出现异常，学生突然发问超出所学的范畴或学生答非所问、学生“抢话”或发出“另类”的声音或其他突发的使教

---

① 蔡楠荣. 互动—生成教学［M］. 上海：上海三联书店，2004：27.

师感到尴尬的事情等均是非预期教学事件。教师若是对这类事件束手无策或处理不当，课堂教学就会陷入困境或僵局。然而专家型化学教师却能机敏地感知、辨别与顿悟这类非预期教学事件，智慧地实施临场应变对策，将不利于教学的因素降低到最小程度。以下结合具体实例来分析专家型化学教师是如何机智地应对非预期教学事件的。

二、应对非预期教学事件的行为分析

这里结合对教师的访谈实例和相关文献中的素材，分析专家型教师是如何及时判断与采取应对策略，将学生呈现出来的观点和潜在的认识引向正确方向，从而营造出这“不曾预约的课堂精彩”。

（一）应对“异常”实验

电解反应及原理是高中化学中的一个重要化学原理，在生产和生活中应用非常广泛，它反映了电解质溶液在通电条件下发生的化学变化，让学生正确理解电解反应及原理是本课的重点和难点。在一次访谈中，EA1 曾给我讲述了她在进行电解饱和食盐水演示实验课堂教学时，发生的一幕：

案例 3－1

酚酞溶液为何先变红后来又渐渐褪色？

EA1：请谁来描述通电后在电解饱和食盐水装置的阴极区域和阳极区域分别有什么变化？

S1：两电极表面有气泡；阳极上方有黄绿色气体生成；阴极上方也应该有气体生成，阴极区的溶液颜色变红。

……

S2：我发现加有酚酞的阴极区溶液的红色后来又渐渐褪色，为什么？

EA1：你提的问题很好！希望大家像他这样，细心观察实验现象，善于发现问题。那么，你认为该如何解释呢？

S2：我还想不清楚！

EA1：那你继续思考！其他同学认为该如何解释呢？

S3：是 Cl_2 溶于水生成的 HClO 的漂白作用造成的。

EA1：为什么这样解释？

S3：因为我发现阴极和阳极区上部的气体体积不同，Cl_2的体积小于 H_2的体积，说明一部分 Cl_2溶于水了，它溶于水会与水反应生成 HClO。

EA1：很好，不仅观察仔细，而且分析得有理有据。那么，大家再想想还有没有别的原因呢？

S4：阴极区的 Na^+和 OH^-结合生成了 NaOH 或者是 OH^-跑到阳极区啦。

EA1：哦，NaOH 不溶于水吗？（学生大笑），OH^-跑到阳极区也有可能，那它迁移到阳极区的主要原因究竟是什么？

S5：溶于水的 Cl_2 部分地与 H_2O 反应生成 HCl，HCl 中和 OH^-使红色褪去。

EA1：看来大家倾向于将褪色的主要原因归结于溶于水的 Cl_2与 H_2O 反应的产物。果真是这样吗？这要用实验来证实。好了，因为今天课堂时间有限，不能继续用实验来证实，但我们可将此演示实验中“酚酞溶液先变红后来又渐渐褪色”作为一个课外探究课题去继续研究吧！

EA1 面对“酚酞溶液先变红后来又渐渐褪色”这个主观预设之外又是情理之中的“异常”的实验现象的决策是：顺势引导学生进行论证分析，寻找答案，并将其延伸到课外探究活动。教师最大的智慧，就是永远不要低估学生的智慧。面临“异常”实验现象，教师应营造一种平等和谐的对话氛围，引发学生去表达和领悟对有价值问题的“深刻领会”、“精彩分析”的“独到见解”，这种教学机智正是教师智慧与灵感最常见的表现形式，是教师教学艺术的重要特征之一。

化学实验是化学学科的魅力所在，它对学生始终有着独特的吸引力，在中学化学教学中的地位和作用是举足轻重的。然而，化学实验常常也会受试剂质量、溶液浓度、仪器装置、反应条件的控制以及反应机理的复杂性等因素的影响而导致“异常”实验的发生。但“异常”实验不仅可用于创设探究性问题情景，还可以促进学生的思维发展、推动情感和意志的升华、进行科学方法教育。专家型化学教师不仅对“异常”实验的形成原因及教学功能有着深刻认识，而且对不同类型的“异常”实验，有不同的应对。专家型教师应对“异常”实验的程序和行为特征有以下三点。

①对待由于反应机理复杂、教师不知道产生的确切原因的异常实验，就交待一句“感兴趣的同学可以和老师一起在课后去继续研究这一问题”，即可转入下一个教学环节。

②对待超出学生认知水平，但教师对其出现原因了然于胸的异常实验，

可采取教师演示的方式或采用深入浅出的语言解释的方式加以解决。

③对待教师清楚其产生原因且又处在学生知识最近发展区内，对学生进一步学习具有启迪思维和方法作用的异常实验，就引导学生经历猜测—讨论—提出方案—实验验证—概括结论的探究活动过程。

（二）应对学生的“插话”

EB2是B中学的一位化学特级教师，课堂教学经验十分丰富，擅长化学竞赛辅导，教学业绩突出，是一位高效能的化学教师。一次，笔者在观课后与EB2交谈时，他对我讲起他在进行“元素周期律”复习课教学时发生的下列一幕。

案例3－2

钠与硫和氧气的反应事实与元素周期律相违背吗?

EB2：根据大家对碱金属和卤素的单质和化合物的性质变化的复习和讨论，说明同主族元素随着原子序数的递增，元素的金属性逐渐增强，而非金属性逐渐减弱。（此刻，我突然听到S1插话）

S1：那不一定！也有不符合这个规律的！（此刻很多同学就把目光投向S1，进而又转向我，我怔了一下，回应道）

EB2：很好！我听到质疑元素周期律的声音啦！同学们要像S1这样，在学习中要大胆质疑。（我边说边走到S1跟前，微笑着对着他）

EB2：请你给大家讲讲你的理由，最好举个例子！

S1：钠被空气中的氧气氧化，在加热条件下，钠能与空气中的氧气发生燃烧反应，发出黄色的火焰。但是，我在竞赛辅导书中却看到钠跟硫粉混合研磨时，钠与硫要发生爆炸反应。这说明硫的非金属性比氧要强，这就违背了元素周期律。

EB2：不错！S1讲得实验现象属实，那我们进一步讨论一下：

①真像S1讲得那样，钠与硫和氧气的反应现象是违背了元素周期律吗?究竟该怎样解释钠与硫和氧气的反应现象?

②元素非金属性递增的判断依据是什么?

③我们在学习化学规律或原理时应该注意什么?

请大家思考，有什么想法就请站起来讲！

……

面对 S1 的插话，EB2 迅速觉察这是一个激励学生质疑精神的时机，听到学生的解释，EB2 立刻意识到问题焦点在于对钠与氧气、硫的反应剧烈程度的解释以及元素周期律的应用——单质非金属性强弱的判据的理解，于是调整教学，引导学生围绕这 3 个问题来进一步认识元素周期律。通过讨论和 EB2 老师引导，学生获得以下认识：

①要综合物质的化学键、分子结构及反应条件去解释反应现象的差异（如钠与氧气、硫的反应的差异）；②判断非金属性的强弱不是从非金属元素单质与金属反应的激烈程度来判断，而是依据非金属元素的最高价氧化物的水化物的酸性强弱，或跟氢气生成气态氢化物的难易程度以及氢化物的稳定性来判断的；③任何化学原理或规律的导出都是有条件的，这些条件往往限制了应用的范围，而条件有时又是隐含的，例如，元素周期律的性质递变顺序是对元素而言的，不适于讨论单质；④化学学科中蕴涵着丰富的对立统一的、辩证的知识内容，学习化学就要善于质疑，将正例和反例以及特例结合起来学习。

学生插嘴是学生自我实现个性张扬的最佳途径，因为插嘴是学生在一种宽松民主的课堂氛围中产生的，它往往是学生的直觉、顿悟和灵感而迸发出来的想法，所以，这种个性张扬是真实而有意义的。也正是由于插嘴的不可预期性，将考验教师的教学理念、调控水平、应变能力以及引导学生解决问题的方法。其实，每位教师在课堂教学中都常常会面临学生插嘴的现象及问题，例如，当学生的插嘴不合时宜或不尽如人意时，你怎样让学生愉快地坐下来？当学生的插嘴富有挑战时，你如何盘活、如何调整教学，让学生的插嘴成为学习资源，成为学生探究知识、发现知识和规律的契机和起点？这些均考量着教师的学科底蕴和教学实践智慧。专家型教师应对学生插嘴问题的程序及行为特征是：①给学生有意义的插嘴提供充分地表达机会，教师和其他同学边认真倾听边认真思考；②为学生的插嘴给予积极地正面地鼓励以满足学生情感需要，激发学生积极主动的学习欲望；③教师能够敏锐地觉察、捕捉利用“不和谐声音”中的有价值因素；④给插嘴的问题“锦上添花”，通过师生共同讨论获得更深刻的理解，促进学生的思维发展和正确价值观的形成。

总之，专家型教师在课堂上均能直面学生的插嘴，采用倾听、喝彩、师生共同合作讨论获得深刻认识，将无效资源“移花接木”转化为有效资源，再给有效资源“锦上添花”，促进学生的全面发展。

（三）应对学生的“答非所问”

笔者在查阅有关专家型化学教师的教学研究文献时，常常被他们对教学内容和教学过程颇具匠心地处理和设计，对概念原理深入透彻地理解和掌握，以及亲切朴实又具有较强逻辑性的教学语言所折服和震撼。北京市著名化学特级教师尚兴久先生就是其中的一位。下面改编的案例[①]是尚先生20多年前撰文中的一则教学事件，先生的处理和应对足显其深刻的学科思维和教学睿智，对当今教师教学研究和实践仍具有重要的启迪和引领作用。

案例3－3

杀猪是物理变化吗?

尚老师在进行初三的绪言课教学时，让学生思考举几个日常生活中看到的现象来说明物理变化和化学变化现象，并要解释原因。有一位平时较调皮的同学回答说：“杀猪是物理变化。因为，猪被杀后，猪头还是猪头，猪肉还是猪肉，猪血还是猪血，都没有改变，所以杀猪是物理变化。”顿时，课堂上一片哗然。

面对这令人啼笑皆非的回答，尚老师并未恼怒，也没有停留在忍俊不禁层面，而是很快意识到学生出现错误的根源在没有搞清“物质”含义，而学生对物质的含义认识不清，学习化学就难以入门。于是，尚老师决定此刻要设法帮助学生搞清楚并理解这个概念。尚老师设计了以下问题组让学生讨论，作为回应：

很好！这位同学回答得有理有据，那杀猪真是物理变化吗？我们一起讨论讨论再作判断。

①推翻了国民党统治建立了新中国，这种变化是物理变化还是化学变化？

②什么是物体？什么是物质？镁带、镁粉、镁块有何不同点和共同点？

③化学研究的对象是什么？研究什么问题？化学研究变化的前提条件是什么？

④猪是物质吗？杀猪是化学研究的问题吗？

⑤讨论有关杀猪是否是物理变化的问题能给大家带来什么启示呢？……

---

① 尚兴久．在初三绪言课引入“物质”的概念［J］．化学教育，1986（6）：6.

尚老师面对学生的答非所问，没有讽刺、没有搁置，而是意识到错误的根源在于没有搞清物质的含义，而对物质含义不清晰，学习化学就难以入门，于是将教学目标调整为围绕以上5个问题进行讨论，帮助学生认识“物质”这个概念。5个讨论问题的设计意图是：

问题①让学生意识到要讨论物理变化和化学变化不能离开物质这个基本前提；问题②结合实例让学生体会到物体和物质间的区别和联系；问题③让学生认识到化学研究的对象是物质，而不是物体；问题④引导学生进行推理性认识：猪不是物质，而是有形状大小的物体，并且是复杂的生命体；杀猪是生命现象发生了巨大变化，这本来就不是物质的问题，也不是化学研究的问题；问题⑤使学生明白研究讨论任何问题都要有前提条件。

结合其他专家型教师应对学生“答非所问”案例，我们可以概括出专家型教师面对这类“答非所问”、带有“搞笑”性质回答的应对程序与行为特征是：

①尊重学生表现出来的差异，不歧视、不恼怒；②迅速判断错误或偏失的根源；③甄别问题的价值；④根据问题的价值及师生的实际情况，选择“视而不见（冷处理）”或“巧妙搁置”或“因势利导”或“教师直接托出基本观点”的行为对策。

（四）应对学生的“戏谑”

EA2是A中学的一位资深优秀的化学教师，教学经验丰富、教学语言十分亲切而且幽默，他教过的学生都非常喜欢上他的化学课。因为他谢顶，调皮的学生背后常戏称他“光明顶”。一次，笔者观课后与EA2交谈时，他对我讲起他在给某高一新生班上第一节化学课时发生的一幕……

案例3－4

沉着自制，巧化“尴尬”

那天，我刚走进教室就听到了“嗬！光滑得像涂了润滑油”的小声嘀咕。我刚想讲课，传来一位学生低哼：“照到哪里哪里亮……”顿时哄堂大笑。

我严肃地向大家扫视了一下，大家止住了笑声，鸦雀无声地等待我大发雷霆的训斥，气氛顿时紧张起来，几十双眼睛审慎地盯着我。

我心平气和地走到那个唱歌的学生身边，亲切地问道：“你叫什么名字?”这位同学红着脸站起来。

我拍拍他肩膀，示意他坐下来并说：“课堂上唱歌可不好呀!”接着又拍拍自己的头，笑笑说，“不过，我这个头也太显眼逗人了。”

学生们又大笑起来，紧张的课堂气氛变得活跃起来。这个插曲使得我与这个班学生的距离拉近了，后来我和这个班的师生关系都很融洽。

EA2 面对学生指向教师自身带有“戏谑”性的异常言行，没有摆出一副师道尊严的姿态而大动肝火加以训斥，而是先用严肃的目光扫视全体学生控制这种不当言行引发的失控局面，再以与人为善、善解人意的方式批评那位唱歌的同学，同时话锋转向自己，以自嘲的话语将此尴尬化为善意的笑谈，及时地化解了课堂的困境。在这当中凸显了 EA2 的自制、幽默，对学生的宽容和爱护，体现了 EA2 在师生交往中的主动和示范教育作用。

笔者以为优秀教师或专家型教师之所以能够智慧地化解涉及自身的课堂尴尬困境，在于教师能站在学生的角度以学生的心态来洞察学生，以宽容的态度对待学生、引导学生，真正实现师生的平等。试想想，学生毕竟是学生，他们的是非、对错往往是相对的。正因为学生受自然成熟度和认识水平所限，所以才需要教师的指导。教师应对学生不当言行时，如果只认死理，那就容易简单化，有失常情，那么，教育智慧与教学艺术将与他无缘。

以上的个案分析结果表明，专家型教师应对非预期教学事件的行为是教师教学机智的行为表现。教师的睿智不是表现在“先知于学生”或“胜学生一筹”上，而是体现在“与学生同步”，甚至“落后于学生”上，是体现在重视引领学生解决问题的过程之中。正如安德森所言：“问题的自动解决自始至终都不属于问题解决。”① 面对问题，教师若只是给学生结论而忽略过程，新问题就被扼杀在摇篮中，学生则总也跳不出“如来佛的手掌心”，这样就丧失了教育时机。

专家型教师面对各类非预期教学事件，不是简单化地靠习惯使然，也不是“视而不见”或全盘托出结论“自行解决”，而是有程序有策略的解决，最终上升到“自动化”水平。

专家型教师应对非预期教学事件的基本程序是：①迅速地感知、辨别教学事件出现的原因；②判断事件的价值决定是否临场改变设计；③将错误或偏失的关键转化为讨论问题组或探究活动；④在活动中解惑、点化和提升。

① 李广洲，等．化学问题解决研究［M］．济南：山东教育出版社，2004：10.

专家型教师应对非预期教学事件的基本行为是：观察与倾听；感知、辨别与判断；激励与点拨；合作参与和总结意义，等等。

专家型教师应对非预期教学事件的策略是：先对事件进行价值判断后，针对不同情况采取以下不同的策略。

①如果是普遍性问题而且学生能够自主解决，就引导学生共同探究解决；②如果所涉及知识超出了学生实际水平，就从基本观念上给学生一些引导；③如果没有普遍性但对学生后继学习有帮助也不妨引导学生共同解决；④对学生那些不正当行为迅速地控制、善意地批评阻止或“视而不见”地冷处理。

总之，专家型教师应对非预期教学事件的行为是教师教学特质的表现，它源于专家型教师对“教育的常理”（指教育最基本的道理是从学生实际出发，既以学生的实际处境与表现为出发点，更着眼于学生的进步与成长）现实的把握，还与专家型教师对学生的真挚情感、高尚的人格修养、深厚的人文教育功力、广博的知识、熟练的教学技巧和丰富的教学经验密不可分。它是专家型教师在长期教学实践与反思中修炼所得。

第三节　专家型化学教师营造“不曾预约的课堂精彩”的生成策略

课堂教学实施中预设方案受阻、学生答非所问或超常规发问或“插嘴”等都是非预期教学事件的表现样式，其根本原因是学生当下的心理能力与教师所期待的心理能力之间出现了非匹配现象。富有教学机智的专家型教师总是在回归学生心理能力的基点上找到一种新的匹配，从而营造“不曾预约的课堂精彩”。以下是从心理学与教育学关系的视角探寻非预期教学事件的实质以及富有教学机智的专家型教师在应对与营造“不曾预约的课堂精彩”时生成的策略。

一、非预期教学事件的实质是学生心理能力的异步

预设的教学事件是教师在课前基于对教材的分析而预先设计的，期待着在课堂上发生的教学活动和展开的教学过程。教师一般都期待着课堂教学按照预设进行，期待着顺利完成预设事件。在潜意识中，教师总是认为，学生

现有的身心发展水平是可以投入到预设事件中的，学生会按照他所预设的情况表现，教师完成了预设事件，学生就掌握了所授的教学内容，学生的心理能力就会发生从低到高，从无到有的变化。从两者的应然关系而言，预设的教学事件是学生心理能力的内容载体，学生的心理能力是预设的教学事件的表现结果。

非预期教学事件，是教学事件影响下的学生学习结果的一种非预期表现，如学生的答问、板演和提问等出乎教师意外，它是心理能力的外在表现，与完成预设的教学事件所需要的心理能力出现了异步。异步即不同步，学生心理能力的异步指的是学生的心理能力，如知识背景、思维水平、学科能力和观念等与课程和教师所要求的心理能力不同步，或超前，或落后。非预设的教学事件是教师在完成预设的教学事件过程中，根据当下学生的非预期教学事件，改变预设，临时创生的新的教学活动和过程。

在《磁铁的磁性》一课教学中，教师预设的内容是磁铁的性质以及磁铁在生活中的应用。就在教师要进入第二个环节的时候，一位学生却不小心把一块条形磁铁摔成了两段，另一位学生问："老师，这块摔断的磁铁还有两极吗?"构成非预期教学事件的是学生的发问，而不是学生摔断了磁铁，因为前者才是教师教学的结果①。通过教师的教学，学生有了有关磁铁的知识储备，形成了有关磁铁的心理结构，他才能够提出这个问题。他的提问还表明，已有的学习结果不能够满足他解答这个问题的心理需求，换言之，他在该节课上获得的心理能力还达不到解决这个问题所需要的心理能力的水平。所以，非预期教学事件的实质是学生心理能力的异步。从另一个角度来说，如果学生不发问，但教师足够地敏锐，提出摔断的磁铁是否有两极的问题，那么，学生摔断磁铁也构成了非预期教学事件。因为，在教师的提问引导下，学生也开始以其已有的心理能力思考或探究"摔断的磁铁是否还有两极"的问题了，一旦学生获知了结论，他的心理能力就获得了提高。

二、心理能力异步的三种类型

心理能力异步的三种类型是教学群体和普遍学生心理能力之间的异步，教学个体和普遍学生心理能力之间的异步，以及教学个体和教学群体之间的

① 罗德红．试论教学目标的科学之真［J］．上海教育科研，2008（4）：65－67．

异步。

教材是专家根据学科结构及某种哲学价值观与学习心理学理论编制的，他们理性地假设这个学龄段的学生普遍都应该掌握这些内容，因此，教材中的学生是普遍的学生。也可以说是他们对该学龄段的学生从现实的认知和情感水平到应然的认知和情感水平的一种心理、社会和文化上的期望。这些假设和期望是一种对普遍学生的理性观念，它与教师在教学实践中面对的鲜活而独特的具体的教学群体的心理能力总有一定的距离，这是第一种异步；有经验的教师总是通过分析班级教学群体的心理能力，重构教材，预设教学。但是由于教学个体的心理能力呈杂乱状和丰富状，与普遍学生及教学群体的心理能力不完全同步，就出现第二种和第三种异步。

一旦学生的课堂学习言行表现与预设的教学活动相碰撞，就构成了非预期教学事件。学生的课堂言行表现是他们心理能力的表现和结果，因此，就本质而言，非预期教学事件是学生心理能力的异步。学生的非预期教学事件是在与教师、教材和同学的关系中呈现的，有一定的复杂性。课堂教学既要关注个体的特殊性发展需求，也要关注教学群体的共同发展，教师首先要判断非预期教学事件中所蕴涵的心理能力的类型，根据不同的类型生成具体不同的非预期教学事件，营造“不曾预约的课堂精彩”。

三、“不曾预约的课堂精彩”是因“异”而导的

教师生成“不曾预约的课堂精彩”是教师教学机智的表现，它基于教师对学生心理能力异步的类型判断，因“异”而导，展开“非预设的教学事件”，从而推动学生的心理能力从低到高，从无到有的发生。正如加拿大教育家范梅兰认为，教学机智是教师对意想不到的教学情景进行崭新的、出乎意料的塑造，并对学生本性有所触及，还能在学生的心灵留下痕迹的品质与能力①。

1. *群体活动匹配第一类异步*

“非预设的教学事件”由教学个体的非预期教学事件所引发。如果教师判断该事件是对教学群体普遍存在的心理能力问题反映的话，即教学群体和教材所假设的普遍学生心理能力之间的异步。它既可能是由于前期学习遗留

---

① 马克斯·范梅兰. 教学机智——教育智慧的意蕴［M］. 李树英，译. 北京：教育科学出版社，2003：247－251.

的知识缺口而落后于教材的层次，也可能是教学群体的发展超越了教材的理性假设。在一堂化学课上，教师让学生举几个生活中的物理变化和化学变化的实例并解释原因。一个调皮的学生回答道："杀猪是物理变化。因为，猪被杀后，猪头还是猪头，猪肉还是猪肉，猪血还是猪血，都没有改变，所以杀猪是物理变化。"全班哗然和茫然之后，教师意识到教学群体对物质的概念理解有误与研究化学的前提及边界意识不清。于是，他提出了 5 个环环相扣的讨论题，帮助学生澄清"物质"概念①。最终学生不仅建构了物质的概念，而且获得了进行科学研究的方法论启发，即讨论或研究问题都得有前提条件。

2. 暂时悬置匹配第二类异步

第二类异步是教学个体和普遍学生心理能力之间的异步。如果教学个体的心理能力发展水平超越了普遍学生的心理能力发展水平，也就是说，它不是教材规定要掌握的，而且教学群体也一时半会儿难以理解的话，教师应该暂时悬置它。课堂教学既要关注教学个体的特殊需求也要关注教学群体的共同发展，课堂不是个体表演，众生观望的舞台，如果宝贵而有限的 45 分钟只是促进了个体学生的发展，那是对教学群体的不公平。例如，一位化学教师引导学生学习 SO_2能使品红溶液褪色知识点时，一位学生兴奋地提出他发现的"异常"：在 Na_2SO_3溶液中忘了加盐酸就直接加品红溶液，品红溶液立即褪色，而且褪色速度要比在 Na_2SO_3溶液中先加盐酸再加品红溶液的褪色更快。教师先请他给大家演示一番，肯定其善于观察与质疑精神，再"投"给学生问题：Na_2SO_3溶液使品红溶液褪色是否是 SO_2在起作用？有哪些因素可能使品红褪色？在 Na_2SO_3溶液中有哪些微粒存在？能否用实验来证实使品红溶液褪色的主要微粒是什么？有兴趣的同学课后可继续讨论、设计验证方案，进行实验探究。面对探究精神较强学生的超出本节课设定教学目标的质疑，教师既不以"下课以后再研究"做幌子或挡箭牌，也不将教学就完全定向于解决该生的特殊需求，而是在欣赏其发现的同时，还及时地"投"给全体学生进一步质疑问题，将思考引向深入。课堂上"暂时悬置"，课下组织有兴趣的学生开展品红溶液"异常"褪色实验的探究活动，课后或课余再与学生进行沟通和反馈。

如果教学个体的心理能力水平落后普遍学生的心理能力水平，也就是说

---

① 尚兴久．在初三绪言课引入"物质"的概念［J］．化学教育，1986（6）：6.

与教材所要求的水平相差较大，此刻，若该个体的心理能力水平与教学群体水平相当，就形成第一类异步，若该个体的心理能力水平落后教学群体的心理能力，则形成第三类异步。

3. 互助互帮匹配第三类异步

第三类异步是教学个体的和教学群体的心理能力之间的异步，教师可采用互帮互助的方法解决。同伴互帮互助学习是指一种基于同伴互相关照的可能性，旨在促进同伴关系和个体认知能力，以一对一或一对多的结合形式进行。面对教学个体的质疑，教师既可以在课堂上组织互帮互助的活动，也可以安排在课后跟踪加强和及时评价。互帮互助的内容不仅包括概念、含义、事实和理论假说等，而且包括个体所拥有的可传授给同伴的学习习惯、基本技能、理想、情感与态度等。

教学预设中教师所着力应对的教材是普遍学生的教材，教学群体和教学个体的心理能力的高低与有无均是以它们为基准相对而言的。教师只有精当地预设准备并将其日常实践化，才能够在面对学生的非预期教学事件时，准确地判断学生心理能力的三种异步类型，回归到学生心理能力的基点上，因“异”而导，营造“不曾预约的课堂精彩”。

四、“不曾预约的课堂精彩”的生成策略

面对学生的非预期教学事件，教师要机敏地感知、辨别与顿悟，并智慧地实施临场对策。具体而言，教师可以采用以下策略。

1. 判断学生的最近发展区

俗话说，提出问题是解决问题的一半。学生的非预期教学事件表明学生的心理能力正处于发展的过程中。教师要依靠自己的教学经验、学科知识体系和对学生的了解，判断学生的最近发展区，把教学建立在最近发展区。例如，化学实验受试剂质量、溶液浓度、仪器装置、反应机理复杂及反应条件控制等因素影响，出乎教师主观预设的“异常”实验时有发生，引发了学生的非预期教学事件。对此，教师要区别对待：对待反应机理复杂、教师也不明确的，交代“感兴趣的同学可在课后去探究”就转入下一个教学环节；超出学生认知水平而教师对此现象了然于胸，可采取教师演示方式来解决；对知识难度处在学生最近发展区内而教师明确此原因，且对学生今后学习具有启迪思维和方法指导作用的“异常”实验，就引导学生亲历“猜测—讨

论—提出方案—实验验证—概括结论”的探究过程。

2. 找准学生知识链的端口和断口

学生的非预期教学事件的发生通常是因为教师的教学活动高于或低于学生的心理能力水平，没有满足学生对知识、情感和技能的心理需求。教师需要找准学生困惑的源头，即理解当下所学内容所必须具备的知识链的起点以及学生相应的知识断口。有一位化学老师在讲“同主族元素自上而下其元素的金属性逐渐增强而非金属性逐渐减弱……”时被学生的反对声所打断。学生认为“钠跟空气中氧气加热即发生燃烧，而辅导书中提到钠跟硫粉研磨混合即发生爆炸。可见硫的非金属性比氧气强，显然违背了元素周期律”。教师意识到这起非预期教学事件的焦点在于学生没有理解钠跟氧气、钠跟单质硫反应现象的解释依据与元素非金属性强弱判据理解的不一致性。还有前述的“杀猪是物理变化”的例子，也是教师一举抓住了问题的关键，即学生对物质含义的理解出现了断口。

3. 勾连非预期教学事件和预设的教学事件

课堂上学生的非预期教学事件是学生当下的学习结果，是对教师教学事件的一种反馈。教师就此而展开的“非预设的教学事件”要把非预期教学事件和预设的教学事件勾连在一起，而不是海阔天空地借题发挥。在《非金属及其化合物》复习课中，某教师通过练习题发现多数学生由于望文生义和表层化推理对氧化物及其分类与性质理解存在偏误时，先提问何为氧化物，强调它是由两种元素组成的，而且其中一种元素是氧元素的化合物，举正例 NaO、MgO、Al_2O_3、SiO_2，举反例 $KClO_3$、NH_4HCO_3，强化对概念的理解和记忆并初步学会辨识。接着讨论 OF_2 是否属于氧化物，举出 NO_2 和 N_2O_5 来讨论化学概念“酸酐”。最后还列举诸多氧化物及其化学反应事实，最终达成使学生明白氧化物有酸性、碱性、两性和不成盐的氧化物之分，而且，金属氧化物并非都是碱性氧化物、非金属氧化物并非都是酸性氧化物，酸性氧化物（碱性氧化物）并非都能跟水反应生成酸（碱），两性氧化物中绝大部分都不跟水反应的预设目标①。通过描述说明表象与概念，在具体化情景中辨识概念及其联系，将相关知识进行系统化的组织，这样结合教学预设目标对学生氧化物错误概念的“正本清源”过程也是帮助其建立良好的知识结构的过程。

① 源自笔者在乌鲁木齐某中学的课堂观察记录.

4. 探底学生的向善本性

教师要具备人心向善的人性假设。教师要相信学生总是期待着取得进步，得到正面肯定，优化自己的学习和生活质量的。这种期待由于学生的心理能力水平、师生关系和生活环境等会受到一定的遮蔽。相信学生向善的本性意味着教师面对任何的非预期教学事件都要保持冷静和耐心的帮助与解答。在前述的化学课例中，学生说“杀猪是物理变化”，听上去似乎是学生在捣蛋，与教学活动风马牛不相及；还有化学教师在讲元素周期表时被学生武断地打断。这两位教师都很冷静，没有恼怒和讽刺，而是“顺问而下”，解决了教学群体中普遍存在的概念理解的偏误问题。

非预期教学事件具有一定的普遍性。学生的心理能力虽然有落差，但他们处于大致相同的年龄段，面对的是同一位教师的教学能力和风格，体验的是同一位教师的教学事件，个体的问题就很可能有一定的代表性，解决个体的问题就意味着可能解决了群体的问题，形成相对完整的知识链。教师的教学机智就在于停下预设的脚步，解开“完成教学任务”的心结，迅速地对非预期教学事件的性质做出判断，展开“非预设的教学事件”，把教师和教材中的普遍学生的心理能力回归（或拔高或降低）到教学个体的心理能力基点上，形成新的匹配，生成“不曾预约的课堂精彩”。

第四节　专家型化学教师的课堂教学行为特征的讨论

依据三组专家型化学教师与新手型化学教师对三类知识与技能的课堂教学行为的比较分析，结合其他相关的课堂观察及文献素材，我们将专家型化学教师的课堂教学行为特征概括为：以激励和恰当利用多种媒体手段为支持条件，以推进学生思考和探索为根本的教学活动循环与教师角色循环的有机统一。

一、以促进学生主动学习、培养探索能力为根本目标

研究发现专家型化学教师始终把在具体活动情景中促进学生积极主动地学习和培养学生探索能力作为其教学行为的根本目标。

专家型教师确立的这一根本目标是其在教学实践中对教育常理和新课程

理念内化和践行的结果，它统领着教师的整个教学行为。

狭义“教育”的本意是“引出”，即把学生潜在的认识与表现行为引向应有的方向。所以，对教育来说，最基本的规则是从学生实际出发，既以学生的实际处境与表现为出发点，更着眼于学生的进步与成长。专家型教师在其教学实践中能实现一切以促进学生的学习及学生的发展为出发点和根本目标，既能把握课堂教学的教学主体方向，又能适时通过问题、学生实践活动、讨论、总结创设良好课堂气氛，推进教学活动的开展，在师生的双边活动中，实现对学生科学素养的全面培养。专家型化学教师实现此根本目标的行为表现为两个循环（基本的活动循环和角色循环）和两个支持条件（激励和合理综合使用多种媒体手段）的有机统一。

二、教学活动循环与教师角色循环的统一

研究发现专家型化学教师在三类知识与技能教学行为中存在活动循环与角色循环的统一。其中教学活动循环是指以“问题→互动→总结”为基本链接的循环，角色循环指教师在活动循环中伴随发生的以“主导角色→辅助角色→主导角色”为基本链接的循环。活动循环和角色循环相呼应，在每一次循环中激励和恰当利用多种媒体是促进学生思考与探索持续深入的重要支持性条件。动态总结是链接一个循环与下一个循环的纽带。

1. 提问与教师的主导角色

专家型化学教师在课堂教学中将知识点转化成问题，通过提问启发学生思考和探索。问题既是教的起点，也是学的起点，所以问题是活动循环的起点；问题的设定与表达方式既决定着课堂教学内容的展开，又决定着学生思考和探索的深度与方向，而问题的设定与表达方式是由教师完成的，所以教师是提问的主导角色。

问题的设定决定着学生的思考和探索的方向，直接影响着课堂教学的效果。在 SO_2 性质的教学案例中，NA1 提出的问题为：“为什么向烧瓶中挤入少量的水，就能形成红色的喷泉？”NA1 提出了一个物理问题，将学生的学习引向探索压强差的方向，偏离了课堂教学的主题。此问题应该改正为：“刚才我们看到烧瓶中形成了红色的喷泉，我们都知道喷泉是由压强差形成的，那么烧瓶中的压强差是怎样形成的？溶液为何变红？”如此设定问题，直指 SO_2 溶于水的性质，将学生的思考方向引向教学目标——SO_2 的性质。

因此问题的设定必须是以教师为主导角色完成的。

问题的表达方式也是以教师为主导完成的。封闭式或聚合性问题是难以启动学生进行较为深入的思考和探索活动，开放性或发散性问题才能有效地启动学生进行较深入的思考和探索。专家型化学教师能兼顾这两类提问方式，注重采用“为什么?”“你怎么想的?”“你怎么判断的?”等开放性问题进行提问，在倾听中为学生“把脉”，进行针对性指导，这样就能有效地启动和推进学生的思考和探索。而“是什么?”之类的问题常常达不到这种有效指导的功效。

2. 互动与教师的辅助角色

互动是指以学生为主体的学习活动。具体地讲，在教师以问题启动学习活动后，就要求学生利用教材文本或实验仪器与药品等，以同桌互学、小组讨论、大组交流、自由发言等为组织形式，通过学生之间的互相提问、互相帮助，在生生合作、师生互动中思考和探索获取知识和技能。当然，在这种以学生为主体的合作学习启动后，教师就由主要角色转换为辅助角色。

教师的辅助角色指教师在启动学生思考和探索后，将自己的主导角色转换为帮助学生思考和探索的角色，使学生成为学的主导角色。在互动学习过程中，教师的主要工作是及时对学生的学习“号脉”“点穴”“抓彩”，教师辅助角色主要体现为引导者、指导者和推进者三个角色。教师要观察学生、倾听学生，专家型化学教师是通过组织学生的自主探索活动和培养学生的自主学习能力来完成教学任务的。在通过提问启动学生的思考和探索后，必须让学生成为学的主角，但是，学生受其知识和经验以及思维品质的限制，在探索学习活动中必然面临多重困难与障碍，教师就必须帮他们解惑，成为学生学习探索活动的引导者（由于课堂教学知识内容是多层次多维度的，需要引导学生在不同知识层次和维度间跨越穿行）、指导者（指导帮助学生完成学习习惯方法的改善和思维方法的提高）和推进者（促进学生在情感、意志、人格等方面趋向完善与成熟状态）。

3. 总结与教师的主导角色

总结是指专家型化学教师在教学过程中针对每一次问题组的思考和探索活动之后以及本节课结束前的总结，我们将这两者分别称为问题总结和课尾总结，综合起来看，专家型教师的总结是带有动态性的。通过动态总结，学生的思考和探索结果得以巩固，课堂教学的内容结构化和系统化。

问题总结是教师对学生在思考和探索活动结束后进行的总结。它既是对学生思考与探索过程中形成的知识技能进行巩固和升华的手段，又是教师角色转换的工具和结点，在教学活动循环转换和角色转换中起着承上启下的作用。

课堂总结指教师在课结束前对整节课的教学内容进行的总结。其目的是对课堂教学过程中多个“问题→互动→总结”循环形成的知识进行系统化和结构化。专家型化学教师的课堂教学由多个“问题→互动→总结”循环组成，尽管对每一次循环形成的知识技能都进行了问题总结，但它们是孤立的，对学生来说是零散的，因此，专家型化学教师在课结束前会对课堂教学中的多个“问题→互动→总结”循环形成的知识技能进行系统化和结构化，帮助学生对学习成果进行巩固和升华，并建构知识结构框架。

在“问题→互动→总结”链接中的互动环节，学生思考和探索习得的知识技能难免是片面的、零散的，往往难以自发地形成系统真知。因此对学生在思考探索活动后形成的片面零散的知识进行系统化、结构化只能由教师为主导作总结来完成，教师在总结中承担主导角色。这样，专家型教师不仅在问题总结中是主导角色，而且在课尾总结中也是主导角色。此外，专家型教师对课堂节奏的控制也是教师主导角色的体现。

三、激励与合理利用多种媒体手段使两个循环顺畅统一

活动的开展离不开物质性和精神性条件的支持。激励和恰当利用多种媒体是促进学生思考与探索持续深入以及两个循环顺畅统一的重要支持性条件。

1. 激励及其运用

激励是指专家型化学教师通过对学生的思考和探索行为进行肯定和赞许，推进学生持续思考和探索的行为。专家型化学教师不仅深谙激励的功能，而且能恰当地运用发挥其功能。研究发现专家型化学教师运用激励时注重以下三点。

（1）通过激励使学生获得成就感和认同感，以维持学生思考和探索的热情，引导学生持续地深入地思考和探索。学生在思考和探索过程中会有出现思维的偏失会面临各种挫折，专家型化学教师此时先给学生提供判断和表达的机会，并认真倾听；再者，无论回答正确与否均用积极的正面的激励的语言对学生的参与行为给予肯定，以满足学生的情感需要，维持和增强学生思考和探索的热情。

（2）对受挫学生的激励。学生在探索活动中会出现挫折、错误，教师首先对其参与行为给予肯定和激励，使学生获得认同感，抚慰其遭受的挫折；然后，捕捉利用“错误声音或行动”中的有价值因素，保护其思考和探索的信心和勇气。

（3）对成功学生的激励。专家型化学教师对学生展示的正确答案，不仅肯定其行为，还肯定其探索的成果，使其获得成就感，以增强学生思考和探索的热情，另外，还可提出处于学生最近发展区的递进问题激励其更加努力地思考和探索，将学生的思考和探索引向深入。

2. 多样化媒体手段的合理使用

专家型化学教师利用实验、投影、录像、图表、模型等直观教学手段帮助学生建立感性认识，在此基础上通过分析、讨论、总结方式，把感性的、描述性的知识内容变成理性的、结构化、系统化的知识网络。例如：专家型教师常常将实物、模型与图像相结合，可提高实物或模型的直观效果；实验与过程示意图、化学方程式相结合，利于揭示化学现象发生的过程与本质，培养学生利用抽象思维对实验现象作出正确解释；配合图片进行恰当生动的讲述可极大地增强语言的感染力，等等。这些做法使抽象概念具体化、深奥理论形象化。可见，专家型教师选择和使用媒体手段具有较强的目标指向性，而且用得恰当、适切。

总之，本文通过研究认为，专家型化学教师的课堂教学行为特征是以激励和恰当利用多种媒体手段为支持条件，以推进学生思考和探索为根本的教学活动循环与教师角色循环的有机统一。新手型化学教师不能有效地设计和实施“问题→互动→总结”活动循环，自己基本属于课堂教学活动的主角，其课堂教学本质上属于单向的知识传递过程，难以真正实现推进学生思考和探索的根本目标。

第四章　教学知识图式的解析

教师教学知识图式是教师课堂教学特质的基础要素，也是教师进行有效教学的起点和前提条件。但是有关化学教师的教学知识图式研究还较为鲜见。本章是对前面专家型化学教师与新手型化学教师课堂教学行为比较的继续。基于研究文献追溯图式理论的产生与发展所获得的对图式的认识，着重比较三组专家型与新手型化学教师在进行不同类型学科知识内容教学中所依据的教学知识图式的差异，剖析专家型化学教师课堂教学特质在教学知识图式方面的特征，为探讨学科知识与课堂教学特质的关系以及后继的教师教学思路打下基础。

第一节　专家型与新手型化学教师教学知识图式的比较

教学知识图式是指教师在教学实践中形成的针对某一特定化学教学主题或核心概念的有层次的、整体性的知识结构。它以化学知识为基础，具有一般图式的特征，它是在教师的教学实践中不断被丰富、完善发展的。化学教学知识图式是化学教师在教学实践中获得的个性化的化学知识结构，它是教师依照自己对某特定化学学科知识理解的深度、广度，结合自己的感觉、知觉、记忆、思维、联想等认知特点，在个人头脑中形成的具有层级的化学知识结构。比较教师教学知识图式的目的是为了概括专家型化学教师与新手型化学教师相关的教学知识图式的特征，在此基础上结合访谈和其他素材，归纳出专家型化学教师的教学知识图式特征。

本研究所依据的三组化学专家型与新手型化学教师（EA1-NA1、EB1-NA2、EB2-NB2）的相关教学知识图式是通过课堂观察、分析教师教案以及结合课后追踪访谈的整理素材而得，并征得教师本人的基本认同。

本研究对专家型与新手型化学教师的教学知识图式比较视角为：

（1）此类知识的基本要素是否充分体现？

（2）有无较为稳定与丰富的产生式和知识组块？

（3）图式结构的逻辑性层次性如何？整体排布的特点及深度如何？

（4）是否包含有关哲学、化学学科观念及化学方法的内容？

本研究围绕以下三个主题展开：

主题一，化学事实性知识图式比较（以二氧化硫为例）；

主题二，化学理论性知识图式比较（以元素周期律为例）；

主题三，化学计算技能图式比较（以物质的量应用于化学方程式计算为例）。

一、事实性知识教学图式的分析

化学事实性知识是指反映物质的性质、存在、制法和用途等多方面内容的元素化合物知识以及化学与社会生产和生活实际联系的知识。这类知识结构是由物质的存在、性质、制法、用途等要素构成，但其间还隐含一个以物质结构为核心的逻辑结构，即物质的结构决定物质的性质，性质决定物质的应用价值、存在形式和检验方法；物质结构还决定合成的途径和方法，由于科学技术发展不断地要求提供新型材料，又为化学合成与制备提出新课题。这种内在的逻辑结构不仅是化学科学得以发展的内在基础，也是化学事实性知识之间重要的内在联系。

化学事实性知识图式应该力求反映化学事实性知识的内在逻辑结构。本文以 EA1 和 NA1 两位教师关于二氧化硫（SO_2）的教学知识图式（见附录 4 中的图 5 和图 6）为基本素材进行比较分析，在此基础上结合访谈和其他素材，概括出专家型化学教师与新手型化学教师有关化学事实性知识图式的特征。

（一）二氧化硫的教学知识图式的比较

二氧化硫是一个内涵极为丰富的化学事实性知识的典型代表，笔者选取 NA1 和 EA1 的相关二氧化硫的教学知识图式（见附录 4 中的图 5 和图 6）进行比较，发现两位教师的二氧化硫教学知识图式存在以下差异。

1. NA1 和 EA1 在相关知识点及核心概念的数量上差异不大

两者的知识图式均体现了 SO_2 的存在、性质、制法、用途及其次级的知识结构要素，所以他们在核心的知识点及概念的数量上差异不大。但是，我们还在 EA1 的知识图式中出现了热稳定性、特殊性、酸雨的形成机理、与人类的关系等概念或观念，这表明 EA1 关于 SO_2 的知识要比 NA1 更为丰富，因而 EA1 的知识图式比 NA1 的知识图式就具有更多的同化新知识的固定点或生发点（见图 4－1、图 4－2）。

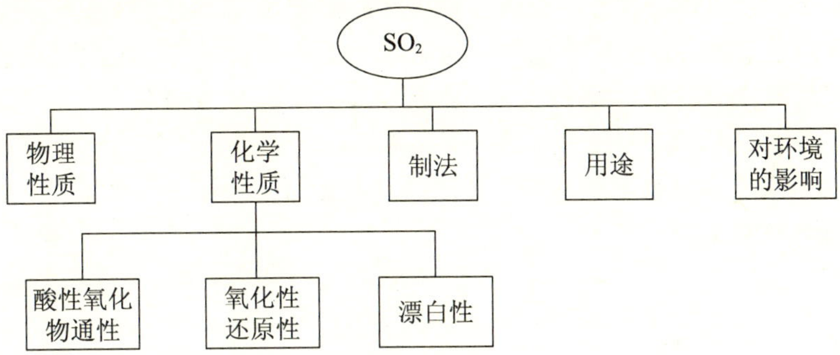

图 4－1　NA1 有关二氧化硫的知识点及概念图式

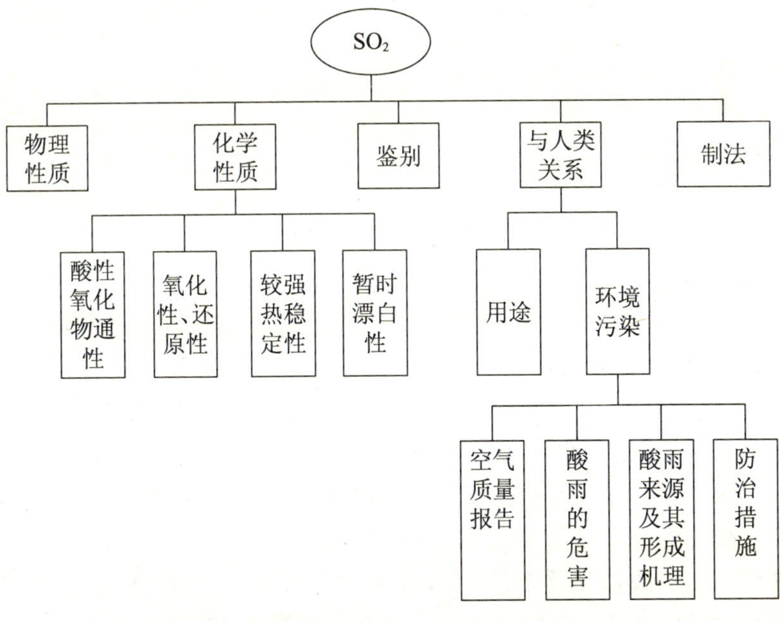

图 4－2　EA1 有关二氧化硫的知识点及概念图式

2. 相比 NA1，EA1 具有稳定与灵活的产生式

丰富的学科观念和学科知识仅仅是问题解决的必要条件。也就是说，你头脑中的化学观念和知识越多，并不意味着你解决化学教学问题的能力越强。专家教师教学效率高就在于其教学知识图式中具有稳定与灵活的产生式。通过观察分析 EA1 有关二氧化硫的教学知识图式（见附录 4 中图 6）发现，其中不仅包含带有方法性研究物质性质的产生式（见图 4 - 3），还有结合具体问题解决的产生式。例如，假若 SO_2 能被溴水、三氯化铁溶液这类中等程度的氧化剂氧化（或褪色），那么 SO_2 一定能被双氧化水、过氧化钠、高锰酸钾、氯水、浓硝酸等这类强氧化剂氧化（或褪色）等。然而，观察分析 NA1 有关二氧化硫的教学知识图式中（见附录 4 中图 5）则发现，其中缺乏这两类产生式。

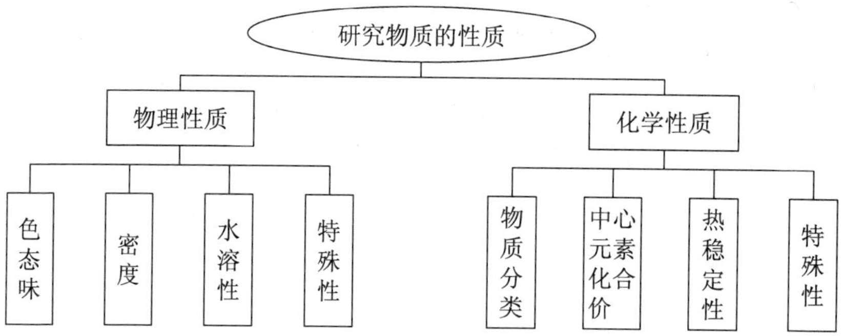

图 4 - 3　EA1 关于研究物质性质的产生式

3. 相比 NA1，EA1 具有更丰富的知识组块及其联系

知识在人的大脑中是以“组块”的形式分类贮存的，知识组块其实就是一种有内在联系的知识信息的组合，既有学科逻辑内在联系又有结合社会生活实际的知识组块，能发挥加深理解、巩固记忆、建构新知识、优化教学、提高解决问题能力的作用。对照附录 4 中的图 5 和图 6，有关专家与新手教师的教学效能差异在于知识组块的量和质不同的研究结论，在 NA1 和 EA1 有关二氧化硫的教学知识图式中得到印证。

在知识组块的量和质上，EA1 比 NA1 要更具有优势。EA1 提出了具有高度概括性和广泛迁移性的物理物质和化学性质的“3 + 1”模式，特别是对物质的物理性质和化学性质的“3 + 1”模式的提出，这不仅是对 SO_2 性质进行条理化和脉络化，是对学习和研究元素化合物性质建立框架，还体现了化

学学科思想和方法。在对“SO_2漂白性”知识组块上，NA1 以 SO_2 使品红溶液褪色为核心，通过联想与以前接触过的活性炭、次氯酸、过氧化钠、过氧化氢、臭氧的漂白的不同来揭示 SO_2 使品红褪色是可逆的暂时的漂白，并拓展至用品红溶液来鉴别二氧化硫气体（见图 4 -4）。这种通过联想对比方式进行知识组块，未体现相互间的学科逻辑内在联系。

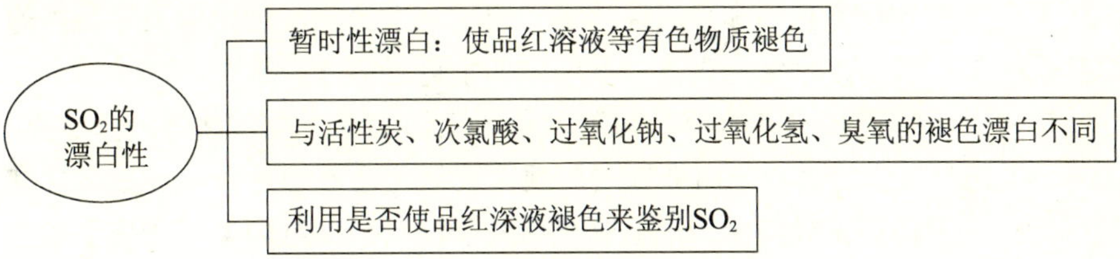

图 4 -4　NA1 有关 SO_2 的漂白性的知识组块

对 EA1 有关“SO_2漂白性”的结构化知识组块（见图4 -5）进行分析发现有以下特点：既重视对以往各种漂白性物质的联想对比，还按照学科知识的内在逻辑关系将其层级化（把相关的陈述性知识与程序性知识结合在一起）；将相关知识的样例（实例或例题）有机联系起来并纳入知识组块。此外，观察附录 4 中的图 6，我们发现 EA1 的图式中，还富含社会生活中有关 SO_2的正反两方面信息。如既用作漂白纸浆、杀菌消毒、食物干果的防腐剂，也被不法商贩用于生产“超白”的银耳、粉丝、馒头、方便筷等；既是重要的化工基础原料，也是全球环境污染的大元凶而成为空气质量报告的重要监测成分……

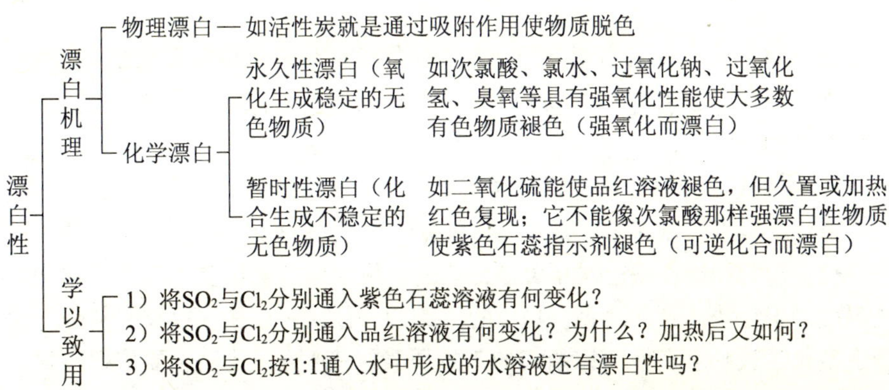

图 4 -5　EA1 有关 SO_2 的漂白性的结构化知识组块

NA1 也注重 SO_2与社会生活实际的关联，但在丰富性和全面性及具体性上不及 EA1，这与 EA1 和 NA1 看问题的视角和教学知识经验的积累方面的差异有关。

4. 相比 NA1，EA1 的图式在整体上呈现三维课程目标的内涵特征

NA1 的图式在整体上基本属于有关 SO_2的性质、制法、用途和对环境影响的具体教材知识点排列和表层性总结，缺乏与上位化学理论以及学科思想方法的链接，其知识网络层次感、产生式和学科思想方法凸显不够。

EA1 善于寻找知识点的理论渊源，利用化学理论去统领具体的知识点。如对 SO_2化学性质的表征分别来自结构理论、氧化还原理论以及热稳定性和特殊性这些上位理论或概念，根据化合物分子的组成和结构来判断物质的类属，得出它具有该类物质的通性，根据中心原子的化合价和氧化还原理论分析其氧化性和还原性，最后再根据研究物质应将其共性与特性相结合的原则而指出该化合物的稳定性和特性；这种表征也体现了研究化合物化学性质的一般程序和方法。不仅如此，EA1 还对相关知识点的应用设置了问题组以及相关实例以促进学生进行分析和解决问题。另外，EA1 还站在化学物质与人类关系的辩证视角对 SO_2用途和对环境污染进行表征，客观地展现 SO_2的“功”与“过”，体现教师那份关注人类命运和社会进步、强调掌握好化学这把“双刃剑”造福人类的职业情感。

这些均表明 EA1 的知识图式包含了个性化的学科知识、技能、过程与方法、情感态度价值观，为课堂教学实现三维课程目标奠定了坚实的基础。

（二）事实性知识的教学知识图式特征

通过对上述 EA1 和 NA1 有关 SO_2知识图式的分析，结合其他课堂观察素材及文献资料，我们将专家型化学教师与新手型化学教师的事实性知识图式特征概括如下。

1. 新手型化学教师的事实性知识的教学知识图式的特征

总体上看新手型化学教师的事实性知识图式是对事实性知识基本要素的表层化汇总与构架，缺乏对相关知识点的上位的概括提炼和下位的具体的问题解决知识组块。具体地讲，物质的“结构—性质—用途—存在—制法”是新手型化学教师事实性知识图式的基本要素（变量），他们主要依据教材对上述知识链中的知识点进行具体化，注意联系相关的已有知识和社会生活实际，形成了将分散知识点汇总的框架。但是，新手型化学教师的事实性知识

图式存在不少缺陷。其主要表现在以下几方面。

（1）向下对知识点未落实到应用层面，缺少与重要知识点相对应的阶梯性问题、实例以及分析解决问题的产生式。

（2）向上不善于将知识点与化学原理、观念以及方法相链接，缺乏统领学习与研究元素化合物的指导思想、原理和方法，这不利于其进行演绎推理式学习。

（3）未形成按学科逻辑关系归纳总结的相关的“小结构”或“小规律”或“模式”等知识组块的表现形式。

上述缺陷使其学科知识的迁移和应用能力及教学效益受限，他们在教学中往往难以解决学生在学习事实性知识所遇到的此类知识“碎、散、繁、多”、易懂难记、记住了不会应用的困难及问题。

新手型化学教师事实性知识图式的缺陷与其缺乏教学知识经验的积累有关，更多的则受制于他们缺乏利用多样化逻辑思维和联想等直觉思维建构事实性知识内在和外在联系的意识和能力。

2. 专家型化学教师的事实性知识的教学知识图式的特征

概括地讲专家型化学教师的事实性知识图式是对事实性知识本质、表现和应用的立体架构，既有上位核心观念原理方法的统摄作用，又有下位的相关知识点的通俗而具体的问题实例及判断解决问题的知识组块和产生式。

专家型化学教师事实性知识图式是在“结构—性质—用途—存在—制法”基本要素（变量）的基础之上发展起来的。那些既体现学科知识内在逻辑关联又与社会生活实际紧密相连的知识组块，不仅能加深理解、巩固记忆事实性知识，而且这样的知识组块能在问题解决过程中有效地与问题情景发生联系，促进学生对眼前问题的顿悟与解决。还有那些与上位的结构理论、原理、辩证关系相勾连“小结构”或“小规律”或“模式”等，不仅体现了化学学科思想和方法，而且还能有效地促进学生进行演绎推理式学习，具有方法论的指导意义。所以，专家型化学教师事实性知识图式能有效地克服化学事实性知识教学的“多而杂”“无序”等瓶颈，这是其开展事实性知识有效教学的前提条件和坚实基础。

笔者认为，专家型教师事实性知识图式的形成与以下因素有关。

（1）取决于他们对事实性知识教学重要性有深刻认识。专家型化学教师认为化学事实性知识既是化学概念和化学基础理论形成的基础，又是化学概念和化学基础理论所要解决问题的归宿，还是提升未来公民化学学科素养的前提条件。

（2）事实性知识图式得益于专家型教师在长期教学实践中思考内化的深邃化学学科观念、思想和方法，坚实的学科知识基础以及丰富的科学与人文素养。

（3）事实性知识图式形成于专家型化学教师坚持不懈地对教学实践知识经验的深刻反思和开放性地建构和发展教学知识图式的过程之中。

二、理论性知识的教学知识图式的分析

化学理论性知识是对物质及其变化本质属性的内在规律的反映，它既能帮助学习者从本质上认识物质的结构、性质和变化，也能把零散的事实性知识按照内在规律组成系统，建立良好的知识结构。但是，由于化学理论性知识具有较强的概念性和抽象性，很多还游离于宏观和微观之间，加之化学概念和其本身又是发展的，所以，学生从感知概念到形成概念，在认识过程中需要克服认知跨度而逐步深化，教师若处理不当容易导致认知中的无序性和不稳定性。克服此障碍需要教师善于运用一些化难为易的有效方法，如恰当地调整教材内容，分散难度，多做实验，联系实际，由旧引新、搭桥牵线，进行类比，微观概念与理论借助宏观现象或学生的直接经验去描述，以便有效地降低学习难度；注重研究和运用精练而形象的语言、通俗而具体的实例、恰当而富有启发性的比喻……采用这些技巧和方法将讲授内容化“繁”为简、化“隐”为现、化“难”为易。

化学特级教师刘景昆先生认为：化学理论可分为分子运动论和周期律两部分，前者只是说明分子与原子在什么条件下怎样化合成分子、分子又怎样分解为原子的规律，不涉及原子的内部结构；后者（指元素周期律和原子结构）是从原子内部结构来说明元素化合物性质周期递变规律，是元素周期律把整个化学内容贯穿起来，有了元素周期律，并从原子结构来理解周期律，化学才真正能以简驭繁，才真正成为有系统的科学。时隔半个世纪之久，刘老先生对化学理论性知识体系以及元素周期律重要意义的看法对我们仍颇有启迪。

化学理论性知识图式除应包含原理（规律）的内容、本质、应用实例、蕴涵的方法、历史形成和发展现状外，还要力求反映原理（规律）的逻辑性以及对化学学习和研究的指导作用。拥有丰富的教学知识图式是教师进行有效合理教学的前提条件。以下以新手教师 NA2 和专家教师 EB1 关于元素周期律的知识图式（见附录 5 中的图 7 和图 8）为例进行比较，结合其他素材归纳出专家型化学教师与新手型化学教师理论性知识的教学知识图式的特征。

（一）元素周期律的教学知识图式的比较

元素周期律和元素周期表属于基本的化学理论性知识。由于元素周期律是化学中最基本原理，有着极强的内在逻辑性又富含哲学思想和化学方法，使其成为中学化学教学的重点和难点，在整个中学化学中具有非常重要的作用。拥有丰富的精良的元素周期律（表）知识图式是化学教师进行元素周期律有效教学的前提条件和基础。通过比较 NA2 和 EB1 两位教师关于元素周期律的教学知识图式（见附录 5 中的图 7 和图 8），发现两者差异表现如下。

1. 在相关知识点及核心概念的数量上差异显著

从知识图式变量上讲，NA2 在教学中仅仅呈现了 4 个图式变量，它们是核心概念原子序数、元素原子核外电子排布、原子半径、主要化合价的周期性变化规律（见图 4 - 6），可见 NA2 缺乏充分的相关元素周期律（表）的知识和观念，教学内容停留在非常有限的浅层教材知识层面，造成教学内容密度小、教师难以有效地指导学生学习活动的结果。

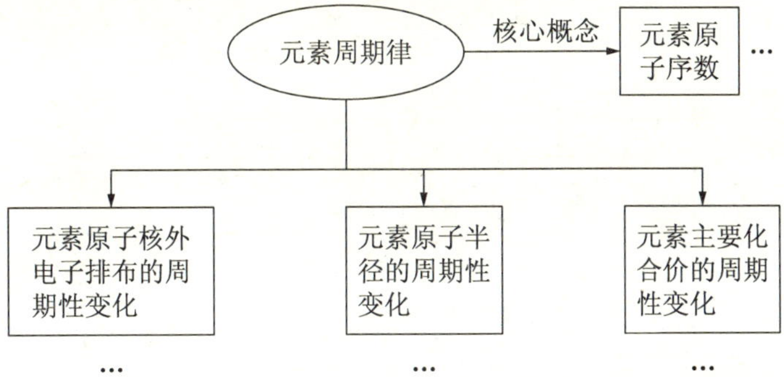

图 4 - 6　NA2 有关元素周期律知识图式中的基本变量

对 NA2 访谈回顾

课后 NA2 曾面带难色地诉说：这部分内容讲起来干巴巴的，即使采用学生先自学师生再讨论交流得出规律的方式进行教学，效果也不理想。我作学生时学这部分内容就没有感觉，所以我让学生记住结论就行（我的高中老师当时就要求我们将结论背熟练），关键是教学生会比较微粒大小、会在元素的最高正价的氧化物及最低负价的氢化物化学式之间转换，这样学生就能完成课后练习。总想着有空时翻出大学教材好好看看这部分内容，但这个愿望一直还没有时间实现。

笔者问及，您如何理解元素周期律中的“周期性”的？

NA2：周期性就是指随着原子序数的递增，每隔一定数目的元素，元素性质会表现出同样的变化规律。

笔者不禁追问道：那“元素性质”指的是什么？

NA2：就是指原子核外电子排布、原子半径、化合价等，这里就是有些绕。

可见NA2未掌握元素周期律的内在逻辑关系，对此相关知识理解停留在教材的表层化水平，缺乏对此教学内容知识的内化和个人化理解。

EB1的元素周期律（表）教学知识图式变量就多达9个，每个变量的内容也极为丰富，体现了其有逻辑关联的元素周期律（表）知识结构及相关方法意义观念（见图4－7）。结合课后交流，形成这幅教学知识图式（见附录5中图8）时，我似乎找到了EB1课堂教学知识密度容量大而其教学行为表现得那样丰富、从容而又富有逻辑性关联的前提。

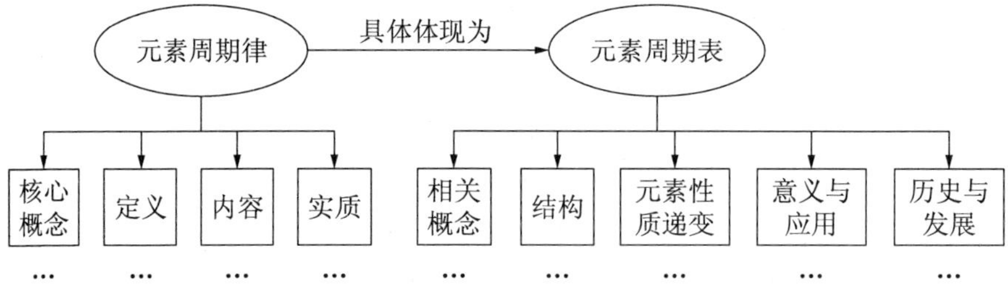

图4－7　EB1有关元素周期律知识图式中的基本变量

对EB1的访谈回顾

课后EB1面带欣喜地诉说：我喜欢这种上课的感觉，从学生眼中看到所教知识对他们的震撼和启发是令我很兴奋和很享受的事；我一直在追求这种上课的效果。当然，要达到注重效果，得有像元素周期律（表）这样丰富而有思想性的教学素材，该素材包含的逻辑性、化学史实和应用现状及发展前景都很有教育意义，备课时常常难以割舍，讲课时又感到言犹未尽，但毕竟课时有限，还要应付考试，就得精心筛选素材，安排组织学习活动，讲究效率……

笔者问及，您如何理解元素周期律中的“周期性”的？

EB1：这里周期性与自然界的周期性既有联系又有区别，它们均有沿着某种方向相隔一定的距离规律重现的特征，但元素周期律的周期性不是简单地周而复始回到起点，而是螺旋式上升向前推进的，当然也有不合规律的特例。如果结合具体递变规律可以认为，元素周期律中的周期性本质就是元素性质由量变到质变的总规律。

笔者不禁追问道：那您认为这里“元素性质”指的是什么？

EB1：就是指元素原子半径、电离能、电负性、主要化合价、元素的金属性和非金属性等，中学不谈电离能和电负性。原子半径和主要化合价的周期性变化是元素性质周期性变化规律的微观的静态的描述，而元素的金属性和非金属性变化规律是对元素性质周期性变化规律的宏观的动态表现的描述，这里的金属性与非金属性强弱就是元素原子得失电子的难易或能力的大小，而这又取决于元素原子核外电子排布，因此元素周期律是元素原子电子排布周期性变化规律的必然结果，这正是元素周期律的实质。

由此可见，EB1 对掌握元素周期律的内在逻辑关系的把握和对周期性的个性化理解。

2. 相比 NA2，EB1 具有更多的产生式和更丰富的知识组块

丰富的学科观念和学科知识仅仅是问题解决的必要条件。也就是说，你头脑中的化学观念和知识越多，并不意味着你解决化学教学问题的能力越强。专家教师教学效率高还在于其教学知识图式中要具有更多的知识组块和稳定而灵活的产生式。

尽管在 NA2 的图式中有 4 个变量，但是若从知识组块来看只能算 2 个（由元素周期律的核心概念和内容构成），而且这两个组块还缺乏完备性，当然在 NA2 的图式中也发现存在如何比较微粒大小、如何进行最高价氧化物和最低价氢化物化学式互换的 2 个产生式（见附录 5 中的图 7）。

但是，在 EB1 的图式中可以发现，除存在 NA2 具有的产生式之外，还有如何比较元素的金属性和非金属强弱、如何判别同位素、如何进行“构—位—性”三者相互推理的产生式等，这些产生式能有效地帮助其运用元素周期律解决实际问题。对照附录 5 中的图 7 和图 8，相比 NA2，EB1 在知识组块的量和质上优势显著。

EB1 沿着 6 个变量脉络形成了近 10 个既有学科逻辑内在联系又可迁移应用的知识组块，如影响微粒半径的因素、元素周期表结构、同主族元素金属性和非金属性递变规律、同周期元素金属性非金属性递变规律（见图 4-8）、有关元素周期律发展历程……这些组块能发挥促进理解、巩固记忆、建

构新知识、优化教学、提高解决问题能力的作用。

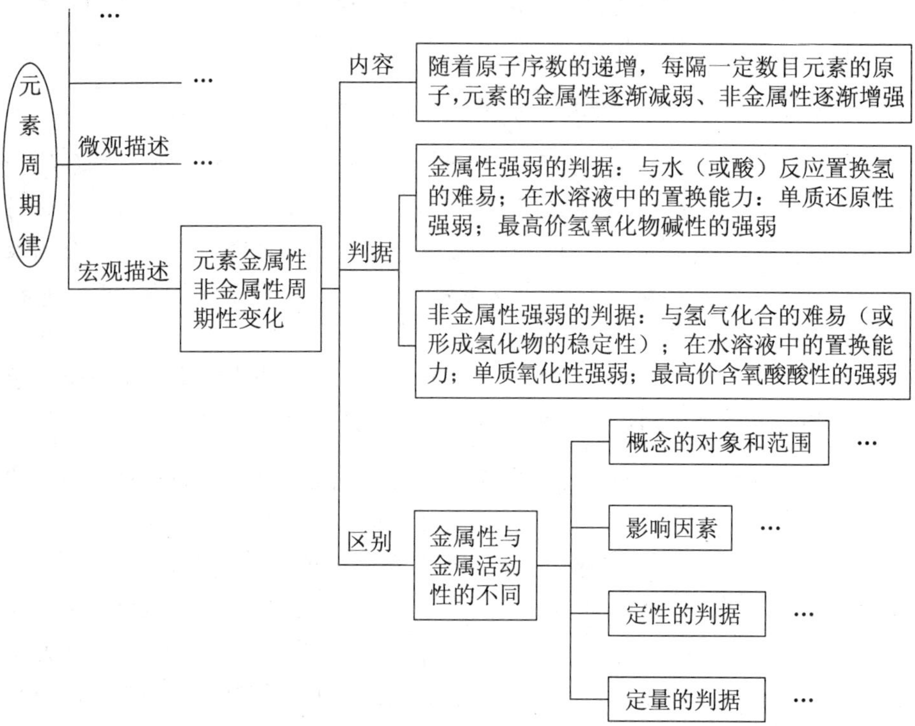

图 4－8　EB1 有关元素金属性非金属性周期性变化的结构化知识组块

3. 相比 NA2，EB1 注重对元素周期律进行内在逻辑的、历史与现实及方法意义的全面立体建构

NA2 的元素周期律图式局限于对教材中元素周期律局部内容知识的排列和表层性化的总结，缺乏从历史发展、理论知识与实际运用、学科思想方法等视角对元素周期律知识进行建构的能力，不擅长对元素周期律发展历程进行追溯，也不擅长对元素周期律理论从内容、本质、具体应用及微观结构解释等层面建立有逻辑关联的知识网络。

而 EB1 不仅注重对元素周期律的定义、内容、本质、宏观表现及微观解释进行剖析梳理，还注重对元素周期律进行历史和现实以及方法和方法论意义方面进行知识拓展和建构（见图 4－9）。具体地说，对元素周期律（表）的现实意义是从自然科学研究、化学学习、科学方法以及哲学方法论等 4 个层面去具体地展现它的指导意义；EB1 对元素周期律的历史发展归结为 5 个阶段：人为分类阶段

（依据元素的相同外部特征）→自然分类阶段（依据元素原子量）→本质分类阶段（依据原子序数）→元素周期系理论最新发展（锕系理论及证实）→元素周期系理论的远景（第8、9超长周期的预测）。另外，EB1还强调元素周期律是伴随着人们对元素化合物事实性知识丰富和积累以及对原子结构认识的逐步深入而发展的，要归功于像门捷列夫这样的研究者坚持不懈地对资料分析加工、大胆假设、小心求证；当然，任何规律都是相对的、有条件的和不断发展的，元素周期律也不例外，也有与不符合元素周期律的情况出现。

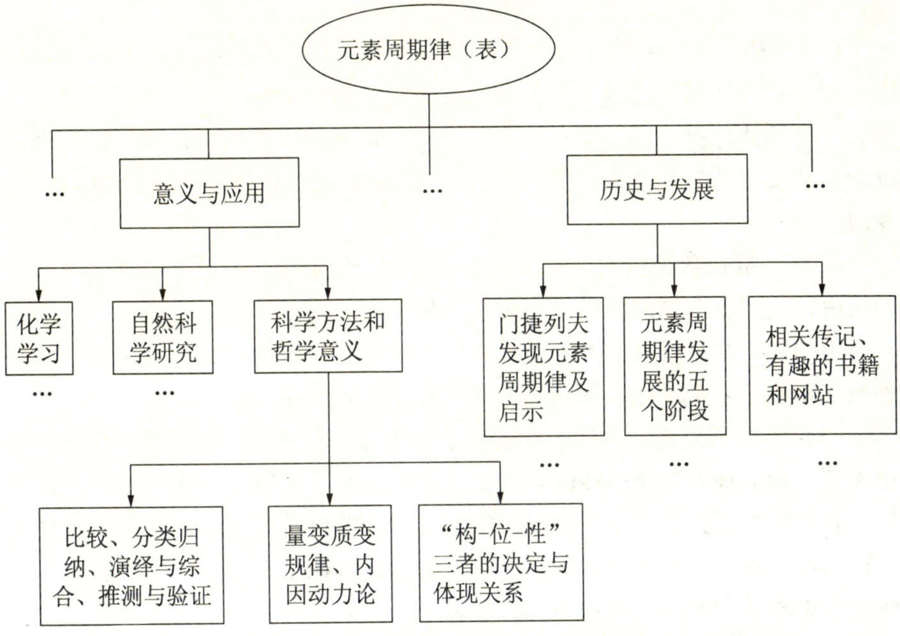

图4－9　EB1有关元素周期律现实意义与历史发展的结构化知识组块

EB1的这番认识得益于他喜欢阅读化学史、化学思想史专著以及有关于元素周期律的科普读物（如《周期王国》），他还乐于在网上搜寻浏览相关资料。

总之，EB1的知识图式包含了体现其个性化的相关知识、技能、过程与方法、情感态度价值观等丰富素材，为课堂教学实现三维课程目标奠定了坚实的基础。

（二）理论性知识的教学知识图式的特征

通过对上述EB1和NA2有关元素周期律教学知识图式的分析，结合其他课堂观察素材及文献资料，我们将专家型化学教师与新手教师理论性知识图式的特征归纳如下。

1. 新手型化学教师的理论性知识的教学图式的特征

总体上看新手型化学教师的理论性知识图式注意对理论知识自身的解析，但缺乏对相关理论的内容进行逻辑化综合；不注重对相关理论发展脉络的梳理，缺少对相关理论所依存的事实现象→理论→具体情境中应用→现实意义相互之间进行勾连，以及对应具体问题解决的产生式和知识组块。具体地讲：

（1）“核心概念→定义→内容构成→本质→应用”是主干。是新手型化学教师理论性知识图式的主干，他们主要依据教材对主干中的知识点进行具体化，但具体化操作的逻辑性不强，缺少与重要知识点相对应的、密切联系社会生活实际的知识组块和产生式，这使得学生对相关知识的迁移与应用受限。

（2）不擅长从纵横维度对图式进行拓展。新手型化学教师不善于从理论的历史发展的纵向维度和理论知识在学生学习、科学研究、社会生产生活实际应用的横向联系维度来丰富和拓展图式结构，正因为如此，新手型化学教师教学难以达成生动而又深刻、丰富而有趣味的境界。

（3）不擅长剖析其中所蕴涵的哲学思想和学科方法。新手型化学教师不擅长剖析相关理论中所蕴涵的哲学指导思想和科学研究的一般过程方法及其科学研究的微型方法，他们对于教学中运用自然科学思想方法的重要意义认识还不够明确，并未提升到理性认识的高度，这也是新手型化学教师在进行化学理论教学中难以发挥和体现科学思想方法教育的功能的原因所在。

总之，新手型化学教师理论性教学知识图式的特征与其教学知识经验的有限程度相关，更重要的是受制于其缺乏自觉利用哲学思想、自然科学方法和多样化教学资源对理论性知识进行内外和纵横建构的意识和能力。他们将更多精力投放在如何熟悉教学内容、如何顺利实施教学设计、如何训练学生解题能力和提高学生成绩方面，他们处于生存适应期。

2. 专家型化学教师理论性知识的教学知识图式的特征

概括地讲专家型化学教师理论性教学知识图式是围绕理论的内容、本质、应用实例、蕴涵的方法、历史形成和发展现状、对化学学习和化学研究的指导作用进行建构的，除了具有丰富的知识组块、具体知识点的问题实例及其判断解决的产生式外，还包含哲学思想、科学研究的一般过程方法以及自然科学微型方法的应用，因而，专家教师的理论性知识图式是理论与方法的统一。

（1）图式的主干要素丰富并予以逻辑化操作。“核心概念→定义→内容构成→本质→具体表现→方法与方法论意义→应用→历史与发展”是专家型化学教师理论性知识图式的主干要素，他们还依据教材、化学史料、网络资源对主干中知识点进行富有逻辑性地具体化操作，形成了大量与知识点相对应的知识组块和产生式，能有效地促进学生对化学理论性知识的迁移和应用。

（2）擅长从纵横维度对图式进行拓展。专家型化学教师还善于对理论性知识追本溯源并思考理论的现实意义，这种思考和操作表明，专家型化学教师是从理论的历史发展纵向维度和理论知识在学生学习、科学研究、社会生产生活实际应用的横向联系维度来丰富和拓展图式结构，正因为如此，专家型化学教师教学能进入生动而又深刻、丰富而有趣味的境界。

（3）注重剖析其中所蕴涵的哲学思想和科学方法。专家型化学教师擅长剖析相关理论中所蕴涵的哲学思想和科学研究的一般过程方法及其科学研究的微型方法，他们在教学中注重引导学生运用自然科学研究的一般过程方法来获取理论知识，训练学生结合具体情境选择微型方法并进行有效整合来获得结论。大多数专家教师认为，结合理论知识进行科学思想方法教育既是化学教学的重要目的，也是化学教学的重要内容，可见专家教师对实施科学思想方法教育的认识已上升到理性认识的高度，已成为其教学实践的追求之一。（在笔者与专家教师的访谈中发现，专家型化学教师不仅自身善于从辩证角度去分析认识教学内容知识，而且重视有计划有步骤地对学生进行学习方法与策略、学习行为习惯的培养和训练，特别是刚接手新班以及在初、高中化学学习的起步阶段，他们均会抓住时机进行有步骤的针对性训练）。正因为有这样的理性认识和方法及习惯的训练，所以专家型化学教师的化学理论教学能较好地发挥和体现科学思想和方法教育的功能。

笔者研究认为，专家型化学教师理论性教学知识图式既得益于他们重视教学知识经验的积累和日常化反思的职业生活习惯，又得益于他们具有自觉利用哲学思想、自然科学方法和多样化教学资源对理论性知识进行内外和纵横建构的理性认识和能力。

三、计算技能的教学知识图式的分析

化学计算是以化学原理为核心和基础、以数学计算为手段来解决化学反应及变化过程中物质之间的数量关系的活动过程。化学计算教学能使学生从量的角度来认识物质及其变化规律，化学计算是化学科学研究和工农业生产都必需的工具。

中学化学计算教学的目的和任务在于培养和形成学生解决计算类化学问题的初步能力，构建一个以事实性知识和概念原理为基础，以活动任务的问题驱动类型与有关操作相契合的知识结构；以基本计算技能、化学用语技能、解析活动技能为核心的解题技能结构；进而类化和系统化为一个对解决某类化学计算问题有心理调节作用的经验系统。可见，化学计算教学使得学生在解题过程中以陈述性知识为基点和起点，逐步获得化学计算这一特殊领域的程序性知识结构和策略性知识结构的过程。因而，化学计算技能教学知识图式应突显这些目的和任务，而拥有相关化学计算的知识、解题技能和策略构成的知识图式是教师进行有效合理进行计算技能教学的前提条件。

在比较 NB1 和 EB2 两位教师关于物质的量应用于化学方程式计算的教学知识图式（见附录6 中的图9 和图10）基础上，结合其他素材归纳出专家型化学教师与新手型化学教师计算技能图式的特征。

（一）物质的量应用于化学方程式计算的教学知识图式比较

由于物质的量是化学计算中各物理量转换的中介和桥梁，而且化学方程式中化学计量数之比与参与反应物质的物质的量之比、同温同压下参与反应的气态物质的体积之比呈现一致的简单整数比，所以，物质的量应用于化学方程式计算成为继初中以质量为核心的化学反应方程式之后的又一个重要计算技能，这部分内容是化学计算的基础和核心。现实教学中，一方面，教师强调物质的量就像是把万能钥匙，用它来解决有关化学反应中计算问题非常简便，大家要学会用它，另一方面，学生在解题中依然故我地用质量进行计算，想不到用它，或是想到用但不会用，也有想到用但不习惯用它。让新手教师困惑的是，那么简单而重要的计算技能，让学生掌握起来怎么就这么困难呢？殊不知，技能的教学需要教师具有丰富的有关促进学生技能的心理机制及指导解题方法与获得解题策略的知识贮备。比较 NB1 和 EB2 这两位教师关于物质的量应用于化学方程式计算的教学知识图式（见附录6）会发现以下不同。

1. NB1 和 EB2 在相关知识点及核心概念的数量上差异显著

从知识图式变量上讲，NB1 在图式中仅仅呈现了计算解题的前提（以物质的量为中心的概念及关系图；化学方程式中物质量的关系）、依据、方法和步骤4个变量（见图4－10），特别是解题依据和解题步骤两个变量的内容仅停留在非常有限的浅层的教材知识水平。可见NB1缺乏充分的相关物质的量解题的技能知识和策略知识及其结构，这样的话就有可能造成教学内容密度小、不能有效地指导与推动学生学习活动的结果。

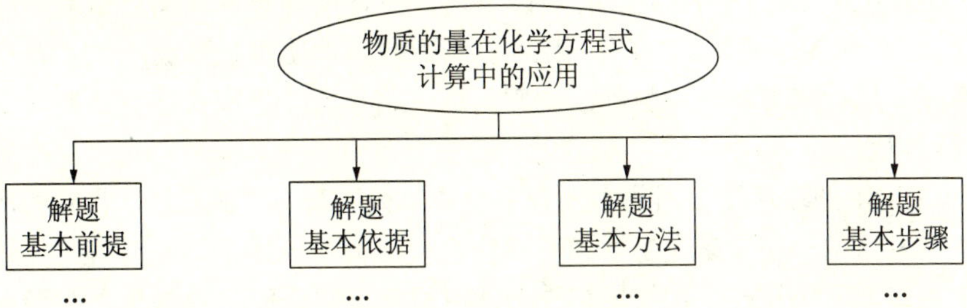

图4－10　NB1关于“物质的量在化学方程式计算中的应用”知识图式的基本变量

EB2的教学知识图式中的变量多达9个，是将这9个变量从量的换算和反应计算两个角度进行立体架构的，而且每个变量的内容较为丰富，体现了EB2既注重计算的意义和计算的方法及其逻辑关联，又注重内容和细节的知识结构特点，这为其进行创造性选择设计例题、有效地促进学生获得相关解题技能提供了前提和支持性保障。（见图4－11）

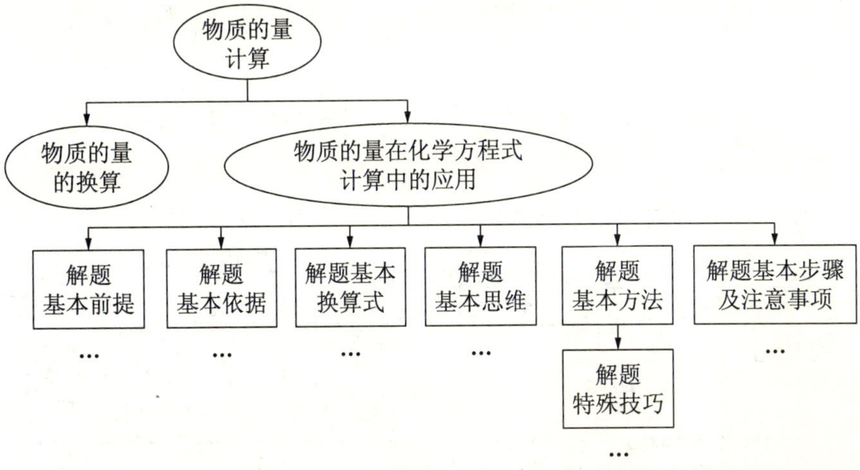

图4－11　NB1关于“物质的量在化学方程式计算中的应用”知识图式的基本变量

2. 相比 NB1，EB2 具有更丰富的知识组块和更多的产生式

物质的量应用于化学方程式计算属程序性知识。根据安德森的研究，程序性知识最初是以命题网络表征的，经过多种情境下的练习，再转化为产生式表征，一系列小的产生式合并而形成产生式系统，从而实现知识到技能的转化。由此，我们推测专家型教师化学计算教学效率高可归因于其命题网络（即知识结构）中不仅有丰富的知识组块，而且还有与具体问题情境相联系的“条件-活动”规则；“条件-活动”规则的合理使用就形成产生式及产生式系统。以此来考察两位教师的物质的量应用于化学方程式计算的教学知识图式可以发现：

在 NB1 的教学知识图式中仅有一个知识组块和一个解题基本步骤的产生式，而且这两个还缺乏完备性和可操作性（见附录 6 中的图 9）。相比 NB1，EB2 在知识组块和产生式的量和质上就有显著优势。EB1 沿着 9 个变量形成了 4 个既有学科逻辑内在联系又可迁移应用的知识组块，如以物质的量为中心的关系图、涉及溶液的量的换算计算类型、化学方程式的含义、解题注意事项等（见附录 6 中的图 10）；还有在解题训练过程中总结和出示“由已知物的物质的量求待求物的质量”、“由已知物的质量求待求物的体积”等解题思路（见图 4－12 和图 4－13）。这些产生式和知识组块能发挥促进解题技能的形成和提高解题效率的作用。

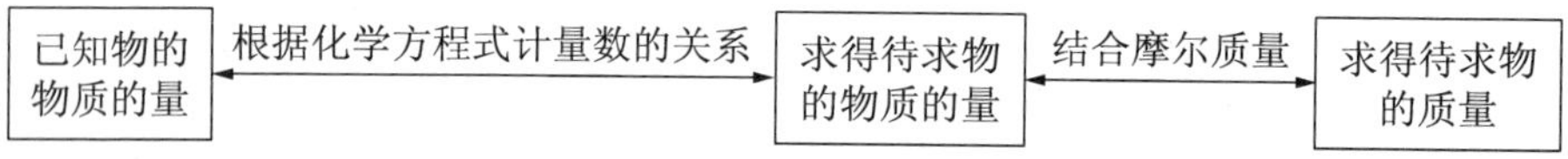

图 4－12　EB2 关于由已知物的物质的量求待求物的质量的解题思路

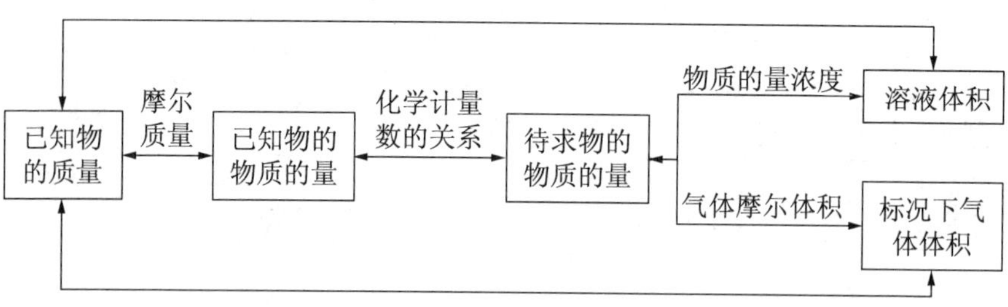

图 4－13　EB2 关于由已知物的质量求待求物的体积的解题思路

（二）计算技能的教学知识图式的特征

通过对上述 NB1 和 EB2 有关物质的量应用于化学方程式计算的教学知识图式比较分析，结合其他课堂观察素材及文献资料，我们将专家型化学教师与新手型化学教师化学计算技能图式的特征归纳如下。

1. 新手型化学教师的计算技能教学知识图式的特征

总体上看新手型化学教师的计算技能图式重视计算技能相关的概念、原理的知识组块建构，还注意依据教材对相关计算的依据、方法、步骤进行概括和总结。但也存在以下三点不足。

（1）其相关概念和原理知识组块数量少且缺乏深度和广度。由于大多新手型化学教师受自身概念、原理缺乏较为深刻的富有逻辑推理性所限，其展示的概念原理知识组块缺乏深度和广度，无法展示出其应有的结构层级和逻辑化的综合水平。

（2）缺少对应具体计算题型的解决的产生式。大多新手型化学教师缺少对应具体计算题型的解题的产生式（及解题操作思路）的总结概况，这使其不仅不能有效地提高学生的解题效率，而且使得学生解题技能的应用和迁移受到限制。

（3）其解题步骤过于笼统，缺乏具体可操作化。新手型化学教师对解题基本步骤概括得太笼统，缺乏具体可操作化，这样使得新手型化学教师难以让学生在解题训练中受到启发、学会思维、形成解题思路、帮助其获得解题策略。

总之，新手型化学教师计算技能的教学知识图式表现出笼统、单调、可操作化水平低的特点，这与其教学知识经验的积累程度有关，更主要的是受制于其缺乏对解题教学的本质及解题心智活动的认识和理解。所以，新手型化学教师常常低估、轻视对学生解题思维活动的指导在计算技能获得过程中的重要性。

2. 专家型化学教师的计算技能教学知识图式的特征

概括地讲，专家型化学教师计算技能教学知识图式是围绕某个计算核心（比如 EB2 是以物质的量计算为核心）的各个层面进行逻辑化系统化建构的。它不仅包括此类计算相关的概念、原理、计算依据、基本关系式和基本方法等，还包括与重要技能点相关的知识组块和对应产生式，能有效地促进计算技能的迁移和应用（见附录 7 中的图 10）。

此外，专家型教师明确计算技能教学的本质和意义，善于分析和研究学生获得计算技能的心智活动过程，在师生和生生之间交流解题思维的过程中抽象和归纳某类题的一般解决方法和思路，促进学生解题能力的提高和思维的发展。这一点从 EB2 有关计算技能中的解题思维活动的构成（见图 4 - 14）就可见一斑。

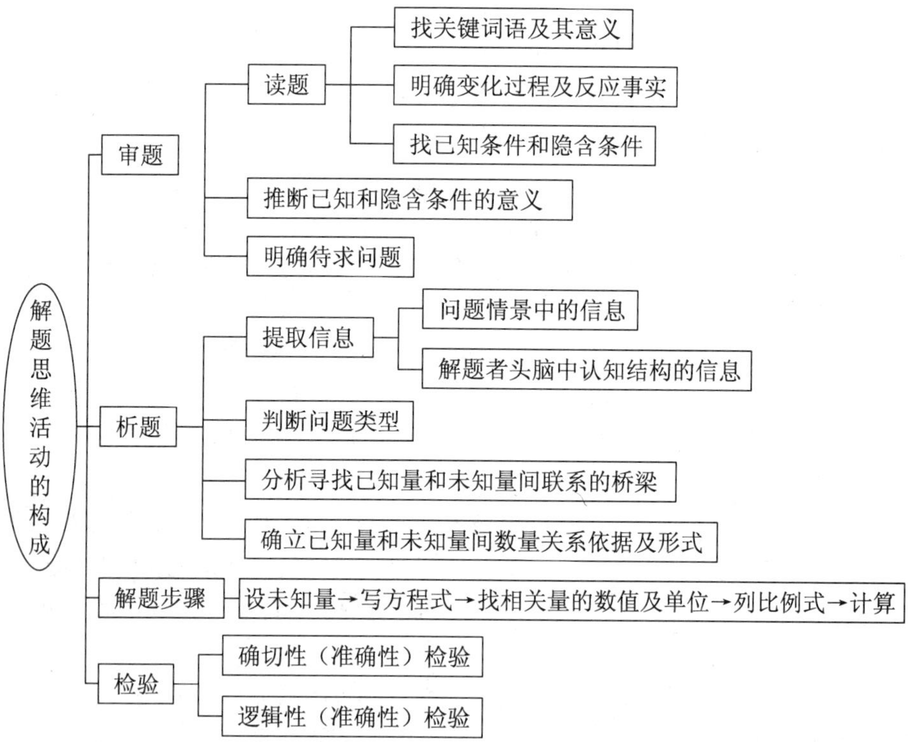

图 4 - 14　EB2 关于解题思维活动的构成

相形之下，新手型化学教师就缺乏对学生进行解题思维活动的指导训练。讲解例题不擅长引导学生如何审题（如何明白题目内容，如何注意关键的字眼或语句）；如何思考分析题（如何找已知条件包括隐含条件，如何联系已有知识与未知条件搭桥，如何将大题分解化小）等，对于学生的解题活动只强调形式化的解题基本步骤：①写出方程式；②列出物理量；③建立比例式；④求解并作答。殊不知，如果没有解题思维活动的展开，是无法达到或无法有效基本掌握教师所强调的解题步骤的。正因为新手型化学教师计算技能的知识图式中缺少有关解题思维的基本变量及其相关的知识组块，所以他们对学生解题思维的培养不能做到实处，不能有效地促进学生获得计算技能。

总之，专家型化学教师的计算技能的教学知识图式具有概念、原理、技能、思维与策略知识兼容，逻辑性、系统性与操作细节并重的特征。这正是专家型化学教师能通过开展化学解题训练活动培养学生思维能力以帮助学生获得计算技能的基础和前提条件。

第二节　关于专家型化学教师教学知识图式的讨论

通过对专家型化学教师与新手型化学教师在事实性、理论性、计算技能性知识图式的个案及其他文献的分析比较，我们发现专家型化学教师的教学知识图式与新手型化学教师的教学知识图式有着显著差异。专家型化学教师的教学知识图式是有序、开放、相对稳定的结构化的知识体系，是知识和经验相结合的有机整体。专家型化学教师的教学知识图式对课堂教学有自适应性和应激反应功能，具有这种功能的知识图式使专家型化学教师能恰当有效地应对课堂教学中出现的各种问题以便优质高效地完成教学目标，它是专家型化学教师实现以促进学生思考与探索为根本目标的课堂教学的基础和前提条件。

一、教学知识图式的构成

专家型化学教师的教学知识图式是指专家型化学教师围绕某个主题或核心概念的多层次的、整体性的知识组织系统，它由相关知识的基本要素及逻辑结构、知识产生发展的脉络及现实意义、科学研究方法和学科观念及价值观、学生相关知识经验及心理知识这四个板块构成。

1. 相关知识的基本要素及逻辑结构

比较专家型化学教师的三类知识图式发现，其教学知识图式是以此类知识所属基本类型的本质、表现和应用等基本构成要素为主链（或主干）进行上下位纵横立体建构的，这种建构方式既体现了专家教师逻辑思维和直觉思维方式并重的特点，又体现了专家教师个人化的学科知识组块特点。（见附录中图 6、图 8 和图 10 这三个教学课例的教学知识图式）

2. 知识产生发展的脉络及现实意义

在多位专家教师的日常课堂教学中，笔者发现他们常常利用核心知识的产生发展背景资料以及对科学技术生产生活的实际意义来创设情境导入新课的。例如，EB1 在进行元素周期律教学时，是以门捷列夫的一封来信导入新课的，不仅如此，后来还讲到了元素周期律（表）对化学学科发展、科学技术发展以及化学学习的意义等。因此，我们证实了专家型化学教师的教学知识图式中含有丰富的知识产生的历史背景和意义类知识。历史背景类知识的适当选用，使得专家型教师的课堂教学内容展现了知识发展脉络；意义类知识则向学生展现了所学知识与现实中的美好事物的联系，能帮助学生体验到自己所学知识是这么有趣，它的用途竟然这样的广泛，学好相关知识可以使人类拥有美好的未来……这样帮助学生架起科学世界与生活世界的桥梁。这两者均能有效地激发学生思考和探索的热情，是培养学生主动学习、情感态度价值观的重要素材。

3. 科学研究方法和学科观念及价值观

我们在对 8 位专家型化学教师的访谈中发现，他们均提到科学方法教育对促进学生积极主动学习的重要性，并且有 3 位教师主张在组织学生具体的实践活动中让学生体验科学发现的一般过程方法。因此，结合访谈素材和实证分析，我们认为，专家型化学教师的教学知识图式中含有科学方法知识。以学科知识为载体，进行学科方法和科学方法的体验与渗透的教学，不仅使课堂教学丰富生动，而且有助于提高学生的思维水平和解决问题的能力，是培养学生积极主动学习能力的重要途径。

4. 学生相关知识经验及心理知识

在与 8 位专家教师的访谈中发现，专家教师不仅对学生的学习习惯、思维障碍、薄弱的知识环节及知识点了然于胸，而且对学生的兴趣、流行时尚等也有比较清楚的了解。（访谈中有位专家教师谈到他上课总是习惯提前进教室，一方面可以为学生答疑，另一方面他利用此时机观察学生言谈举止，了解他们对什么感兴趣；另一位年逾 50 的专家教师曾对笔者坦言道：她看“超女”节目、网上聊天就是为了解学生心理，缩短代沟造成的差异，让学生觉得她很时尚，愿意和她接近。）还有在笔者的课堂观察中发现，专家型化学教师均能有效地调动学生的热情，对学生的参与行为进行恰当的评价和鼓励，课堂气氛始终处于活跃状态。由此，我们推断，专家型化学教师的教学知识图式中也含有学生心理的大量信息，从而使其能够做到因材施教，恰当地激励学生。

二、教学知识图式的特征

专家型化学教师教学知识图式的四大板块知识是按知识的内在联系紧密地链接起来的结构化的知识体系，具有有序、稳定、结构化的特征。

1. 结构化与体系化

附录中图6、图8、图10这三个教学知识图式表明，专家型化学教师以该类知识基本构成要素的链接作为其教学知识图式的主干，以该类知识的历史背景知识对主干进行纵向建构，以该类知识在科学研究、社会生产生活实际中的应用以及对学生学习的启示进行横向建构；图式中既有位于主干上位的哲学思想、化学核心观念原理及方法，又有位于主干下位的相关具体知识点的产生式、知识组块、思维活动以及策略化知识（发挥促进迁移和高效地解决问题作用）。这样以主干为核心进行纵横、上下位的建构形成了教学知识图式的结构化和体系化的特征。

2. 开放与相对稳定

专家型化学教师能跨越学科之间、学科内教材中章节、单元知识之间的界限，依据学生的知识经验水平和认知特点对图式主干中的知识点进行精加工，形成了大量的与重要知识点相对应的、相对稳定的知识组块和产生式。这些丰富的知识组块和产生式，既能帮助教师将具体知识方法与上位知识进行高效地有序地链接，又促进教师对具体问题迅速地顿悟、判断、归类和解决。

三、教学知识图式的自适应性功能

专家型化学教师的教学知识图式对课堂教学具有自适应性，能迅速调整教学方案，采取新的措施，圆满完成教学任务，达到预期的教学目的。因为，从某种意义上来说，教师的教学过程是教师对其教学知识图式的运用过程，研究中发现专家型化学教师面对不同层次水平的学生（如学优生、学困生或者普通学生）、在不同的教学场景中（如重点中学或普通中学甚至薄弱学校），始终能营造良好的课堂气氛，并且能合理恰当地处理课堂教学中的“非预期性”问题，由此我们推断专家型化学教师的教学知识图式对课堂教学已经形成自适应性，能根据教学对象、教学场景以及教学现场情形的特点随机应变地施展教学。

四、教学知识图式是教学知识与教学经验的有机结合

尽管笔者去努力地描绘专家教师的相关学科教学图式，但仍感到难以完整地将其深刻性及丰富性完整地展现出来。笔者接触到的专家型化学教师教龄均在 10 年以上，而新手型化学教师一般教龄短（现实中也有教龄较长但专业水平处于新手阶段的化学教师）且不具备专家型教师的教学知识图式，由此，我们认为专家型化学教师的教学知识图式不仅是四大板块知识的积累，而且还内含丰富的经验，是其知识和经验的有机结合。

总之，专家型化学教师教学知识图式是围绕某个主题或核心概念的多层次的、整体性的组织系统，它以所属知识类型的本质、表现和应用等基本构成要素为主链（或主干）进行上下位纵横立体建构的。图式中既有上位核心观念原理方法，又有相关知识点的产生式、知识组块、思维方式以及策略化知识（发挥促进迁移和高效地解决问题作用）。专家型化学教师的教学知识图式的形成与其教学知识经验的积累有关，更重要的是其具有自觉地通过逻辑思维和联想等直觉思维方式、利用哲学思想、自然科学方法和多样化教学资源对知识进行内外和纵横建构的意识和能力。概括地讲，专家型化学教师的教学知识图式是其个人化的相关学科知识及结构的反映，是其在教学实践中通过知识内在逻辑的、历史与现实的以及方法意义层面上的立体建构，并且在教学实践中不断发展完善着。

第五章　教学思路的解析

教学思路是教师在充分研究学生和教学内容的基础上，为达到教学目标而设计的学科知识内容展开程序、教师教的程序与学生学的程序的综合。教学思路是教师教学的思维程序、思维习惯及思维方法的实践操作，是教师教学思维方式的集中体现。思维是人类智慧的集中体现，思维是行为的源头，教师的教学行为是否高效与其教学思路密切相关，因此，教学思路在教师课堂教学特质各构成要素中处于核心地位，合理恰当的教学思路正是优秀教师课堂教学特质的核心。提高教师的专业素质应从改善体现教师教学思维方式的教学思路入手来改变教师教学中的负效、无效、低效教学行为。

本章是对专家型化学教师与新手型化学教师教学知识图式比较研究的继续，选择教学思路作为探讨教师教学思维的视角依据，结合三组专家型与新手型化学教师的课堂教学实践，着重比较他们在进行不同类型学科知识教学中教学思路的差异，归纳出专家型化学教师的课堂教学思路的特征，以获得对专家型化学教师高效优质教学行为背后的教学思维较为系统的认识，期望此认识对化学学科教师的专业发展发挥现实的指导意义。

第一节　专家型与新手型化学教师的教学思路的比较

教学思路是教师在充分研究学生和教学内容的基础上，为达到教学目标而设计的学科知识内容展开程序、教师教的程序与学生学的程序的综合。教学思路由教材知识的发生发展思路（简称教材思路）、教师的教学思路（简称教的思路）和学生的学习思路（简称学的思路）构成，其中教材思路是依据，学的思路是中心，教的思路是桥梁。合理、恰当的教学思路是优秀教师课堂教学特质的核心，追求三条思路的顺畅和协调一致的过程，就是优化教学的过程。

本研究所依据的三组专家型与新手型化学教师（EA1—NA1、EB1—NB2、EB2—NB2）的相关学科内容的教学思路是通过课堂观察、查阅教师教案结合及课后追踪访谈整理而得，并征得教师本人的认同。

本研究比较目的是概括出专家型与新手型化学教师在相关内容教学思路的特征，在此基础上结合访谈和其他素材，归纳出专家型化学教师教学思路的特征。

本研究对专家与新手教师的教学思路分析比较视角分别为以下三点。

（1）教材思路重在分析比较：教师对教材中教学内容知识编排顺序及内在逻辑结构关系的把握情况。

（2）教的思路重在分析比较：教师对教学内容中的相关知识点是否既能高屋建瓴地做出综合分析，又能洞察它们对社会、人类发展的价值以及在现实生活实践中的表现样态；在对教学内容由点到线的处理中，教师利用了何种课程资源及教学方法，又是如何链接成线的。

（3）学的思路重在分析比较：教师利用何种方式方法引导学生学习新知识的；是否通过“激发—疏导—深化—迁移”等教学环节来帮助学生建构知识；如何培养学生思维的深刻性以及如何引导学生习得学习策略等。

本研究围绕以下三个主题展开：

主题一，化学事实性知识教学思路比较（以二氧化硫性质教学为例）；

主题二，化学理论性知识教学思路比较（以元素周期律教学为例）；

主题三，化学计算技能教学思路比较（以物质的量应用于化学方程式计算教学为例）。

一、事实性知识教学思路的分析

化学事实性知识是指反映物质的存在、性质、制法和用途等多方面内容的元素化合物知识以及化学与社会生产和生活实际联系的知识，是对自然界中的化学现象进行的客观描述，是人类进行化学经验活动的结果。它与化学概念、化学原理、化学定律和化学理论一起构成中学化学基础知识。以下对NA1和EA1两位教师关于二氧化硫教学思路（见图5－1和图5－2）先做具体分析，再结合访谈及其他素材，概括出专家型化学教师与新手型化学教师关于化学事实性知识教学思路的特征。

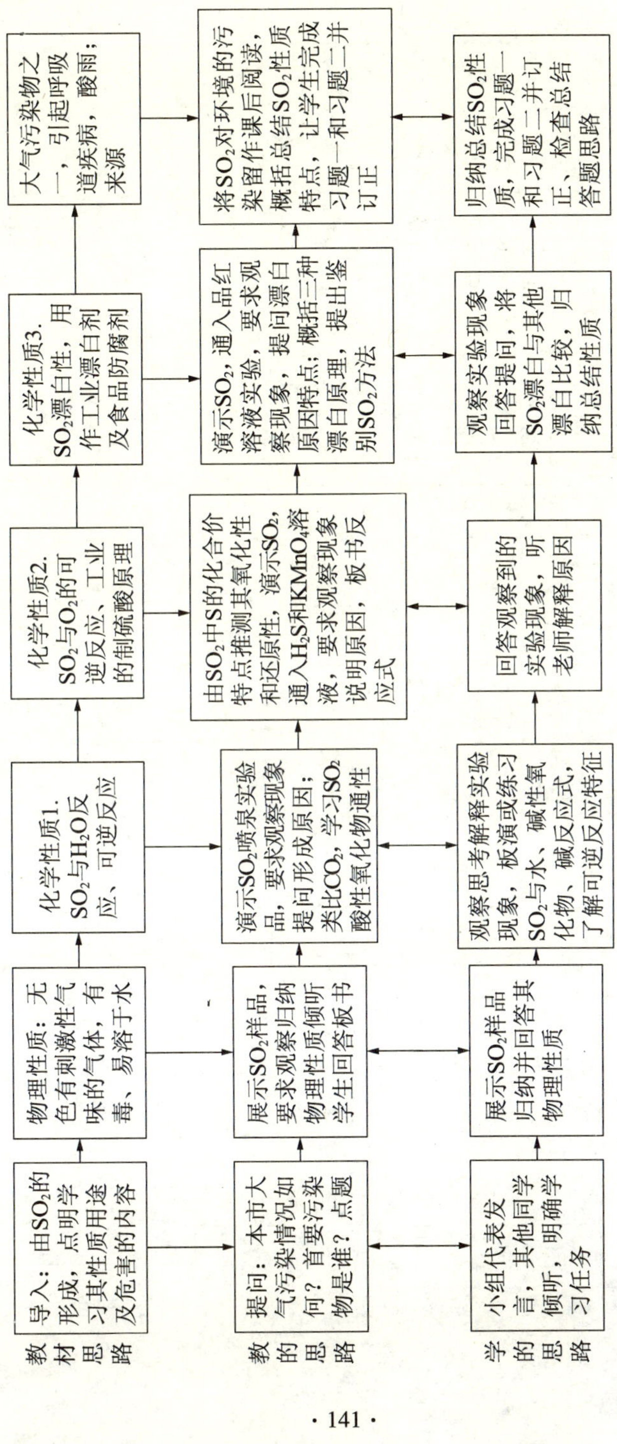

图 5-1　NA1有关二氧化硫的教学思路

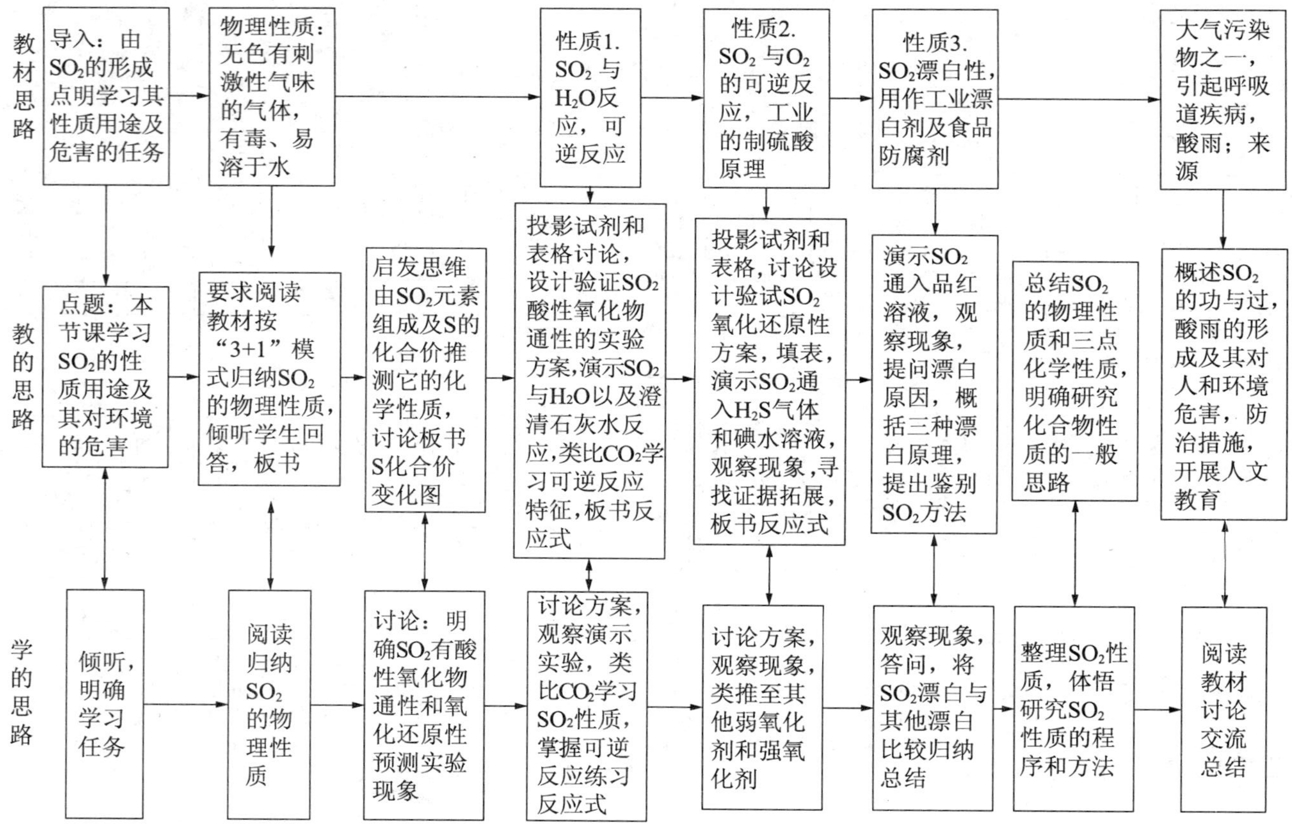

图5-2　EA1有关二氧化硫的教学思路

（一）二氧化硫的教学思路的比较

1. 教的思路的比较

结合教材内容，不难发现两位教师对本节课教材思路的把握是一致的，都是按照教材顺序：明确学习任务→物理性质→化学性质→对环境影响来组织教与学的；按照物质“结构→性质→用途→制取”之间的内在联系来帮助学生理解和掌握SO_2知识的。但是，他们在教的思路与学的思路方面还存在一定的差异，其中在教的思路方面存在的差异如下；

（1）在知识“点”和“线”安排方面。两位教师或明或暗地均以观察SO_2样品、化学式、物质类别和中心元素 S 的价态为教的出发点，通过利用物质的元素组成、分子极性、酸性氧化物和核心元素化合价等上位概念及相关理论来推测出SO_2的物理性质、酸性氧化物通性、氧化性和还原性等教学知识点。但在对知识点的链接方面他们存在以下的差异。

EA1 在对应教材思路诸环节的基础上增加了两个环节：启发思维环节和总结整合SO_2性质、研究的程序及方法环节，这两个环节能切实地起到优化教学的效果的作用。而 NA1 基本是按照与教材思路一一对应的方式安排教学思路的环节。

EA1 注重对其中的知识点进行深化、拓展和迁移，NA1 虽然也能注意拓展知识点，但是在拓展、深化与迁移的质与量上与 EA1 有明显的差异，缺乏富有逻辑推理性地深化和迁移。

例如，在SO_2具有还原性的知识点上，EA1 演示将碘水注入充有SO_2试管中充分振荡，碘水颜色褪去，再加入$BaCl_2$和 HCl 溶液，有白色沉淀生成（有$BaSO_4$生成），表明碘水能将SO_2氧化，体现SO_2的还原性。此刻，EA1 进一步追问，若将溴水、三氯化铁溶液、氯水、高锰酸钾、过氧化钠、次氯酸、浓硝酸分别代替碘水注入SO_2气体中会发生什么变化？能否用上述溶液及反应原理来检验SO_2的存在？

然而，NA1 仅将$KMnO_4$溶液与SO_2反应作为体现SO_2还原性的例证稍加说明的。

（2）在教学资源的选择和利用方面。尽管两位教师均善于利用教材中所呈现的知识和学生已有的相关知识来进行新知识教学，但是，EA1 还能从学生已有的日常生活经验出发，选择那些和物质性质有联系的生活中所熟悉的事物或事件以及在工农业生产和科学技术中的应用作为教学情境素材。

例如，提到点燃火柴或鞭炮时会产生那种刺激性气味就是因为有 SO_2 生成，所以，可以利用点燃火柴来制取少量的 SO_2；对比呈现新报纸与 1 年前的旧报纸的颜色差异或在一张 PPT 图片上展示两只新旧草帽颜色的差异来说明 SO_2 的暂时性漂白作用；叙述作为工业制硫酸的原料、食品制造业中的杀菌消毒剂和防腐剂来展示 SO_2 的“功”，揭示不法商贩生产超白馒头、超白粉丝、超白银耳、超白卫生筷的秘诀，借以说明 SO_2 的“过”；利用小针筒注射器先吸入碘水再注入充满 SO_2 气体的小青霉素瓶并振荡来完成体现 SO_2 还原性的演示实验，等等。

（3）在教学方法的优选与组合方面。与 NA1 相比，EA1 能做到以学生为中心，创设学生主动学习的条件与氛围并渗透学科思想方法；帮助学生将有效地学习知识与训练思维方法相结合，以发挥优化教学过程与促进学生思维发展的双重功效。在课堂教学中，需要根据教学内容恰当地选择多种方法要素并按一定的顺序链接起来，才能有效地达成教学目标，这就要考虑教学方法的优选和组合问题。

有学者从微观的视角考察化学教学过程认为，课堂教学思路正是以微型方法为主的方法组合序列的具体体现，这种组合与教学内容的逻辑体系和教学进程密切相关。确定组合的操作是：分析教学内容的构成，揭示各部分内容相应的方法要素，按一定顺序将方法组合。内容构成分析得越具体，形成的方法序列就愈清晰。据此，我们来分析 NA1 和 EA1 在 SO_2 的化学性质中是如何进行教学方法选择和组合的。

案例 5－1

NA1 和 EA1 有关“SO_2 的化学性质”教学方法选择与组合比较

NA1 主要通过演示 SO_2 的喷泉实验、SO_2 分别通入到 H_2S 溶液、$KMnO_4$ 溶液、品红溶液中，提问观察到什么现象以及为什么来启发学生思考，然后解释反应原理，用类比 CO_2 进行 SO_2 酸性氧化物性质练习，用比较的方法归纳三种漂白原理，最后概括总结 SO_2 的性质进行当堂巩固练习。

内容构成：1. 酸性氧化物通性和氧化还原性；

2. 暂时漂白性；

3. 性质的整合。

方法要素：内容 1 中：①演示实验；②观察与提问；③分析解释；④类

比练习。

内容 2 中：①演示实验；②观察与提问；③分析解释；⑤比较归纳；

内容 3 中：⑥概括总结；⑦巩固练习。

组合序列：①—②—③—④—⑤—⑥—⑦。

从 NA1 的方法要素的选择和组合序列来看，属于以教师为核心的讲授模式。

EA1 则主要通过设问"由 SO_2的元素组成、分子式及 S 的化合价推测它应具有哪些化学性质？请设计实验方案来验证你的推测。"来启发学生思考，利用投影展示各种化学试剂和填写的表格为学生设计实验方案提供"脚手架"；依照学生的设计方案演示 SO_2与水、H_2S 气体、碘水反应以验证性质推测，采用类比 CO_2进行 SO_2酸性氧化物性质理解和练习，质疑能使澄清石灰水变浑浊的一定就是 CO_2的判断，将氧化 SO_2的氧化剂由碘水推演至溴水、氯水、$FeCl_3$溶液、O_2、H_2O_2、Na_2O_2、O_3、$KMnO_4$溶液；演示 SO_2使品红溶液褪色实验，分析解释原因，与以往的漂白性物质及作用机理相比较进行归纳总结，演绎鉴别 SO_2的方法和选择方案；最后，总结 SO_2的化学性质，通过口诀"与水与氧或漂白，反应可逆都回头"强调可逆特征，提出探究化合物化学性质的"3 + 1"模式（即与水反应、氧化还原性、热稳定性和特殊性）以及推测化合物性质的出发点为分子极性及物质类别、中心元素价态、热稳定性以及特殊性。布置拓展性练习，如 SO_2通入滴有酚酞的 NaOH 溶液后褪色，为什么？提出假设并设计实验证明你的假设。

内容构成：1. 酸性氧化物通性和氧化还原性；

2. 暂时漂白性；

3. 性质的整合。

方法要素：内容 1 中：①设问启发；②投影辅助；③演示实验；④类比练习；⑤质疑推理。

内容 2 中：③演示实验；⑥分析解释；⑦比较归纳；⑧演绎。

内容 3 中：⑨总结规律；⑩拓展应用。

组合序列：①—②—③—④—⑤—⑥—⑦—⑧—⑨—⑩。

从 EA1 的方法要素的选择和组合序列来看，善于从学生的实际出发，采用推测、实验、类比、比较、归纳、演绎等微型方法及研究化合物性质的一般程序方法来引导和训练学生，使学生在有效地掌握学科知识的同时培养和发展学生的思维能力，体现了 EA1 重视学科思维和以学生发展为本的教学观。

2. 学的思路的比较

（1）引导学生学习新知识的方式（路径）不同。NA1 让学生通过："明确学习任务→观察演示实验→聆听教师解释原因→板书练习反应式→总结性质要点→运用知识强化练习"来学习新知识的，这种学习方式是以教师的讲授为中心，学生被动接受的学习方式，不能有效地发挥学生学习的积极主动性；而 EA1 引导学生主要通过："明确学习任务→讨论推测性质→设计验证方案→观察演示实验→寻找解释证据→拓展知识范围→精致整合知识→提炼学习思路方法"来开展学习活动的，该方式能启发学生思维，使学生积极主动地参与到学习中。

（2）培养学生深化、迁移相关知识能力的力度不同。学生在学习元素化合物知识时最大的困惑在于虽然对知识点熟悉，但遇到情境变换后的作业题或考试题以及现实生活中的应用实例就不行，不能迅速将其与所学的相关知识链接起来，更不知如何利用相关知识去解决问题。

事实上，学生的学习要经历"感知→理解→巩固→内化"这一心理过程，而这一心理过程的实现不仅要借助学生主动学习方式，更离不开教师对学生如何对知识点的深化和迁移的引导。NA1 和 EA1 虽都注意利用演示实验来激发学生兴趣启发学生思维，但在如何挖掘学生已有知识经验或熟悉的情境，帮助学生突破障碍进行知识的深化拓展迁移方面却有差异。

例如，NA1 和 EA1 在类比 CO_2 进行有关 SO_2 酸性氧化物性质学习时，均让学生在完成 CO_2 与 NaOH 溶液、石灰水反应式基础上写出 SO_2 与 NaOH 溶液、石灰水反应式，但是，EA1 并未到此为止，而是对此知识点提出了 4 个问题：

①能使澄清石灰水变浑浊的一定是 CO_2 吗？

②对多余的有毒 SO_2 气体该如何处理？假如你是火力发电厂的工程师，你如何除去废气中的 SO_2 呢？

③有两瓶 CO_2 和 SO_2 气体，你如何鉴别它们？

④实验室中如何制取 SO_2 呢？

可见，EA1 设置此问题组不仅能将新旧知识进行链接，而且还能深化知识将其拓展到具体的问题情景中进行自我建构达到内化目的。

(3) 在引导学生掌握学习策略和培养思维深刻性方面存在较大差异。尽管 NA1 和 EA1 在教学中都比较注意提供类比、对比、推理、归纳等方法引导学生学习，但是，NA1 引导学生学习是围绕教师的教进行的，教师按部就班地逐一进行知识点的讲解，学生主要是倾听或是执行教师指令，当学生依据教师所提供的实验做出教师预期的反应（有时甚至不是教师预期的反应）时，教师就争分夺秒地解释原因，再进入下一个知识点的学习。学生这种学方式及思考缺乏主动性、策略性和灵活性。

EA1 则在引导学生进行思考、讨论设计方案、寻找实验证据进行学习的同时，还注重提供一些个人化策略引领学生进行高效学习。例如，EA1 的“3 +1”模式及其应用：在学生阅读教材进行归纳 SO_2 物理性质和化学性质后，EA1 强调化学学习有许多规律可以遵循，像学习物质的物理性质就要抓住色态味、密度、水溶性再加一个特殊性（简称“3 +1”），SO_2 的特殊性是指其有毒、易液化的性质。对化合物化学性质的学习也要围绕是否与水反应、氧化还原性、热稳定性再加特殊性（简称“3 +1”）来进行；而这些性质的根本原因在于物质的化学式、元素组成、分子极性、中心元素的价态以及物质自身的独特性，等等。

此外，EA1 还注意对知识细节的思考，比如在课后访谈中，她谈到很多教师对酸性氧化物认识的误区导致教学中对学生的误导：

> 很多教师都类比 CO_2 并借用酸性氧化物及其通性来进行 SO_2 与水、与碱性氧化物、与碱反应的教学，但不注意引导学生区分酸性氧化物与酸性氧化物通性的关系，导致学生误以为酸性氧化物就是能溶于水与水反应生成酸的氧化物（其实酸性氧化物是跟碱反应生成盐和水的氧化物），就如同认为显酸性的物质就是酸。所以，我就让学生质疑“显酸性的物质就是酸”的说法对不对？什么是酸？什么是酸性氧化物？有没有不能溶于水但能形成酸的酸性氧化物呢？比如 SiO_2 不能与水化合成酸，它是酸性氧化物吗？……思维误区产生的原因在于将酸性氧化物的概念与所属概念的物质的性质混淆了。学生经常会用某类物质的某个性质来给这类物质的概念下定义，犯以偏赅全的错误，很多错误根源就在这儿。

（二）事实性知识的教学思路的特征

通过对上述 EA1 和 NA1 有关 SO_2 知识的教学思路的分析，结合其他专家型化学教师与新手型教师有关元素化合物的课堂教学观察的素材及文献资料，我们将专家型化学教师与新手型化学教师相关化学事实性知识教学思路的特征归纳如下。

1. 新手型化学教师事实性知识的教学思路的特征

总体来看，新手型化学教师事实性知识的教学思路体现了如下特征：在教学内容选择和组织上基本沿用教科书中的知识内容及编排逻辑顺序；在教学方法方式上是以教师为核心的讲授模式；学生的观察、思考、应答、练习基本属于配合教师讲授的受控学习活动。具体地讲：

（1）遵循教材中教学知识内容的编排逻辑顺序，按照“结构→性质→用途→存在→制法”来划分知识点是新手型化学教师关于事实性知识的教材思路的基本特征。

（2）选择利用教材中的相关教学内容知识素材和学生已有的学科知识，采用观察、类比、比较、练习，总结等方法，按照教材思路中的知识点逐一讲授落实是新手型化学教师关于事实性知识教的思路的基本特征。

（3）观察并回答演示实验现象、倾听教师的解释、练习反应式、总结性质要点、完成练习题强化新知识是新手型化学教师关于事实性知识学习的思路的基本特征。

尽管新手型化学教师也引导学生关注化学物质对环境的影响，注重对演示实验的改进、新旧知识的链接、对新知识的拓展，但是由于缺乏站在科学和人文视域下逻辑地和辩证地把握化学事实性知识的内外关系以及受限于相关教学知识与经验，致使新手型化学教师的教学思路存在以下两个缺陷：

①不擅长组织富有逻辑性、推理性的有关新知识的深化与迁移的学习活动；

②不擅长示范学习策略以引领和促进学生有效或高效的学习。

由于存在这两个缺陷就致使新手型化学教师在指导和训练学生对新知识的灵活应用与迁移方面乏力，其教学思路难以起到教学生“学会学习”、满足学生认知结构的发展和完善的作用。

2. 专家型化学教师事实性知识的教学思路的特征

概括地讲，专家型化学教师的事实性知识教学思路的优势在于：能有效地发挥教师的主导、监控和鼓励作用，为学生创设良好的学习氛围及学习活动情境，促进学生建构新知识、获取有效思维与学习策略，为最终实现教会学生学习和提高学生的科学素养奠定基础。具体地讲其教学思路的特征如下。

（1）在教学内容选择和组织方面注重对教材内容的“二次开发”。专家型教师注重对教材内容的“二次开发”，对新知识点既能进行理论原理指导下的学科逻辑的内在加工，又能拓展到现实生活中学生所熟悉相关事物及实例进行有意义学习。

（2）在教学方法方式方面注重优化教学以启发学生思维。专家型教师注重优化教学，重视启发学生思维、总结整合知识、擅长在适当的时机示范学习策略和问题解决过程中的思维策略，渗透学科中研究物质性质的一般思维程序与方法，精心设置问题情境和设计实验活动，引导和训练学生对知识点的深刻理解与灵活地迁移应用，以便发展学生的思维能力。

总之，专家型教师对教学内容的选择与利用，对教学环节、方式与方法、设计与组合都是基于为学生的推理式学习提供支架，以发展和完善学生的认知结构，培养学生的科学与人文精神相融合为根本目的的。

笔者曾就化学事实性知识（以 SO_2 性质为例）在中学化学教学中的重要性对 NA1 和 EN1 进行过课后交流。两位教师都基本认同，化学事实性知识（也称为元素化合物知识或陈述性知识）是化学概念和化学基础理论形成的基础，是中学化学知识的主干。所不同的是：

NA1 认为，这类知识“碎、散、繁、多”，教学套路已约定俗成，教起来有些单调乏味，只有从实验活动上创新，而实验活动受制于客观条件的限制，要有所创新就非常困难。所以，它不如化学概念与理论及化学计算等教得顺畅。

但是 EA1 认为，化学事实性知识不仅是化学概念和化学基础理论形成的基础，而且是学习化学的出发点和归宿，是整个化学教学的本源。面对学生的不同需要，可以从不同方向突破。

比如，面对实验班的学生，就注重培养他们在概念和理论指导下有逻辑有推理地解决有关元素化合物知识问题的能力。（对 EA1 强调的这点我心中豁然一亮，明白了在她的课堂教学中的为何要明晰酸性氧化物的概念，为何要利用 SO_2 的化学式、类别、结构、价态去推测其性质，为何要讲到 SO_2 与水的化合，要提及产物的电离和溶液成分、与碳酸相比较等）

但是，如果面对的是普通班学生，就不会对知识点进行纵深方向的拓展，而是横向拓展，向学生的生活世界拓展，教学生去认识生活中的 SO_2 及其与人类的关系。在课的开始，通过展示身边中 SO_2 的功与过的图片资料以激发学生的兴趣，在课的结尾，让学生通过角色扮演（假如我是农场主、食品厂长、硫酸厂工程师、化学实验室老师、工商管理人员、环保局局长等），演说如何趋利避害地让 SO_2 为人类造福活动。因为，对普通班学生来说，学习生活中的化学对于他们更有意义，通过对元素化合物的学习帮助他们学会合理使用化学制品并对相关信息能有正确的价值判断，增强他们的责任感和使命感。教师不能一相情愿地认为对知识点讲得越多、挖掘得越深就越好，要多一些花样，让他们去表现，效果肯定好，给差班上课更要这样。

可见，在事实性知识教学上，不像 NA1 对教学的理解主要停留在公众观念层面，对教学内容是严格按照教材知识来展开的，EA1 可说是拥有个人化的“因材施教”的教学观和丰富教学实践知识和策略的。

二、理论性知识的教学思路的分析

化学理论性知识是对物质及其变化本质属性的内在规律的反映。它着重说明某种化学现象是如何发生的，其原因、机制是什么，它是化学家对化学现象进行富有想象力的、具有创造性思维的结果。掌握好理论知识既能帮助学生从本质上认识物质的结构、性质和变化，也能把零散的事实性知识按照内在规律组成系统，建立良好的知识结构外，还能培养科学思想方法和辨证观点，能用理论知识去理解和领悟与化学有关的信息，提高学生分析解决问题能力以适应现代生活。

但是，化学理论性知识教学目标的达成需要教师通过教学设计和实践操作来引导学生把学科理论知识转化为学生的知识和能力，教师的教学思路不同，这种转化或目标的实现效度是不同的。以下以 EB1 和 NA2 两位教师关于元素周期律的教学思路（见图5－3 和图5－4）为例进行具体分析，再结合访谈和其他素材，概括出专家型化学教师与新手型化学教师关于理论性教学思路的特征。

（一）元素周期律的教学思路的比较

元素周期律与元素周期表是中学化学理论性知识的核心，是化学教学的重点与难点。虽然两位教师执教学校所使用教材的版本不同，教学内容的呈现方式及顺序有所不同，但是教学内容及教学要求是一致的。高中化学课程标准对元素周期律与元素周期表的内容及要求是：①理解元素的涵义，认识同位素的应用；②知道原子核外电子的能量是量子化的，了解原子核外电子

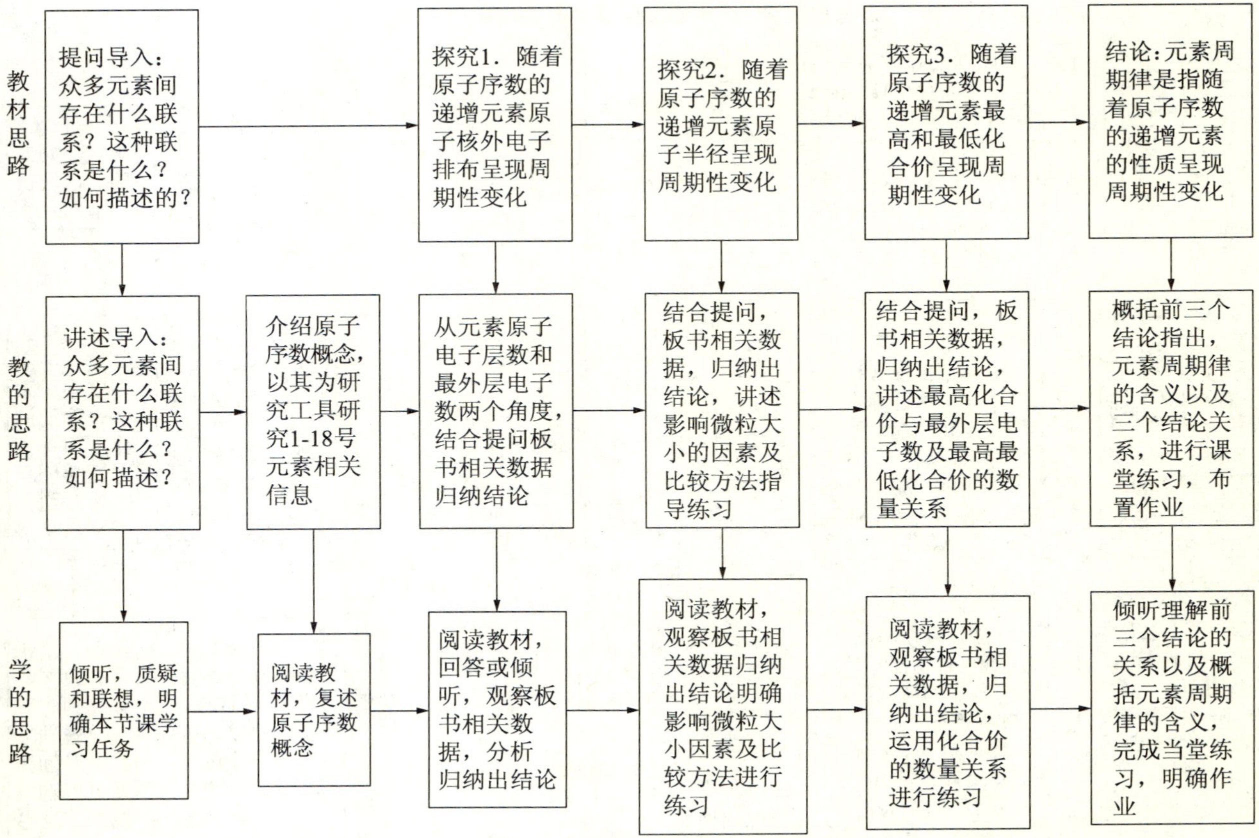

图5-3　NA2有关元素周期律的教学思路

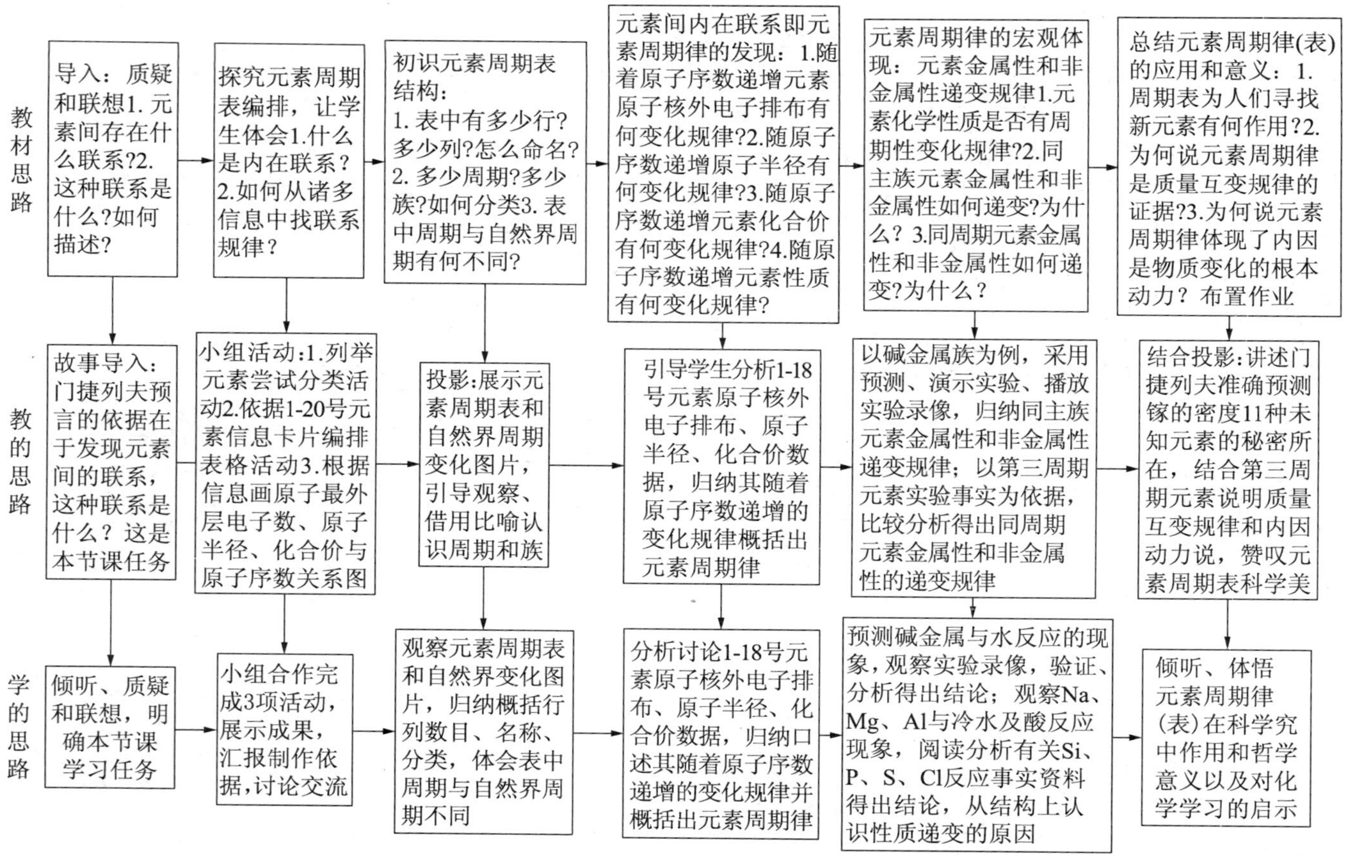

图5-4　EB1有关元素周期律（表）的教学思路

的排布规律；③能结合有关数据和实验事实认识元素周期律，了解原子结构与元素性质的关系；④能描述元素周期表的结构，知道金属、非金属在元素周期表中的位置及其性质的递变规律。

图5－3所示的教学思路主要依据对NA2有关高中化学必修②（人教版）第一章第二节元素周期律的课堂教学的观察、听课记录和课后访谈资料整理而成。图5－4所示的教学思路主要依据EB1关于高中化学必修②（苏教版）专题1第一单元原子核外电子排布与元素周期律的课堂教学观察、听课记录和课后访谈资料整理而成。NA2和EB1的授课对象分别为A、B两所中学的普通班学生。

1. 教材思路的比较

对比图5－3和图5－4，结合对应的教材内容，不难发现两位教师对本节课的教材思路的把握差异显著，NA2是对教材的照搬，而EB1则是对教材的重组和创新。

（1）NA2的教材思路基本是沿用教材的编排思路和编排内容来组织教学的，仅选择由探究元素原子核外电子排布、原子半径、主要化合价随原子序数递增呈现周期性变化规律作为元素周期律教学内容的主体构成，其导入语基本上是套用教材中的元素周期律的导言，课的结尾就强调由三个探究结论归纳出的元素周期律定义作为结束语。至于导入语中提到的“元素间的内在联系”、元素周期律中的“元素的性质”究竟指的是什么？它们与这三个探究结论有何关系？还有前人是怎么得到元素周期律的？学习和掌握元素周期律为何重要？如何结合学生实际揭示出元素周期律的宏观涵义和微观涵义？如何让学生真正体验到元素周期律的存在？……这些问题在其进行教学设计未曾涉及，自然在授课中也未曾指明、未曾落实。

可见，NA2对元素周期律内容的逻辑结构、本质以及产生发展过程缺乏足够的认识和理解，也未曾对教材有关元素周期律（表）编排内容的阶段性、系统性和逻辑性进行综合的思考。因此，NB2的教材思路就基本属于对教材知识内容及顺序的照搬，且选择的教学知识内容容量小。

（2）EB1的教材思路是在对教材元素周期律（表）知识内容的本质、逻辑结构以及产生发展过程深刻认识基础上的大胆重组和创新，而且教学知识内容容量大，其教材思路呈现层层递进、对教学内容的理论意义进行逻辑化地深入剖解以及对其实践意义拓展丰富的特点。

①在借鉴人教版教材编排顺序的基础上，EB1打破其教材（指苏教版）

相关内容的编排顺序，将对元素周期表结构和应用知识提至讲解元素周期律之前，这样既可以帮助学生对“导言”中所提及的元素之间存在的“内在联系”获得一种直观的感性认识，又克服了学生因缺乏有关族和周期的概念及元素周期表结构等预备知识所形成的思维障碍，因为这种障碍使学生难以理解元素周期律及其宏观表现（即元素金属性和非金属性递变规律）和元素周期律的指导意义等。

②EB1 教学内容按照“有关元素周期表的编排探究→初识元素周期表及结构→元素周期律的发现→元素周期律的宏观体现→元素周期律（表）的应用和意义”来展开，体现了 EB1 在把握理论性知识方面擅长以体验获得感性认识、以理性分析实验论证结论、将历史回溯与现实意义相结合的思维特点。

③EB1 对所选择改组的内容知识点还进行了富有逻辑性的思考，将其转换成层层深入的小坡度的问题组，并围绕以下预设问题进行备课：①怎样让学生明确原子序数、元素性质、周期性等核心概念？②如何让学生体验元素周期律和元素周期表的内容、实质及相互联系？③元素周期律的微观表述和宏观表现分别是什么？④元素金属性与非金属性周期性递变规律的内容、判断依据是什么？元素的金属性与金属活动性有何不同？⑤如何通过实验及数据等信息引导学生论证元素性质递变规律？⑥元素周期律的历史与发展及现实意义如何？该筛选哪些素材？……这些预设问题的设置体现了 EB1 对教材内容进行逻辑化深入剖析加工及意义进行恰当地丰富拓展的特点。

2. 教的思路的比较

（1）在教学知识内容的分解和整合方面。NA2 对应教材思路，基本是按照“导入明确任务→揭示核心概念→学生阅读填表→师生讨论获得结论→总结概况元素周期律→练习布置作业”步骤进行的。为了增强学生的解题能力和弥补本节课的知识容量小的不足，NA2 在师生讨论获得随着原子序数递增元素的原子半径和主要化合价呈现周期性变化规律结论之后，分别增加了影响微粒半径大小的因素以及怎样比较微粒大小、最高价氧化物和氢化物之间相互推导的讲解及随堂练习的内容。

EB1 则是依照教材思路中的问题将其转换为这样的顺序环节：“故事导入点题→小组列举分类和编表寻规律→认识元素周期表→讨论概括元素周期律→论证元素金属性和非金属性递变规律→总结元素周期律（表）应用及意义”。

此外，EB1 对其中的知识点或教学环节的学习活动设计具有低起点、小坡度、环环相扣的特点，这体现了 EB1 对知识点进行富有逻辑地逐层剖解深化、恰当拓展与迁移的教学思维特点。如在“小组分类排表找规律”的教学环节中，就安排了 3 项递进性的小组活动（见表 5－1）。

表 5－1　小组分类排表找规律活动的安排及活动意图

活动内容	活动意图
活动 1 先列举 6 种元素再尝试进行分组展示成果并讲述分组依据	让学生体验到分组就是分类，分类就是在对象中找联系，要异中求同，缺少信息就难以建立联系、难以找到共性，无法进行分类
活动 2 根据 1－20 号元素卡片上的信息，找共性，将其编排在一张表格中，展示成果并讲述编排依据	让学生尝试如何在众多信息中找联系、找共性进行分类，编排成表格，体验确定分类依据筛选信息以及科学家编排元素周期表的艰辛
活动 3 根据卡片信息画元素的原子半径、最高化合价、最外层电子数与原子序数的折线图，展示结果，揭示规律	潜移默化地渗透了元素周期律的内容，也为活动 2 所编排表格的合理性提供了检验依据；为后续概括元素周期律环节做铺垫

（2）在教学资源的选择和利用方面。NA2 主要利用教材和学生已有的学科知识，通过口头讲述和板书两种教学手段进行教学，缺乏利用投影、实物、实验、史料等素材创设情境来化解理论的抽象与深奥以增进教学的生动与直观的意识和能力。

相比之下，EB1 的课堂教学不仅知识容量大而且还丰富有趣。如 EB1 善于利用投影和录像等现代媒体手段来展示丰富多彩形态各异的元素周期表、各种碱金属与水反应剧烈程度的差别（Na、Mg、Al 分别与水、与酸反应的实物投影）、Si、P、S、Cl 非金属性相对强弱的实验事实证据等外，还善于利用优美幽默的语言和有趣的化学史料素材创设生动的教学情境（如法国化学家布瓦德伯朗收到门捷列夫质疑镓的密度测得值的来信故事等）注重采用信息卡片、演示实验等直观教具给学生以真实的感性认识；能充分利用学生已有的日常生活经验和学生小组活动中的生成性资源等。可见，EB1 具有高效地选择与利用教学资源的意识和能力。

总之，由于 EB1 智慧地选择和利用了多样化的教学资源，才使得 EB1

的课堂教学图文并用，声情并茂，内容丰富而有趣，将学生从抽象枯燥的理论学习中解放出来，在充满趣味、情感触动的交流活动中获取知识、训练方法、感受元素周期律（表）的科学美、和谐美。

（3）在教学方法的优选和组合方面。NA2 主要采用讲述、提问、分析解释、比较归纳、类比练习、概括总结等微型方法进行组合串接，基本属于以教师为中心的讲授模式。

与 NA2 相比，EB1 则是以学生为中心，善于从学生的实际出发，创设学生主动合作学习条件，力图在知识学习中渗透学科思想和研究方法。除采用讲述、制表格、作图、提问、实验、推测、类比、比较、归纳、演绎等微型方法外，还结合研究的小问题进行科学研究一般过程方法的训练。比如，在探究 Na、Mg、Al 金属性相对强弱的过程中采用“提出问题→预测→实验验证→分析现象→得出结论”的方式，让学生体会问题由提出到解决的全过程；在探究 Si、P、S、Cl 非金属性相对强弱的过程中则采用“预测→阅读资料→分析讨论→比较归纳→得出结论”方式，要求学生会依照判据，将呈现的文字资料条理化，准确表述所得结论，在此，注重培养学生对文字信息的分析处理能力。

总之，EB1 注重在引导学生得出同一周期元素性质递变规律的过程中，让学生对观察到的实验现象和文字信息进行分析处理，体验研究物质性质递变的基本程序和方法。这种使学生在有效地掌握学科知识的过程中融入科学方法以培养和发展学生学科思维能力的教学方法，体现了 EB1 重视学科思维和以学生发展为本的教学观。

3. 学的思路的比较

（1）引导学生学习新知识的方式（路径）不同。NA2 让学生通过“倾听明确任务→阅读教材（自学）→师生讨论→得出结论→总结概括规律→强化练习”来学习新知识的，这种受控于教师的学习方式难以有效地发挥学生学习的积极主动性。

而 EB1 则引导学生通过“倾听明确任务→小组活动编制元周期表→观察类比认识周期表结构→分析讨论概括周期律→论证与解释金属性非金属性递变规律→倾听体悟周期律（表）的应用意义及启示”激发学生兴趣，吸引学生积极主动地参与到课堂教学活动中，帮助学生初步认识元素周期表与掌握元素周期律的同时，培养学生对实验结果及数据分析、处理、概括能力，让学生体验科学探究的艰辛与喜悦、感受元素周期律（表）的奇妙与和谐，注重对学生进行哲学原理的点拨与渗透以培养学生科学的情感态度价值观。特别值得一提的是，还向学生布置了相应的课前预习问题：①元素间的内在联系是谁发现的？它是如何表现并被描述的？②元素周期表中的行与列各有多少？分别被称作什么？表中的周期与族各有多少？是如何被命名的？③阅读教材中的图 1－2、表 1－2 和 1－5，分析随着原子序数的递增，元素原子核外电子排布、原子半径和化合价分别有何变化规律？④元素周期律中元素的“性质”包括哪些方面？⑤同主族元素与同周期元素的化学性质是如何递变的？怎样证实呢？⑥元素周期律（表）有何应用？对于我们学习化学有何启示？这些课前预习问题的设置与布置为学生有效参与课堂教学活动奠定了基础。

（2）帮助学生建构抽象理论知识的能力不同。在学习理论性知识方面，学生的最大困惑在于难以实现建构抽象的理论知识。要将元素周期律（表）这一客观存在的重要化学原理真正转化为学生头脑中的认知规律，需要教师“架设探求桥梁”或者“提供脚手架”将抽象理论简明化、具体化。NA2 由于自身的周期律知识图式有限而且未曾有效地内化，缺乏丰富的逻辑化的元素周期律（表）知识图式以及教学经验背景，因此，在帮助和引导学生进行元素周期律（表）的建构时就显得力不从心。

EB1 则认为，要让学生真正认识和理解元素周期律，最好的途径是让学生在亲身活动体验中来建立和逐步完善认识它，因此，EB1 尽可能采用形象化的教学手段，通过呈现表象（实物、图片、实验现象等）的方法来增强知识的直观性，配以生动幽默的比喻或优美的讲述，帮助学生主动地体悟和理解规律。例如，EB1 为了帮助学生认识元素周期律（表），先是安排三项小组活动，让学生亲身体验编排元素周期表的本质是要寻找元素间的内在联系，在活动中体会何为内在联系；继而采用投影展示各类各式的元素周期表以及最新的元素周期表，用个性化的语言说明周期表的结构是“7 纵 18 行：7 纵可分为 3 短 3 长 1 不全，18 行又分为 7 主 7 副 1 零八”；最后，将体现元素周期律的元素序列进行“切切断、对对齐、拉拉开”等操作就可以得到元素周期表。

（二）理论性知识的教学思路的特征

通过对上述 EB1 和 NA2 有关元素周期律的教学思路的分析，结合其他教师有关理论性知识的课堂教学观察素材及文献资料，我们将专家型化学教师与新手型化学教师化学理论性知识教学思路的特征归纳如下。

1. 新手型化学教师理论性知识的教学思路的特征

总体来看，新手型化学教师理论性知识的教学思路的特征如下。

（1）对教学内容的选择与组织基本属于对教材知识内容及顺序的照搬，且对知识容量的把握欠妥，即所选择的知识容量通常过少，但有时也会提前渗透人为地拔高加深拓宽，致使知识容量过大，不切实际地加大学生的课业负担。

（2）所采用教学资源与手段单一，缺乏利用投影、实物、实验、史料等生动的教学情景来化解理论的抽象与深奥，以增进教学生动与直观的意识和能力。

（3）虽注重运用讲述、提问、自学、讨论、比较、归纳、练习、总结等多种教学方式方法，但运用教学方法和手段的出发点是围绕教师的讲授，而不能真正发挥学生学习的主动性。

笔者以为，形成上述特征的原因，除了因为新手型化学教师缺乏知识经验的积累和教学技能不够娴熟外，更主要是因为以下原因造成新手型化学教师的不足。

（1）缺乏对相关理论内容及逻辑结构、本质以及产生发展过程深刻地认识和理解。

（2）缺乏对教材中相关理论知识元素编排的阶段性、系统性和逻辑性进行综合性系统性的思考与把握。

（3）缺乏帮助引导学生进行理论知识建构所需的低起点、小坡度、层层递进的问题组与学习活动的设计能力。

2. 专家型化学教师理论性知识的教学思路的特征

概括地讲，专家型化学教师理论性知识教学思路体现了如下特征。

（1）对相关理论知识的本质、逻辑结构以及产生发展过程有深刻认识和个性化理解，擅长对教材中的理论教学内容进行大胆重组和创新，其课堂知识容量大，但能切合实际学生实际进行有效落实。

（2）合理有效地利用多样化的教学资源和形象化的教学手段来呈现表象（实物、图片、实验现象）配合生动幽默的比喻或优美的讲述，帮助学生积极主动地体悟和理解理论。

（3）善于围绕各个知识点拟定问题、设计有梯度的学生活动并提供素材，启发学生“根据事实，运用思考，寻找规律”，让学生在亲身活动体验中运用学科思想、自然科学的微型方法和科学研究的一般过程方法来获得理论知识。

总之，专家型教师理论性知识教学思路体现了人类认识化学理论过程中所呈现的归纳综合、逐渐深入的思维特点：由了解现象、个别规律，进一步抽象整合成富有内在逻辑的统一理论系统，其逐步递进式的学生活动展开和深入地剖析论证理论的讲解使学生思维处于兴奋状态，使学生不仅获得理论知识，而且还体验了这些知识的发现过程和研究方法。此外，专家型教师对教学内容的选择和利用、教学环节和活动的设计、教学手段和方法运用都是为学生的推理式学习提供支架，以发展和完善学生的认知结构，培养学生的科学与人文精神相融合为目的。

三、计算技能的教学思路的分析

教师要有效合理地进行化学计算技能的教学，只拥有相关化学计算的知识、解题技能和策略构成的教学知识图式是不够的，还需要通过教师进行合理的教学设计和有效的教学操作来引导学生积极主动地获得计算类解题的技能，形成解决计算类化学问题的初步能力。

教师的教学设计和教学操作（即教学思路）不同，其教学目标的实现效度就不同。现实中，关于计算类解题教学有两种极端表现：其一，忽视最基本计算题型而热衷于难题的教学（例如，有些教师特别是新手教师认为它简单，学生应该一看就会，没有什么好讲的；难题讲起来才有分量有意思）；其二，重视“题海战术”，忽视从解题训练中进行分析、推理、归纳等逻辑思维与解题习惯及能力的培养。

以下在对 NB1 和 EB2 两位教师关于物质的量应用于化学方程式计算的教学思路（见图 5－5 和图 5－6）进行具体分析基础上，结合访谈和其他素材，最后概括出专家型化学教师与新手型化学教师在化学计算技能教学思路上的特征，为寻求合理的、有效的具有高度概括性的化学计算技能教学提供支持。

（一）物质的量应用于化学方程式的计算的教学思路的比较

图 5－5 和图 5－6 所示的教学思路主要依据对 NB1 和 EB2 有关人教版高中化学第一册第四章第三节“物质的量应用于化学方程式计算”的课堂教学

观察、听课记录和课后访谈资料整理而成。NB1 和 EB2 的授课对象为 B 中学普通班学生。

1. 教材思路的比较

对比图 5－5 和图 5－6，结合教材内容，不难发现两位教师本节课的教材思路的差异表现如下。

（1）NB1 基本是沿用教材的编排内容和编排思路来组织教学的。尽管在进行物质的量计算 1 的解题训练前，NB1 先展示有关解题步骤，按图索骥般地示范解题，还安排师生讨论完成以物质的量为中心的关系图作为解题时的知识铺垫，表明 NB1 重视选择和发挥解题“先行组织者”材料及作用，但是，由于 NB1 导入语、解题原理的推出、例题及练习题等基本是照搬教材的，所以 NB1 的教材思路基本属于对教材知识内容及编排顺序的套用，而且教学知识内容容量较小，其解题训练属于“保底”型的基本例题和练习题的训练。

（2）EB2 的教材思路是基于把握物质的量计算本质、计算技能的知识结构以及解题思维活动过程基础之上对教材内容的重组与创新。整个教学内容围绕学生熟悉的点燃条件下氢气与氧气化合成水的反应事实，从解题依据的推出、解题技能的教学、解题思维的训练和解题习惯的培养均在此反应基础之上进行的，显示出 EB2 选择与利用教学素材的智慧。此外，将教学内容按照“复习拓展方程式含义推出解题原理→n 和 m 互求题型的解题教学→m 和 V 互求题型的解题教学→解题技能的迁移训练→提炼概括解题思路和注意事项”来展开，体现了 EB2 不仅重视解题的概念原理知识、解题技能的形成和发展，还重视培养与训练学生的解题思维和解题规范及习惯的教材思路特点。

2. 教的思路比较

（1）在教学知识内容的分解和整合方面。NB1 基本对应教材思路，按照“明确问题任务→揭示计算依据→示范规范解题→解题训练及拓展→总结布置作业”步骤进行教学，为了规范学生的解题操作格式和解题所需的相关知识，NB1 先结合展示讲述解题步骤、师生讨论完成以物质的量为中心的关系图，给学生顺利解题提供支持。

EB2 则是按照这样的顺序来展开教学的：“由练习概括出物质的量关系图→由讨论与拓展方程式的意义推出计算依据→示范解题练习讨论小结 n 和 m 互求题型的解题思路→展示解题思维练习讨论小结 m 和 V 互求题型的解

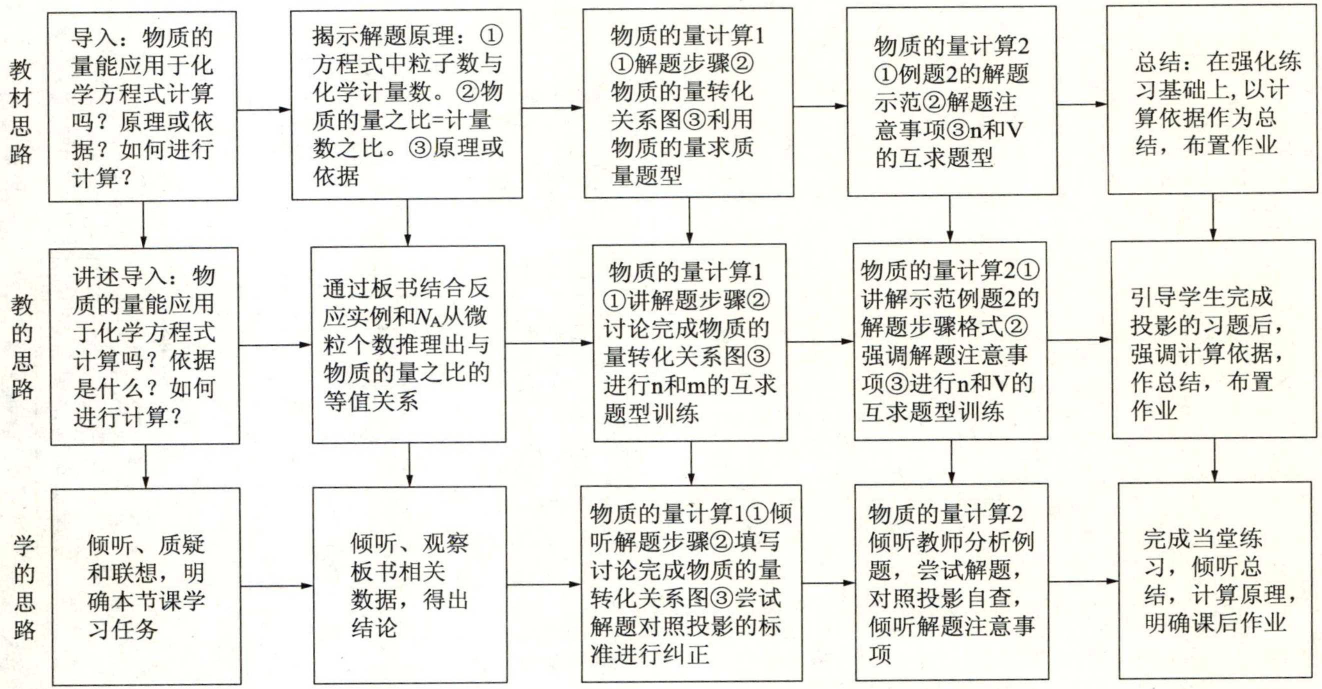

图5-5 NB1关于物质的量应用于化学方程式计算的教学思路

图 5－6　EB2关于物质的量应用于化学方程式计算的教学思路

题思路→在新情景中应用解题技能→讨论解题注意事项总结与布置作业”。

与 NB1 不同的是，EB1 对计算技能教学环节及学习活动设计重在突出学生从方程式含义的原有认识中拓展推理出计算的依据，学生从练习、讨论、小结活动的及时反馈中习得计算技能，并引导学生在练习的反思中明晰解题细则、发展解题思维。这些体现了 EB1 能深刻把握化学计算技能教学的本质和要领，并能将有效教学措施逐一落实到位的教学思维特点。

（2）在教学资源的选择和利用方面。NB1 主要利用教材和学生已有的物质的量知识，通过口头讲述、投影和板书等教学手段来进行教学的，缺乏利用学生练习讨论中对相关概念原理的错误、片面的理解、分析解题的失误表现等生成性资源进行教学的意识和能力（因为 NB1 安排学生的练习讨论小结、汇报展示学生个人的解题思路和解题要领的机会很少）。事实上，要有效地促进学生习得计算技能，教师在示范解题后，还要为学生呈现变式练习，特别是在练习过程中或练习后，对学生的表现进行评价反馈，正确的要说明为什么正确，错误的要明确错在何处并知如何改正。让学生从自己练习行为的反馈中习得技能而不只是从教师的陈述或示范中习得技能，这样在课堂中的生成性资源，才能实质性地促进学生习得技能。相比 NB1，EB2 的课堂教学互动充分，气氛活跃、知识容量大而有趣，从某种程度上说与其高效地选择和利用教材、教辅、学生已有知识和经验、投影、板书等教学资源，特别是学生在练习讨论小结中表现出来的生成性资源直接相关。

（3）在教学方法的优选和组合方面。NB1 主要采用讲述、提问、分析解释、示范、模仿练习、总结等微型方法进行组合串接，基本属于以教师为中心的讲授模式。与 NB1 相比，EB2 除了采用讲述、提问、推理、分析、示范、练习、总结等微型方法外，还多次采用“练习—讨论—小结”组合方法，以学生为中心，善于从学生已有的知识和经验出发，创设学生主动合作学习条件，让学生在练习中习得计算解题的思路和策略方法。

3. 学的思路比较

两位教师引导学生学习计算技能的路径不同。

NB1 引导学生通过“倾听明确任务→观察板书明确解题原理→观察示范解题模仿解题→倾听析题尝试解题对照订正→强化练习自查→总结概括明确作业”来学习新解题技能，尽管 NB1 注重让学生拾级而上地渐进性学习解题技能，但这种受控于教师的学习方式并没有提供给学生展示交流学习体验和思考的机会，不能有效地发挥学生学习的积极主动性。

而EB1则引导学生通过“完成练习归纳物质的量关系图→新旧联系推出解题原理→观察示范尝试解答概括解题规范和思路→练习讨论总结→强化练习展示解题过程及思路→讨论倾听总结明确作业”的方式激发学生兴趣，使学生在变式练习活动中和教师对学生活动表现的反馈中习得技能，促进了解题思维和能力的发展。

（二）计算技能的教学思路的特征

通过对上述NB1和EB2有关物质的量应用于化学方程式计算的教学思路分析，结合其他教师有关计算技能的课堂教学观察的素材及文献资料，我们将专家型化学教师与新手型化学教师化学计算技能教学思路的特征归纳如下。

1. 新手型化学教师计算技能的教学思路的特征

总体来看，新手型化学教师计算技能的教学思路，在教学内容选择和组织上基本沿用教科书中的素材及编排顺序，在教学方法方式上属以教师为核心的讲授模式，学生的观察、思考、讨论、练习基本是为了配合教师的讲授，学生计算技能的习得途径是教师的讲述与示范以及学生个人的模仿与体会。

（1）寻着教材中教学内容的编排顺序，按照“唤起注意明确任务→复习相关概念原理提供先行组织者→示范解题模仿练习体会解题要求和规范→变换情境提高解题熟练程度→总结”这一教材思路来展开教学的，所呈现的相关教学素材主要是先前的概念和原理以及教材中的例题和课后习题。

（2）采用观察、示范、比较、练习、讨论、总结等方法来完成教材思路中的每一个教学环节是新手教师关于计算技能教学的思路基本特点。

（3）倾听教师的讲述、观察模仿解题示范、尝试练习自查订正、变式练习总结要点是新手型化学教师关于计算技能教学思路的基本特点。

尽管新手型化学教师注重提供解题技能的相关概念原理，也注重设置有梯度的练习，但是由于他受到对计算技能教学的本质和思维活动构成的把握，以及相关教学知识和经验的限制，其教学思路的缺陷表现在三个方面。

①不擅长组织学生展示和讨论学生解题结果和解题思维过程；②不会利用教师对学生解题行为表现的及时反馈评价来促进学生获得技能，及归纳解题的一般思路促进学生解题思维和能力的发展；③不善于对新旧知识与技能进行逻辑性推理性链接及建构。

正因为有这样的缺陷，新手教师在计算技能教学中就难以引领学生高效学习技能，难以指导和训练学生对技能进行灵活应用，其教学思路难以真正高效发挥，难以培养和形成学生解决计算类化学问题的初步能力。

2. 专家型化学教师计算技能的教学思路的特征

概括地讲，专家型化学教师的计算技能教学思路能体现的特征是：有效地发挥教师的主导、评价和激励作用，为学生创设积极主动的学习氛围及学习活动情景，促进学生在具体问题情景和实际练习活动与反馈评价及小结中习得计算技能、建构新知识、获取解题思维和策略，发展解题思维和解题能力。具体地讲包括以下几点。

（1）在教学内容选择和组织方面。专家型教师能超越教材精选例题并对例题充分利用，常常做到“一题多用”；能够通过复习提问或练习激活学生原有知识，运用同化或顺应机制使新旧知识建立逻辑或非逻辑的联系，促进学生认知结构的丰富与改组，使知识融会贯通。

（2）在教学方法方式方面。专家型教师首先示范解题，然后以“练习—讨论—小结”的方式让学生在师生之间、生生之间的合作交流中，从自我与他人对自己解题练习行为及解题思路的反馈评价中获得解题技能。另外，还精心设置新的问题情景训练学生对习得技能进行迁移和灵活应用的能力。

（3）在解题思维活动及细节方面。专家型教师善于引导学生反思解题过程中的思考习惯和出现的典型问题，归纳提炼解题的思路和策略及解题注意事项，有效地促进学生习得计算解题技能，完善学生的认知结构，发展学生的思维能力。

笔者曾就如何能有效地让学生获得化学计算技能（以物质的量应用于化学方程式计算为例）同 NB1 和 EB2 进行过课后交流。两位教师都基本认同，化学计算技能是体现应用知识来定量地解决问题的能力，是各级各类考试的重要内容，可用它来衡量教师教的水平以及学生学的水平。课后当我分别询问两位教师是如何让学生掌握好化学计算技能时：

NB1 感叹道：“我不赞成也不想采用所谓的题海战术让学生获得和提高计算类问题的解题技能。课堂上带着学生练习感觉他们掌握得还不错，可是交上来的作业或测试发现他们掌握得还是很不到位，我也在琢磨问题出在哪里？该如何解决呢？”

EB2 则侃侃而谈：“要让学生掌握好化学计算技能，要把握好以下要点：①弄清相关的概念如物质的量及相关量；②熟悉各种物质的性质和制法并能准确地写出化学方程式；③养成认真审题的习惯；④恰当地选用单位；⑤尽可能用简便的方法。当前相当一部分学生练习化学计算题的心态是：对基本题一看就理解了，无需亲自动手练的必要，这种以看代练，急于求成的心态，严重地限制了他们落实化学基本知识和化学计算能力的形成，导致了在大型考试中感到题目并不难，但答起题来却犹豫不决，速度缓慢，准确性差，失分严重，简单地归因于解题失误没有正常发挥出自己的水平，并不反思其根本原因是基础不扎实，计算技能不熟练。这种现象必须引起教师足够的重视。要改变学生对基本计算题型以看代练的心态与观念。要强化学生认真动脑、动手做完整基本练习题，严格训练，力求做到答题合理、迅速、准确、规范，形成良好的解题习惯。”

当笔者追问：您又是如何指导学生让他们拥有一个良好的解题习惯的？

EB2 则兴奋地谈道：“我将其归纳为 12 字方针：三看三想、答题规范、总结纠错。详细地讲：①审题时，要‘三看清’（看清题中所讲的过程、看清题设条件、看清要解决的问题）；②析题时，要‘三想’（想涉及的概念原理、想所给条件与所求问题的关系、想有无隐含信息和条件）；③答题时，要做到依据题意和条件、选择最佳解法、公式变换数据处理要细心、对结果要检验分析；④答题后要总结命题者有何意图？题目设计的巧妙何在？此题关键何在？题目可否推广成一类题？此题为什么要这样解？解题中暴露了那些弱点？改变设问角度还会变成什么样的题目？⑤是否把平时的错题积累成集，经常翻阅（积累成功经验和失败教训）？”

至此，我认识到专家型化学教师有关化学计算技能教学思路之所以通畅且操作实效性强的关键在于他们能把握好化学计算技能教学的基本性容量与发展性容量间的关系。基本性容量是指依据教学课时对教材进行分配的基本教学容量，一般以例题、练习题来控制。“保底”的基本练习题目在难度上要低起点，以考查学生对基本知识的理解及会用为主，体现面向中下水平学生要求，使得大多数学生能通过基本型的练习题，巩固所学知识。发展性容量是指“保底”后，适当延伸的解题知识内容、探求解题规律、提高解题技能、发展解题思维能力等教学容量。专家型化学教师的计算技能教学既注重考虑“保底”，达到基本性容量要求，又适当补充渗透典型的例、习题（如一题多题解）以发展解题思维能力以提高解题技能。

第二节　关于专家型化学教师的教学思路的讨论

综合以上专家型与新手型化学教师对三类知识课堂教学思路的个案分析和文献分析结果，我们可以概括出专家型化学教师的教学思路具有以下四个基本特征：教材思路是对教材的“二次开发”；教的思路是注重优化教学促进学生主动学习；学的思路是注重让学生在活动情境中获取知识技能并发展思维；通过利用口语反馈、图文反馈以及情感反馈措施对学生在活动中的行为及时地“号脉”、“点穴”、“纠偏”和“抓彩”，既是专家教师实现三条思路的顺畅与协调一致的过程，也是专家型教师优化教学的过程。

1. 教材思路，注重对教材的“二次开发”

不像新手型化学教师的教材思路是对教材知识内容及顺序的照搬，而且教学知识容量过小，专家型化学教师基于对教学内容知识的本质、逻辑结构以及产生发展过程的深刻认识，一方面注重对教学内容进行学科逻辑的内在加工、大胆重组和创新，另一方面又擅长将其拓展到学生现实生活和学生所熟悉的相关事物及事件进行有意义的学习，课堂教学知识容量大而且丰富有趣。

2. 教的思路，注重优化教学促进学生主动学习

专家型化学教师注重富有逻辑性推理性地对教学内容进行解析和知识点的链接，合理有效地利用多样化的教学资源和直观形象化的教学手段来创设情景、呈现学习素材、配合幽默的比喻以及富有激情的讲述帮助学生积极主动地理解知识；注重选用组合讲述、提问、自学、讨论、比较、归纳、练习、总结等多种教学方式方法来优化教学，真正发挥学生学习的主动性。能够通过复习提问或练习激活学生原有知识，运用同化或顺应机制使新旧知识建立逻辑或非逻辑的联系，促进学生认知结构的丰富与改组，使知识融会贯通。在解决问题的活动中教师主要是以监控、质疑以及鼓励等活动来促进学生学习，教师在其中发挥了指导和帮助的作用。

3. 学的思路，在活动中培养与发展学生获取知识的技能

专家型化学教师擅长引导学生在精心设置的问题情景和设计实验及活动中获取知识技能。

在备课时，能充分估计可能造成学生学习思路中断的一些问题，并预设各种解决办法；在课堂教学中上能把握住激发、疏导、深化、迁移四个环节

来逐步引导建构新知识、发展思维能力。

专家型教师还擅长在适当的时机示范好的学习策略及问题解决过程中的思维策略，渗透学科中研究物质性质的思维程序和方法，给学生自主学习提供认知支架，教学生如何质疑如何提问，其教学的内容选择、教学切入途径与方式方法都尽量满足学生认知结构的发展和完善、知识的灵活应用和迁移的需要。

以“练习—讨论—小结”方式让学生在师生、生生的合作交流中，从自我和他人对自己练习行为及解题思路的评价反馈中学习解题技能外，还精心设置新的问题情景训练学生对习得技能的迁移和灵活应用。

最后，还引导学生反思学习过程中的思考习惯和出现的典型问题，归纳提炼个人化的思维策略和学习策略，这样在有效地促进学生习得知识技能的同时，完善学生的认知结构，发展学生的思维能力，教学生学会学习。

4. 追求三条思路的顺畅和协调一致

专家型化学教师的教学不但要使教材思路、教的思路以及学的思路保持合理顺畅，而且还努力使这三条思路进行有效贯通，特别是教的思路和学的思路要保持协调同步状态。研究中发现专家型化学教师在教学中是这样来达成此目标的：首先，真正恰当地发挥了导师作用；其次，不低估学生的能力和智慧，善于设计恰当的问题情景并引导学生通过积极主动地思维与实践活动，自主地“发现”知识，获得技能；再次，能迅速识别学生出现思维障碍的原因并在恰当的时机通过设置实验、问题讨论、练习等体验性情境活动，放大障碍细节，将学生的思维活动引导到突破思维障碍的本质或关键之处并给予启发；最后，擅长利用口头反馈、图文反馈以及情感反馈评价进行课堂教学节奏的调控，以保持教的思路与学的思路的协调同步。

第六章　教学情意的解析

教学情意是教师的教学观念、教学情感与教学心理品质在教学实践中的融合，是教师专业理想、专业情操与职业道德的集中体现，是教师实现自主专业发展的根本动力。通俗地讲，教学情意就是教师对自己所从事教育教学工作“有情有义”、“乐此不疲”。不仅“好之”而且“乐之”，不仅“不厌不倦”而且感觉“有滋有味”、充满情趣。它是教师通过有意识地、长期地修炼而获得的一种教学特质，同时，也是一种美好的教学体验和理想的教学境界。在笔者看来，专家教师与普通教师的课堂教学的差异不仅在于教学思路、教学知识图式、教学行为等方面，而最根本的差异恰恰在于教学情意。提高教师的专业素质，一个重要的突破口就是提升教师的专业情意素养，特别是从培育教师的教学情意做起。

本章选择教学情意及其构成要素作为比较视角对专家型化学教师的教学情意进行个案分析研究，研究对象既有来自A、B两所中学的八位教师，还有更多的国内知名专家型化学教师，研究素材来自对研究对象的跟踪访谈记录和相关论著期刊。重点关注专业发展成熟的优秀教师所具有的学科教育教学观念、教学艺术与教学风格及其成长经历，概括出他们与一般教师不同的情意特征，并挖掘它们在教师专业成长中的作用。

第一节　专家型化学教师教学情意的分析

教学情意中的教学观念影响着教师对教学活动的知觉、判断，进而影响其教学行为；以师爱为核心的教学情感和以教师自身主导情绪状态及自我调节能力为主的教学心理品质则是产生感染震撼学生的教学艺术魅力之所在。作为教师教学特质重要组成部分的教学情意，对提高课堂教学有效性发挥着动力和调控作用，是优秀教师教学魅力之源头。本节将从教学观念、情感和教学心理品质三个视角探析专家教师教学情意的特征。

一、教学观念的分析

教师的教学观念是指教师从实践的经验中逐步形成的对学科教学本质与过程及活动要素的基本看法。化学教师的教学观念主要表现为教师的化学科学观、化学教育观、学生观、教师角色观及职业交往观等。教师的教学观是教师教育教学行为的灵魂和统帅，教师的教学观一旦确定，就会在他们的头脑中形成一个框架，影响到他们对教学过程中具体学科知识及教学活动设计的看法，影响到他们在教学中的决策和实际表现，进而影响到学生的学习。本节将从化学学科观、中学化学教育观、教材观三个视角探析专家型化学教师教学观念方面的特征。

1. 化学学科观

化学作为自然科学的一个分支，肇始于 18 世纪 50 年代，现已发展成为一门与人类社会、国计民生有着密切关系，又与整个科学技术密切相关的科学。而作为一门学科在学校教育体制中设置则延迟到 19 世纪中叶①。可见，化学科学与化学学科既有联系又有区别，化学学科的形成和发展是受化学科学本身与相应的化学教育教学活动制约而发生、发展的。化学学科的产生与发展总是滞后于化学科学的发展并且受教师教学观的制约，是不均衡地迂回前行的。

化学学科观是指化学教师对化学科学及其存在与发展的最基本的看法。当笔者询问新手教师，什么是化学科学？化学科学的基本特征是什么？他们的回答几乎同出一辙：化学是研究物质的组成、结构、性质、变化及合成的一门自然科学，以实验为基础是化学的基本特征。新手教师的回答源于教材中对化学的定义，此认识是他们在其做学生时接受化学启蒙教育时获得的，他们对化学科学的认识并没有发展。

随着社会进步和化学科学的发展，专家型化学教师对化学科学及其特征的认识是不断深入发展的。例如，美国化学教育家布里斯罗提出，作为物质学科之一的化学学科是在原子、分子的层次上研究物质的组成、结构、性质

① 张家治，等．化学教育史［M］．桂林：广西教育出版社，1996：4－5.

与变化的规律，其魅力就在于它是一门中心的、实用的和创造性的科学。化学学科的最大的特征就是在一个“老的自然界”旁边创造了一个“新的自然界”①。化学有自己独特的语言表达体系和认识探索物质世界的视角和技术手段，是在学科的发展过程中积淀和浓缩出了变化、守恒、结构决定性质和用途、原子经济性和可持续发展等基本观念。

案例 6-1

徐光宪院士的化学学科观②

著名的化学家、化学教育家徐光宪院士认为，随着现代化学的发展，需要重新认识化学，给化学重新定位。定位时，一是要考虑它是整个科学（包括技术科学和社会科学）的一个分支，位于中心位置，与其他学科有着千丝万缕的联系。二是要考虑它的发展性，不论是研究对象、研究内容和研究方法都有了极大的变化。三是要考虑定义有多维性，从研究对象看，它是研究分子的科学；从研究内容看，它要研究物质结构、性质、合成、变化；从研究方法看，它利用最新的各种技术；从研究目的看，是帮助人们认识世界、改造世界和保护世界。如化学要为了社会而关心环保，为了职工而关心安全、健康和福利，为了顾客而关心质量、声誉和商标，为了发展而关心创新，为了股东而关心效益……

徐光宪先生对化学科学及其特征的观点，不仅有科学的定位，也有人文的定位。上述专家教师的化学科学观对于化学教师进行化学教育教学的目标和价值具有定位意义和前提性认识的启迪作用。

2. 中学化学教育观

化学教育观指教师个人对化学教育诸问题的基本看法，从化学教育的性质到目的任务、到教材教法、到师生关系、到质量评估、到课外活动等，并构成体系。化学教育观念附着于教师头脑中，形成心理定势，有意识地或不完全有意识地指挥着教师的教学行为。观念是行为的先导和灵魂。教师的教育教学行为总是反映了其教育观，并受其教育观支配。在化学教育观念体系中最为核心的是化学教育性质观，它统帅化学教育的全局，决定化学教育的

① R. 布里斯罗. 化学的今天和明天［M］. 华彤文，宋心琦，张德和，等，译. 北京：科学出版社，1998：i.

② 徐光宪. 化学家应多关注本门学科的定位［J］. 民主与科学，2001（1）：3-4.

发展方向，由此而引发出目的观、功能观、教材观、质量测评观、体制观等一系列观念。

中学化学教育属于基础教育，而基础教育不同于其他阶段的教育。中学化学教育的本质是什么？中学化学教育的性质是什么？中学化学教育的内容如何？中学化学教育该如何进行？……这些既是化学教育的永恒话题，也是每一位化学教师都绕不过去的需要不断反思的重要问题。就这些问题访谈研究对象时，新手型教师回答中学化学教育的本质及性质的共同之处是：不是太清楚！没有仔细思考过。中学化学教育的本质及性质可能是化学新课程强调的以学生为本、提高学生的科学素养、科学探究这些吧！当笔者追问：有没有学习过化学课程标准？自己是否认真研读过？新手型教师较为共性的回答是：接受新课程培训和继续教育时听专家讲过，自己没有看过。一是没时间研读它，二是没有书。再说，虽然口头上强调实施素质教育和新课程，但实际上领导、家长、同事盯得的还是学生成绩，特别是学生的中考高考成绩，怎么把课上好、让学生考好是关键。如果有精力的话，还是应该抽时间读它的。

访谈发现，处在熟悉教学业务适应期的新手教师将上好课、学生取得好成绩作为自己的追求目标，他们忙于适应新环境、忙于钻研教材、完成分内分外的各种工作任务，似乎没有时间和精力去思考化学科学及其性质，化学教育的本质、目的、内容等问题，对化学教育观念的认识和思考在其专业生活中似乎没什么分量；这些问题可能是新教师几年以后才有暇思考的。但是，笔者多么期望对化学教育观念的思考和合理建构能与新手教师的专业成长实现同步，因为观念的转换与正确观念的形成是关键！虽不敢对新手教师的化学教育观有更高的期待，但至少希望每一个新手型教师在其职业适应期至少留下思考中学化学教育基本问题的萌芽，将它埋在心灵的深处不断地反省、不断地孕育。不久的将来，随着这颗新芽生长、开花、结果，新手型教师就渐渐成熟为专家型教师。

为力求培养更多适应新世纪社会发展需要的高素质公民，新世纪之初开始的基础化学教育课程改革明确提出：在九年义务教育阶段，化学教育作为科学教育的一个重要分支，其基本任务是培养和提高全体学生的科学素养，要以此为课程改革的出发点和重要归宿。在义务教育和普通高中阶段的化学课程标准中，培养和提高学生的科学素养是课程的主旨，并从知识与技能、过程与方法、情感态度与价值观三大方面给予明确的界定，直接与课程三维目标的具体内容相联系。很多一线的专家型化学教师均能认真研读体现基础教育课程改革理念的化学课程标准、课程及教材，应对新课程对教师的挑战和要求，在个人教学实践中注重尊重和满足不同学生的发展需要，运用多种教学方式和手段，引导学生积极主动的学习，掌握最基本的化学知识与技能，了解化学科学研究的过程与方法，形成积极的科学情感和正确的价值观，提高学生的科学素养和人文素养，为学生的终身发展奠定基础。很多专家型化学教师能拥有与新课程理念一脉相承的化学教育观，如陆禾先生他就是其中的代表。

案例 6－2

化学特级教师陆禾先生的化学教育观①

著名的中学化学特级教师陆禾先生认为，作为培养未来社会公民的科学素养的中学化学教育应该具有基础性和全面性两大基本特征。基础性强调化学教育要面向全体学生，使其在掌握化学基础知识和基本技能的同时形成化学的思维逻辑。全面性则强调化学教育包括知识教育、技能和能力教育、科学态度和科学方法教育、思想教育、兴趣和意志情感领域的教育。

化学基础知识和基本技能（简称“双基”）是中学化学教学的主体内容，必须通过揭示“双基”在科学、技术、社会的应用或延伸，力求达成学以致用即“活化”的目标。经过活化的双基是构成学生认知结构、能力结构和形成健康情感的信息组块，这些组块既是各种化学教育的生长点，又是接受各种外在信息的具有活性特征的基地。中学化学教育的重心是使学生通过化学基本概念和重要化学事实的学习，掌握化学学科解决问题的思路，能用化学知识去理解和领悟与化学有关的信息以适应现代生活。

在新一轮基础教育课程改革已走过 11 个年头的今天，对照基础化学教育课程改革所倡导的新理念，回味陆禾先生在 20 世纪 90 年所凝练出的化学教育观，两者是一致的，使我们不能不赞叹陆禾先生的化学教育观是如此的前瞻、精辟、深刻而又丰富。事实上，就化学教育观问题，笔者从对专家型化学教师的访谈及相关文献研究表明：专家型教师之所以成为专家教师，就是因为他们能在其职业生涯的早期就不断思考化学教育的基本问题，较早的

① 陆禾，郁波．化学教学艺术与研究［M］．济南：山东教育出版社，1997：7.

体悟到化学教育就是培养与提高学生的科学与人文素质，并致力于探索培养与提高学生素质的有效途径。专家型化学教师的有效教育教学经验均源于其正确的化学教育观，其化学教育观都具有重视基础性、全面性和应用性的共同特征，其化学教育观是在个人的教学实践与反思中不断发展完善的。

3. 教材观

基于对专家型化学教师使用教材的课例及访谈素材的研究发现，他们认为教材是最基本、最重要的教学资源，但不是课堂教学的唯一文本，用好用活教材是教师开发与利用教学资源的最便利、最有效的途径，其他教学资源都是在充分利用教材资源基础上配合教材资源为优化教学而加以选择和利用的。他们通常对教材教学内容实施“三化”（使教学内容问题化、生活化与活动化）实践操作，实现用好用活教材。当笔者询问：您是如何看待化学教材的？又是如何使用化学教材的？专家型化学教师 EB1 的回答集中体现了专家型化学教师的教材观。

案例 6－3

专家型化学教师 EB1 的教材观

教材是化学教师进行教学的主要文本，也是化学课程标准的具体载体。每位称职的化学教师，都必须研究教材，使用好教材。近几年来随着新课程标准的制定，多种版本的化学新教材陆续推出，并在许多地区使用。但是，教材的编写与出版是需要一定的周期的，任何教材在使用的时候，都会存在因时效问题而造成的缺陷。还有，教材也不是经典著作，错误在所难免。再有，就是教材的资料陈旧、信息滞后问题，这与我们学生能从各种渠道获得大量信息形成了巨大的反差。随着信息时代的到来，学生从各个渠道可以获得大量的信息，在某方面完全可以超过教师。在这种背景下，教材绝不是学生学习的唯一的知识载体，也不是教师教学的唯一文本。教材曾经具有的“权威性”“系统性”“完整性”的特征已经被指责，因为过去我们过多地依赖教材在教学中不可动摇的作用，使得教学从教材出发，“以本为本”，将教材的图文表述成为考试、测验评分的依据，导致教学过程脱离现实，人才被教材所束缚。所以，我在教学中对待教材努力做到三点。一是鼓励学生对教材的表述提出异议，提出不同的见解，让教材中存在的问题，成为激发学生研究学习的“亮点”。二是自己不断注意吸纳国内外化学科学相关知识的发展前沿信息，以适当补充于教材，克服教材资料陈旧、信息滞后问题。三是引导学生通过查阅书籍或网络搜索有关教材内容的拓展性资料，并在课堂上为学生提供汇报讨论交流的机会。

像专家型化学教师EB1一样，专家型化学教师普遍认为，教材绝不是学生学习的唯一的知识载体，也不是教师教学的唯一文本，特别是新课程背景下的教材已经不全是由知识构成的体系，而是促进学生认知发展、引导学生人格建构的一种“文化中介”，教师将不是“教教材”，学生也不是“学教材”，教师应该从教材和学生实际出发，通过创造性地使教学内容问题化、生活化和活动化的操作来达成“活用”教材，以此引导学生利用已有知识与经验，主动探索知识的发生与发展，实现培养与提高学生化学科学素养的目标。以下结合专家型化学教师EB2的“氯气的性质研究”课例及笔者对其追踪访谈素材，说明专家型化学教师是如何实施“三化”操作，用好用活教材的。

首先，使教学内容问题化。使教学内容问题化是指教师根据学科知识的逻辑性和学生的认知特点，将教材中教学内容转换为具有结构关联的问题组并以此为主线展开教学的操作。例如，EB2老师将教材中氯气的性质转化为一组问题：①氯气的形象如何（以物理性质体现其形象特征）？②氯气与其他物质相互作用时表现如何（以化学性质展现其行为特征）？③氯气为何表现出此行为（以结构来说明化学性质的本质特征）？EB2老师通过使教学内容问题化操作不仅揭示了隐涵在氯气知识中的结构决定性质、性质反映结构的学科逻辑，而且使自己有效地把握课堂教学节奏并引领学生合理地建构知识，使教材内容、教师教的思路与学生学的思路协调一致。此操作实现了对教材内容进行学科逻辑的“二次加工”和促进学生自主学习的目的，为高效率课堂教学创设了的前提性条件和基础。

其次，使教学内容生活化。使教学内容生活化是指教师根据学科教育特征与目的，将教学知识点拓展至社会生活中的相关问题或事件的操作。学生认识氯气与水、与氢氧化钠溶液的反应原理后，EB2老师引导学生讨论：①实验中多余的氯气应如何处理？②抗击“非典”与“禽流感”中使用的含氯消毒剂的有效成分是什么？是如何制备的？③常见家用消毒液有哪些？可曾注意瓶体标签中的使用说明？④洁厕灵与漂粉精能混合使用吗？会有什么危害？……EB2老师将氯气与水、与碱反应问题延伸到相关生活问题和社会事件，引领学生学会用化学视角去观察和思考生活中的现象，领会其中蕴涵的化学原理，感悟掌握化学知识的重要性和必要性。

最后，使教学内容活动化。教学内容活动化是指教师结合学生的情况及教学现实条件，将静态教学知识设计为教师引导下的学生主动思考与动手实践并从中体验科学研究方法、形成探究能力的操作。EB2 老师将教材中的实验“氯气与水的反应”设计为学生探究“氯气是否与水反应”的实验，让学生亲历“提出假设→实验验证→分析现象→得出结论”的科学研究过程，将静态的文本资源转变为动态的获取知识与体验科学方法的“探究实验活动素材”，使教材文本实现“升值”。

通过课堂观察与追踪访谈笔者发现，EB2 老师并不拘泥于学校选定的教材，而是从学生和学校的实际出发，借鉴了鲁教版、人教版、上教版等高中化学教材中的相关内容进行适度重组与加工。EB2 老师开发利用教材的步骤为：提炼教学知识的学科逻辑线索→拓展至生活中相关学习资源→将核心知识点转化为学生探究体验科学方法的活动素材。这样挖掘教材文本价值，使教学不仅仅停留在掌握学科知识层面，还提升至体验科学探究过程与方法和人文教育层面，发挥了教师在沟通学科世界、生活世界和学生世界中的桥梁作用。可见，EB2 老师智慧地践行着“用教材教”的教材观，用好用活了教材。

总之，在教学观方面，专家型化学教师的共同特征是：除对化学学科、中学化学教育有正确深刻地认识外，还关注学生的所思、所想和所需，一切以学生的全面发展为本；认为教材不是教与学的唯一文本和唯一的知识载体，大凡有助于学生成长与发展的活动，所能开发和利用的一切物质的精神的材料和素材，都可以做教材；视教学过程为学生建构化学核心知识，提升化学学科意识和能力以促进学生发展的过程，而不仅仅是教师传递知识的过程；他们扮演着学生学习的促进者、教育教学研究者、课程建设者与开发者等多重角色；他们保持着宽容、合作的心态处理好各种人际关系，充分挖掘、利用各种资源开展专业合作。

二、教学情感的分析

教师的教学情感是指教师对教学工作、所教学科和学生的积极或消极的情感态度。作为情感相对成熟和稳定的教师，是教学活动的组织者和指导者，其主导地位决定了教师教学情感对教学活动具有更大的能动作用。笔者基于教学活动这一特定的背景，从教师对教育教学工作的情感、对所教学科和对学生的情感三个方面来审视教师的教学情感。

1. 对化学教育教学的情感

化学教师的教育教学工作虽和其他教育教学工作有共同处；但也不同于其他工作。教师工作的对象是充满朝气、生动活泼的青少年，而不是无生命的物体，他们具有主观能动性，而且正在成长过程中，这要求教师要有更大的责任心。教师工作的目的是育人，通过教育教学培养和提高未来社会公民的科学素养，其工作的好坏，关系到国家的前途、民族的兴旺、社会的发展和时代的进步，它要求教师有更强的事业心。教师的工作手段不是任何工具，而是用教师自己的知识、才能、智慧和人格魅力，在与自己的学生共同活动中去影响学生，这种工作过程是需要教师不断地吸收、加工和输出知识、技能、智慧及思想的过程，虽然也以积累为前提，但毕竟以输出为其本质特征，这要求教师要有更多的奉献精神。总之，教育教学工作是一个需要更多责任心、事业心和奉献精神的特殊性工作。

由于教育教学工作的特殊性，不同的教师对教学工作有不同的情感态度。较多考虑物质待遇和个人得失的教师，则会对教育教学工作怀着消极的情感，流露出不满足的情绪；将教育教学工作看作一般性谋生手段的教师，对教育教学工作则会缺乏强烈的积极情感；只有充分认同并践行化学教育教学工作特殊性的教师，才会不计较个人的辛苦与得失，才会对教育教学工作怀有满腔热忱和执著不悔的情感。郑捷——福建省福州市格致中学的一名化学特级教师，在业内，知其名、识其人者甚众。笔者也是因为报刊上有过她的事迹介绍，而被一名化学教师、一名癌症患者身上所映射出的那份真爱和对职业的依恋所感动、折服。1990 年，郑捷开始被腹泻所困扰，严重时一天多达十次，不仅影响了她的个人生活起居，更影响到每一节课的正常教学。作为初三毕业班班主任兼化学课任教师，此时的郑捷正在全力组织学生迎考。她带着不间断的高烧、腹泻和沉重的脚步，依然笑对学生，站立讲台，全身投入，忘我工作。这一年，当她所任教的班级总成绩以 100% 的中考合格率、80% 的优秀率在福州产生轰动时，她却被确诊患了晚期直肠癌。

连医生都认为活不了多长时间的郑捷，依靠着爱的力量支撑，不仅活着，而且令人难以置信地重新走上了讲台。从 1992 年至 2001 年，病后重新工作的她，再次焕发出生命的光华，创造了不平凡的工作业绩。1992 年，为了照顾她的身体，学校让她负责分管学生档案工作，她创了连年全市档案管理检查评比合格率 100% 的记录，得到了上级机关的好评；1994 年起，她开始重新走上讲台，所撰写的教学论文荣获福建省中学教学论文优秀奖，所开设的课成为福州市全市性公开课；1995 年至 1997 年她所任教的初三年级段连续两年获得福州市中考化学学科成绩第一名，由她指导的学生在参加全国初中化学奥林匹克竞赛中取得了优异的成绩，她本人被授予“福建省优秀园丁奖”；1998 年起，她开始担任高中化学教学，无论是学校的期考、全市的统考、高中毕业会考等，她所任教班级学生的成绩，总是名列前茅……①2010 年 5 月 29 日，郑捷老师在济南举行的全国中小学班主任工作方法创新与班级管理经验交流培训班报告了自己对教育教学工作的体会如下。②

案例 6－4

郑捷：一辈子学做老师——平和而执著

作为福州格致中学的一名普通化学教师，从教多年来，我最崇尚的是“平平淡淡才是真”。我的从教体会有三点。一是平和而执著——把工作当回事。做一个好老师，首先你要有一颗平和的心。既然想做个好老师，就要接受要做老师的一切工作，大事小事，快乐事。烦恼事都做，做好一件对学生有利一点。特别是班主任老师就像一架永远也无法停止的机器，平淡可以化解老师的累。二是以人为本——把学生当回事。我努力做到了解、理解每一个学生，做到“童心”和“母爱之心”一起跳动。对学生充满真挚的情感，无疑会使学生亲近我，并乐于接受我的教育（什么是师生感情，不是彼此亲密无间，称兄道弟，而是一种在生命成长中的引导）。三是教书育人——把教学当回事。一个教师一辈子都在从事学校的教学工作，就意味着他生命中大量的时间和精力，是在课堂中和为了课堂教学而付出的。每一个热爱学生和自己生命的教师都不应该轻视作为本人生命实践组成的课堂教学。

19 年过去了，如今的学生只知她体质不好，并不知道她有过重病，因为“郑老师在讲台上总是精力充沛”。年复一年，工作已成了郑捷的生命。她总是乐此不疲，总有着使不完的劲。她把自己的生命分割成了一个个用 45 分钟组成的时段，而每一个时段对于她都是不可或缺的，因为她信奉并坚守：做一名教师，要倾其所爱；教师只有工作着，才是美丽的；教师只有不断奉

---

① 林菁．郑捷——爱其所爱　生命无悔［N］．中国教育报，2002－08－03（1）．

② 郑捷．一辈子学做老师——平和而执著［EB/OL］http：//rcsyzx. rcjy. com. cn/Article/RcjyGov/ViewArticle. aspx？ItemID＝1403.

献着生命，才是最有价值的。因此，她备加珍惜。

2. 对化学学科的情感

这是化学教师对自己所执教学科及其具体教学内容的情感。教学不是一个抽象的活动，而是十分具体的活动。在中学一般要规定每一位教师从事某一门学科的教学。这种规定既有来自教师最初的自觉选择，也有来自以后的工作需要。但不管哪种情况，教师对自己所教学科有不同的情感。专家型化学教师由衷喜爱自己的学科，对化学学科情深似海，谈起化学学科特征及学习化学的重要性来如数家珍。化学的魅力何在？中学生为什么要学化学？笔者就此问题访谈专家教师 EA1，她的回答如下。

案例 6－5

EA1 谈化学的特征与学习化学重要性

化学以宏观、微观与专门用语相结合的方式，采用一套严密的研究规范和科学探究方法，帮助人类认识自己生存的物质世界。化学研究规范及方法是培养学生认知物质世界的最好教科书，学好化学可以使学生更加具有怀疑态度和批判精神、更加具有实事求是和踏实做事的态度。短短的 200 多年间，化学在其研究领域中采取独特的研究方式方法，不断地解决社会难题和满足人们对物质世界的好奇心，自身学科体系不断完善。到今天，化学已经发展成为一门中心的、实用的和创造性的科学，在解决人类社会发展的难题，提高人类生活质量，促使人与自然和谐相处等方面发挥着重要作用。很难想象，在当今现代社会一个缺少必要化学科学素养的人能对与化学相关的社会及生活问题作出合理的判断？能够尽享一个现代公民的权利和义务？化学能使生活更美好！化学中蕴涵着丰富的科学与人文教育素材，学好化学对中学生未来人生发展很重要。所以，我非常重视化学绪言课的教学设计，课上有充分体现科学性与人文性的素材，一定有演示实验和趣味实验传统节目，课上我和学生都很兴奋，那种感觉真好！

专家型教师 EA1 所教过的学生大多很喜欢学化学。笔者访谈她的学生：对你们老师的化学课的感受如何？学生甲的评价是：化学课堂堂精彩，老师的教学方法独特、新颖；教学的情感丰富、诱惑力强。想不专注听下去，难！学生乙的评价：哪天有化学课，我们一早就怀有一种期待，这一天都有一份好心情，上化学课对我们来说真是一种享受！为何专家型教师 EA1 的化学课受到学生的欢迎呢？那是因为她对化学及化学教学怀着一种深情，她是用心、用情去教化学把教材教“活”了。而不像某些教师那样对自己所教学科及专业内容趣味平平，缺乏热情。有的教师甚至对年复一年，周而复始的教学内容感到厌倦、乏味，视教学如奴役。

教师要克服倦怠、挣脱奴役要靠不断地学习。“教师是一个需要不断学习、终身学习的职业。只有不断地学习才能不断地提高。当今社会是一个不进则退的时代，即使一个优秀教师，如果不再学习，也不能永远保持优秀。”① 专家型教师正是通过不断学习消解职业倦怠、唤起自我发展的意识和能力，拥有独立之精神和创造性的专业生活的。

案例 6－6

曹居东老师谈化学特级教师加深业务功底②

90 年代酷夏里的一天，我去拜访我的中学老师——著名特级化学教师田凤岐先生。进门只见田先生和夫人王文彩先生（也是我中学时代的老师）正人手一册伏案苦读。王先生读的是一本刚出版的大学无机化学教程，田先生则读的是一本新版的分析化学教程。此情此景令我大为感动，深受教育。同样的，陆禾先生在其从教 40 多年里，手中从未离开过化学专业书籍，而且是从他毕业时的“苏式”教材一直读到 90 年代的国内外新教材，真可谓是手不释卷。是啊，在不断研读学科专业书籍以加深业务功底这件事上，许许多多的专家型化学教师都是如此。

很多专家型化学教师一面教学，一面钻研，真可谓“学而不厌，诲人不倦”。知名的专家型化学教师通常在掌握化学课程标准规定的化学知识的基础之上，还要超越教材，从化学学科体系上把握化学知识，正确运用大学化学的概念、理论、观点和方法去分析和研究中学化学知识。只有通过不懈地精通中学化学知识、熟悉大学化学内容、明确近代和现代化学观点、了解现代化学进展的努力，才能使自己高屋建瓴地把握完整清晰的中学化学知识图景。他们不认同教学是一种蜡烛自燃的过程，而是火炬燃烧的过程，它在为他人照亮道路的同时，又在黑暗中探索前进，在给学生答疑解惑的过程中不断增进对学科知识的认识和理解，不断探索和挖掘化学学科之美，他们将教学视为师生相长，共同发展的过程。

---

① 顾明远．我们需要这样可贵的教师气质［N］．中国教育报，2008－03－27（4）．

② 陆禾，郁波．化学教学艺术与研究［M］．济南：山东教育出版社，1997：11－12．

化学本身就是个层次分明，联系紧密的知识系统。优秀化学教师的头脑中充满了各种各样的个性化的化学教学知识图式①（见图 6－1），他们习惯于通过充分挖掘知识点之间的联系来把握知识的本质，灵活采用对比、推演、归纳等方法向学生展现生动、层次清晰又富有逻辑的化学知识图景，渗透科学方法、培养化学思维。

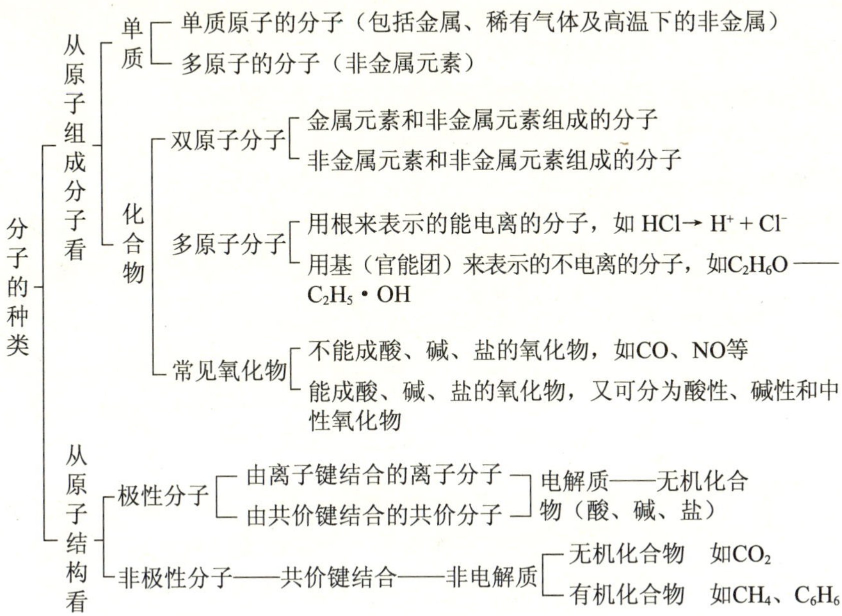

图 6－1　刘景昆先生有关分子种类的关系图

3. 对学生的情感

这是教师对自己教学对象的情感。教师与学生在共同教学活动中必然结成一定的人际情感关系。教师对学生的情感是客观存在的，不仅包括教师对学生个体的情感，而且包括教师对学生群体的情感。有的教师从肩负的培养与提高学生的科学素养责任出发，对学生有一种特别深厚的情感，集中凝聚着长辈对晚辈的深情厚谊；有的教师将师生关系仅仅看作是“教”与“学”的关系，缺乏情感上的投入与升华；更有甚者，把学生作为自己的对立面，视为给自己添麻烦、惹是生非的人，情感上产生抵触与厌烦。而众多专家型化学教师基于自己多年的教学体验达成的共识是：师爱是教师的第一教育智

① 张家骑，等. 介绍刘景昆先生的化学教学经验［J］. 人民教育，1957（1）：38.

慧，师爱是教师的第一大爱，其教育教学艺术植根于教师对学生深厚的爱。这份师爱最为集中的表现是真爱自己的学生，愿意为学生付出自己的智慧和精力；同时也珍爱自己的职业尊严和声誉。师爱不同于源自血缘关系的母爱，它是建立在教师对学生生命价值的尊重、对自身学科使命与职业之社会价值的深刻认识基础上的，因此，它更理智、更深沉、更富有社会意义。很多专家型化学教师日复一日年复一年地坚守三尺讲台耕耘，以自己的行动甚至生命诠释着这份师爱的神圣和伟大。

2010 年 11 月 27 日《光明日报》头版的一篇文章报道：2010 年 1 月 23 日，魏富春老师因患脑瘤去世了，年仅 51 岁。他从教 30 年，历任延庆一中化学教师、县教科研中心副主任、延庆第五中学副校长，先后获得过全国优秀教师、北京市“五一”劳动奖章、北京市师德楷模、名师等称号。他将全部的心血和热情都奉献给了学生和学校。即使在生病住院之际，他惦记最多的还是学生，牵挂着高三的复习备考……

案例 6－7

魏富春：用智慧爱孩子是老师的大爱①

当老师，最怕什么？从当老师的第一天起，魏富春就开始反复琢磨这个问题。一直琢磨了 20 多年，答案始终只有一个：最怕“误人子弟”。什么样的老师才能做到不误人子弟？一句话，用智慧爱孩子是老师的大爱。魏富春是 1985 年在延庆县一中当上教师的。从此，他开始了追求智慧、求索大爱的刻苦历程。

北京 14 中有个叫陆禾的特级教师，是全国化学教学权威。魏富春用了一番心机，拜陆老师为师。魏富春开始了一年的奔波：上午上完两节课，挤长途车往 160 里外的北京 14 中赶。惦记着中午 12 点必须到 14 中，利用中午时间抄陆老师一周的所有教案。下午听两节课后，再挤长途车回 160 里外的延庆一中，得赶上晚自习，得辅导孩子们，得和孩子们在一起……真的是太累了。他却说，能有机会随堂学习陆老师的课，实在是求之不得的。奔波忙碌一年，当然是收获的一年。抄录整理了陆老师数万字教案，随堂演算了数千道精选习题……掌握了中国最权威的化学教法。这还远远不够，因为，他

① 杜弋鹏．人民教师甘为人梯留大爱——追记北京市延庆县第五中学化学教师魏富春［N］．光明日报．2010－11－27（1）．

的目标是当一个有大智慧的老师。

1996年，他参加了北京师院研究生课程学习班。为了尽快提高自己的教学水平，也为了加强学生的竞争意识，挖掘内在潜质，他自费带领学生参加一系列的全国化学竞赛，开了延庆县参加全国学科竞赛和奥林匹克学科竞赛的先河。参加1989年石油化工部举办的全国化学竞赛，学生获二等奖；1990年全国化智杯比赛中，学生获二等奖；1990年、1996年全国奥赛中，分获二、三等奖；总计获奖20多人次。一次次地参赛，不仅激发了学生的学习兴趣，也带动了全班的化学学习。1990年到1994年全县高考成绩的最高分数段全出自魏老师所带的班级；1996年全市化学会考及格率100%，优秀率超出市平均水平。

山区、农村的孩子大多家境艰难，手中除了课本外，几乎没什么像样的参考书。魏老师用每月有限的班主任费为学生有针对性地买部分资料，以"借"的名义让学生们长期使用。班里部分住校生外语基础差，他就有针对性地做工作，并与他们约定每天早晨6:00在校园的操场晨读。他以并不专业的身份和并不标准的发音，高声地朗读着英语。学生们被他的真诚感动了，书声琅琅回荡在清晨的校园里。

他告诉学生，"守时"是成就大事的一块基石，也是人生历程中的重要美德。他自己连续七年承担高三教学和班主任的任务，繁重，紧张，但从不请假，从不迟到早退。耳濡目染，班级形成了良好的班风。从1990年起，魏老师担任高三班主任兼两个班的化学课，化学成绩连超市及格率、市平均分，所带班高考升学率在年级名列前茅。当时，由于客观条件所限，延庆一中已十余年没有考取清华、北大的学子了。1998年，魏老师勇敢地挑起了高三年级组组长的重担，协同年级组教师摸爬滚打，终于有三位学生考入清华。为了能将良好的势头保持下去，魏老师连续三年担任高三年级组长，严把高三教学关。从那以后，延庆一中每年都有几名学生考入清华、北大。"人们用各种神圣而美好的语言赞美老师，而我最喜欢'甘为人梯'这四个字，我甘愿用自己的双肩托起学生们通向未来的步伐。"

魏老师生前在一次师德报告会上曾动情地讲道："我的生命是弱小的，我的奉献也是微薄的。我一生最大的幸福便是让更多的孩子走出大山，去闯山外的世界。我愿以我淡泊的心志、不悔的追求和永恒的挚爱毕生奉献于教书育人这一崇高神圣的事业！"魏老师有教无类甘为人梯留大爱的生动事迹集中体现了专家型化学教师对化学教育教学、任教学科、任教学生不仅持有真挚炽热的情感，而且还有不懈的内驱动力，将此“情”化为“行”的扎扎实实卓越个人实践。

三、教学心理品质的分析

多年的教育实践证明：教师心理品质对学生心灵的影响，是任何其他教育手段都无法代替的，它不仅表现为一种教育才能，而且作为一种教育力量，潜移默化地影响着学生的心灵。教学心理品质是指教学过程中教师自身的主导情绪状态及自我调节的个性心理特征。例如，是否善于体察学生的心理世界与内心变化；是否善于营造有趣快乐的学习氛围；是否具有较强的组织管理能力，等等。教学心理品质是教师在教学实践活动中积累而形成和发展的。具备良好的教学心理品质的教师不仅善于激发学生学习的内驱力，而且善于创设愉快轻松的课堂教学氛围，能及时有效地建立和谐的师生关系，以增进教学效果和提高教学效益。不同于从动机、注意、情感、意志、兴趣和个性及能力等考察教师的心理品质，本节中探讨教学心理品质是从专家型化学教师在教学活动中如何激发与满足学生快乐学习、趣味学习和营造师生情感交融状态的表现及本质特征展开的。

1. *在教学中求乐*

当教师和学生围绕着教学内容展开教学活动时，教师自身的情绪状态和对教学工作、所教学科、所教教材内容、学生的情感都会自然地流露给学生，影响学生对学习活动、所学内容及课程的情感。教学活动中师生之间彼此影响，相互感染，产生认知和情感交流的情绪状态。其中教师自身的情绪情感状态往往处于主导地位，对学生的学习过程有着直接的调节作用。教师的教学是否满足学生的需要是学生能否产生快乐情绪的关键。研究发现为了使学生怀着快乐的情绪学习，专家型化学教师总是在想方设法从满足学生的求知、成功、审美和娱乐等有关需要中来引发学生的快乐情绪实现使学生乐学的追求。

（1）从满足学生的求知需要中求乐。毋庸置疑，教学中对学生最具有影响力的莫过于教学内容本身。学习掌握必要的社会文化知识和社会行为规范是学生的主导活动，教学内容便体现了社会对新生代在社会化过程方面的基本要求。但是，学生的求知需要是学生个体对学习内容的主观要求，这种需要不仅具有个体差异性，而且还具有不同阶段的不同倾向性。如何使教学内容与学生求知需要尽可能的匹配，是引发学生因满足求知需要而产生快乐情绪的关键，同时也是教师因体验到教学创造性而引发职业快乐与幸福感的关键。正如卢梭所说：“教育的艺术是使学生喜欢你所教的东西。”① 研究发现，专家型化学教师普遍注重从以下两个方面来满足学生的求知需要。

第一，精心选择教学内容。尽管用好用活教材是专家型化学教师实施有效教学的最有效途径。但教材不是唯一的教学资源，难以及时体现学科的新进展与应用价值以及各学科知识间联系，更难以充分反映社会、地区与学校的特点与差异和学生个性化的需求，这就需要教师以教科书为核心对相关教学资源进行筛选、另选、补选及整合，将教材中的知识激活，使它与学生的知识经验相连并满足社会需求与学生成长需求。例如，在引导学生学习氯气的化学性质，教师可采用两种方式：一是通过从具体反应事实归纳概括；二是通过理论演绎进行预测，并以此解释一定的化学事实或现象。专家型化学教师 EB2 则具体考虑到：这部分内容安排在高一年级，此时学生的理论知识和逻辑推理能力还相对较弱，宜采用由具体事实归纳概括的教学方式，所涉及化学反应还要符合经济、现象明显、快速、少污染、操作简单、能够引发学生思考和便于学生开展自主探究活动的要求。于是，他就不用教材的例子，另选铁丝在氯气中燃烧的反应作为演示实验；将氯气与水、氢氧化钠反应改作学生探究实验；还另选其他有关氯气的化学性质的演示实验视频以丰富学生对氯气化学性质的认识。

在处理氯气与水、碱的化学反应这部分内容时，补充了有关处理氯气泄露措施的新闻事件来体现知识的应用；在学习氯水的漂白性、次氯酸钙漂白剂内容时，引介了抗击“非典”和“禽流感”中对它们的使用功效；还展示了“84 消毒液”及“84 洁厕灵”等实物，讨论其成分与使用说明、保存方法等来拓展氯水与次氯酸盐的应用。

第二，巧妙组织教学内容。从选择教学内容到实施教学内容，中间还有个组织加工过程。如果说精选教学内容更多体现专家型化学教师在教学内容处理上的科学性，那么组织加工教学内容则更多体现在教学内容处理上的艺术性。这里巧妙的涵义在于：使已选定的的教学内容组织成较为符合学生求知需要的活动，尽可能地实现两者的完全匹配。例如，专家型化学教师 EB2 将氯气与水的反应的教学内容设计为学生的探究实验，让学生针对氯气是否

① 卢梭. 爱弥儿：论教育·上卷［M］. 李平沤，译. 北京：商务印书馆，1978：349.

与水反应问题亲历“提出假设→实验验证→分析现象→得出结论”的科学研究过程的活动体验。将静态的文本资源转变为动态的获取知识与体验科学方法“探究实验活动素材”，使教材文本实现“升值”。对补充的学习氯气与水、与氢氧化钠溶液反应原理应用的素材，EB2 老师设计成围绕一组环环相扣的阶梯问题的学生讨论活动：①实验中多余的氯气应如何处理？②抗击“非典”与“禽流感”中使用含氯消毒剂的有效成分是什么？是如何制备的？③常见家用消毒液有哪些？可曾注意家用消毒产品瓶体标签中的使用说明？④能否将家用消毒液如洁厕灵与漂粉精混合使用？会有什么危害？……EB2 老师通过这样组织加工将氯气与水、与碱反应原理延伸到相关生活问题和社会事件，引领学生学会用化学视角去观察和思考生活中的现象、领会其中蕴涵的化学原理、感悟掌握化学知识的重要性和必要性。

（2）从满足学生的成功需要中求乐。成功需要是指个体对成功完成某件事情的渴望和需求。满足成功的需要，不仅会产生快乐情绪，而且会增强自信心和胜任感，促进个体朝着成功的方向继续努力。心理专家卢家楣认为成功需要包括两层含义：一是希望获得成功机会；二是希望在胜过周围人的过程中获得成功。在一般学生的成功需要中，两种内涵均有，但在学习成绩较差、挫折较多的学生中，其成功需要更多地包含“希望获得成功机会”；而在学习成绩较好、成功较多的学生中，其成功需要更多地包含“希望胜过周围人”，即表现为较强烈的竞争心①。苏霍姆林斯基曾这样告诫教师：“请记住：成功的快乐是一种巨大的情绪力量，它可以促进儿童时时学习的愿望。请你注意无论如何不要使这种内在力量消失。缺少这种力量，教育上的任何巧妙措施都是无济于事的。”②

研究发现，专家型化学教师重视并不总是由满足学生的求知需要来激发学生快乐情绪的，他们还擅长通过满足学优生、普通生及学困生的不同成功需要来引发学生的快乐情绪。例如，在化学用语教学中，不少教师在帮助学生克服错误元素符号、化学式及化学方程式时往往采用惩罚手段，错一个让学生在作业本上重抄五遍、十遍、甚至数十遍，或者课后及大课间到老师办公室去默写等。因而学生是在枯燥乏味、担惊受怕的情绪中接受基本功训练的，其收效往往事倍功半。一些专家型教师一反传统教学方法，把这项训练

---

① 卢家楣．情感教学心理学［M］．上海：上海教育出版社，2000：202.

② 瓦·阿·苏霍姆林斯基．给教师的建议［M］．杜殿坤，译．北京教育科学出版社，1984：40.

与创设成功机会相联系。例如，专家型教师 EA2 就在其班里设立“错误化学用语医院”专栏，收集学生书写中出现的错误元素符号、化学式及化学方程式罗列在专栏内作为“病人”，然后让学生自愿报名当“大夫”，给错误化学用语“治病”，并要求找出“病因”。对一些易混淆易出错的化学用语，鼓励“大夫”进行“会诊”，找病因、拿出治疗方案和预防措施。这样，通过合作交流的方式使学生在根除元素符号、化学式及化学方程式错误的活动中得到一次又一次成功的体验。特别赞赏那些能勇于呈现自己在化学用语方面的错误的学困生，表扬他们能明察自己薄弱之处不仅是自己进步，并且是给班集体同学做贡献，充分肯定其学习过程中取得的点滴进步和成绩，化批评、指责为激励、表扬。另外，他还经常组织全班或小组围绕某一问题、某一练习、某一实验操作，进行抢答、比赛会，使本来单调的教学活动沉浸于学生之间的相互竞争所产生的热烈、高昂的情绪氛围之中，成绩中等以上的学生接受富有刺激性的挑战以满足其成功需要。

（3）从满足学生的审美需要中求乐。审美需要和娱乐需要也是学生情感需要的重要组成部分。研究发现很多专家型教师首先是通过追求卓越不断提升个人教学艺术和人格魅力去满足学生的审美需求。例如，以精炼、生动、富有逻辑性、节奏变化的流畅口语，以布局合理、简括概要、工整美观的板书板画，以大方、自然、整洁、优美、文雅的教态和着装等来展示其教学艺术魅力、创造美的教学情境，塑造学生的美好心灵。在此基础上他们还重视注重发掘化学教学内容中的实验美、理论美、人生美、应用美等，以激发学生的学习兴趣，丰富学生的想象力，增强学生的科学探究能力及开拓创新能力，塑造学生的美好心灵，从而提高学生的科学素养。

以实验之美，激发学生参与科学探究的欲望。化学是一门以实验为基础的自然科学，许多化学原理和现象都能在实验中得以验证。实验还是学生发现化学之美的眼睛。化学药品是美的，晶体结构的奇妙对称、金属单质的迷人光泽、酸碱指示剂的姹紫嫣红无不给人以美的视觉享受；化学仪器是美的，清洁光亮的烧杯、锥形瓶、U 形管、干燥管、冷凝管、启普发生器等外形各异，晶莹剔透，酷似艺术佳品；化学装置是美的，整套装置的比例得当、错落有序、功能各异、控制灵活、构思巧妙，体现一种严谨的规范美、造型美；实验操作是美的，教师在学生面前演示及示范时，操作熟练、动作灵巧、节奏清晰……使学生受到美的熏陶、切身感悟到独特的化学学科之美。

以理论之美，启迪学生科学的学习方法。化学知识融概念、原理、事实于一体，包括客观存在的化学物质、化学变化、化学实验。这些知识繁杂难记，但有内在的联系和变化的规律。专家型化学教师充分揭示元素周期律、勒沙特列原理、质量守恒定律等及其所蕴涵的物质结构决定性质、动态平衡、守恒、对立统一的学科思想观念，帮助学生理解与掌握这些规律和学科思想，引导学生要学会利用“质量守恒、能量守恒、电子守恒”等诸多关系解决生活、学习中的一系列问题为学生认识客观世界提供了科学的理论依据，感受化学学科的内在美。如一张小小的元素周期表包含大千世界中千万种化学物质，并反映着它们的千变万化的规律。通过元素周期表教与学，引导学生学会从学习方法上简化学习过程，从而使学生赞赏元素周期表（律）的深邃、简洁、新奇、和谐之美，有效地愉快地学习化学。

以化学家的卓越人生之美，培养学生的科学精神。专家型化学教师注重将化学家的高尚道德情操和为追求真理而献身科学的人文教育融入相关的化学科学知识教育之中。例如，在学习纯碱知识时，介绍我国化工先驱侯德榜，他出身贫寒但刻苦学习，以10门功课1000分的优异成绩被公费派往美国留学。学成之际，他毅然放弃美国优越的生活与科研条件，于1921年回到灾难深重的中国。面对外国资本家在制碱技术上的封锁，他凭着“外国人能办到的，中国人也能办到”的信念，发明了著名的“侯氏制碱法”，成就了中国自己的化工事业。更难能可贵的是对于他的发明，他不仅没有以高价出售专利发大财，而是写成《制碱》专著，公布于世，轰动了整个科学界。讲到蛋白质时，一定介绍当年上海生物化学研究所所长王应睐所率领的研究团队协同攻关，通力合作，在经历了多次失败后，于1965年在世界上第一次用人工方法合成出具有生物活性的蛋白质——结晶牛胰岛素。这一重大科研成果轰动了当时的国际学术界，为祖国赢得了巨大的荣誉。面对功绩和荣誉，作为学术带头人的王应睐，想到的是集体和他人，甚至没有在科研报告中署上自己的名字。当然，像范特霍夫、诺贝尔、鲍林、哈伯、莫瓦桑、居里夫人等众多化学家耀眼的生平事迹也会出现在对应教学内容中，让学生感受化学家们淡泊名利、敢于超越权威、超越自我，面对厄运和失败自强不息、奋力拼搏的人格和科学精神。

（4）从满足学生的娱乐需要中求乐。参加各种娱乐活动的需要是人的天性，处于身心发展阶段的青少年更有此强烈需要。尽管娱乐活动与教学活动是两种截然不同性质的活动，但两者并非完全对立、互相排斥。化学教师在教学中适当组织小品表演、角色扮演、猜谜语、编歇后语等娱乐活动形式来进行教学能将抽象、理性的教学内容直观形象化，使学生乐学不疲，收到事半功倍的效果。研究发现不仅一些专家型化学教师对此擅长，而且很多新手型化学教师更乐意挑战这种教学活动形式。新手型化学教师 NB2 在讲授气体摩尔体积中“影响物质体积的因素”知识点时，让学生先做一个游戏。提供如下道具：10 个乒乓球、5 个篮球、10 个篮球；向 3 名学生提出任务：假若你可以从这三堆球中任意选择一堆，最后使球所占的空间最大者获胜。你会怎么做呢？（3 名学生都跑向 10 个篮球那堆）此刻教师提问讨论交流：为什么跑向 10 个篮球？为什么不跑向 5 个篮球？（太少）为什么不跑向 10 个乒乓球？（太小）；最后点拨：那么同样的道理，现在你知道决定固体体积的因素是什么吗？……新手教师 NB2 选择这样游戏方式，使学生在做游戏过程中能自觉将游戏内容与影响物质体积因素相联系，思考体积与微粒大小及数目之间的关系，可见，游戏不失为一种缓解学习疲劳的实用而有效的活动形式。某校学生学习甲烷燃烧知识时，恰逢当地煤气公司正在实施为使用煤气的家庭更换煤气灶，课前教师请家庭中已经更换过煤气灶的三位学生（甲、乙、丙、分别扮演父亲、母亲及儿子）将家庭中发生的有关事件编成一段小品。这节课就是以此小品表演开始的。

案例 6－8

为什么要换煤气灶①

师：上课之前先请大家一起看一个小品。

甲（演父亲）：孩子妈，煤气公司通知我们明天要来换煤气灶，你呆在家里好吗？

乙（演母亲）：明天我单位有事，还是你请假吧。唉，对了，你知道为什么要换煤气灶吗？

甲：不是很清楚，听说要换煤气。

乙：换煤气？换什么煤气？我们这不是用得好好的，有没有必要？

丙（演儿子）：爸、妈，你们就不知道了，这是市政府实施的惠民工程之一，目的是改善上海的能源结构，提高我们的生活水平。

乙：那你说说我们原来的煤气有什么不好？

---

① 张长江．中学化学教学技术指导［M］．上海：上海教育出版社，2005：42－43.

丙：也不是说不好，只是说改用天然气更好。

乙：更好？

丙：因为天然气的主要成分是甲烷，燃烧相同体积的甲烷要比煤气中的一氧化碳放热更多，这样可以节约能源，放出的二氧化碳也相对少一点，可以减少温室效应的发生。再说，一氧化碳中毒事件时有发生，危害人的生命。

甲：你知道的可真不少。不就是改气体吗，为何还要换煤气灶呢？

丙：可能和甲烷燃烧需要更多的氧气有关吧！

甲：对了，煤气灶中有个空气阀，是调节空气流量，我想大概要增大空气流量，所以要换吧。

丙：老爸，你真聪明！

乙：那它的价格是不是贵一点？

丙：这个我也不清楚。

甲：好了好了，你不要老是钱不钱了。（大家哄堂大笑）

师：笑过之后，我们来看看这一小品中，有什么化学知识值得我们去探讨。

这是一则在教师指导下学生自编自导自演的小品，小品取材于生活，在小品模拟的生活情境中，教师启发学生从中学习有关甲烷与一氧化碳燃烧之比较、推广天然气的价值、换气同时要换煤气灶、市民对此项工程的态度等知识。让学生在表演的滑稽可笑、看得津津有味过程中理解知识感悟生活。

2. 在教学中求趣

兴趣是个人力求接近、探索某种事物和从事某种活动的情绪状态和个性倾向。当一个人对某事物抱有积极的情绪和态度时，就可以认为他对某事物产生了兴趣，而他本人也就必然会积极地把自己的有关心理活动指向而且集中于某事物。同理，兴趣是调动师生教与学的积极性的内驱力，教师教的有趣与学生学的有趣是互为条件共生共荣的。专家型化学教师不仅追求教的快乐，而且追求教的有趣，致力于使自己的教学步入创设快乐与兴趣并存的佳境。研究发现为了引发学生的兴趣情绪，专家型化学教师精心组织教学内容，使其不仅符合学生的认知需要，而且尽可能超出学生的预期，让学生怀着由认知冲突所引起的惊奇进行饶有趣味地学习，不但可以使其达到新的认知水平，而且促进其在情感、行为等方面发展。专家型化学教师使教学内容超出学生预期、设置认知冲突情境以实现引发学生兴趣情绪的主要途径如下。

（1）就有关“奇异”实验现象求趣。化学中某些实验现象既与学生已有的知识经验有联系，却又不能用这些知识经验去解释；既具有出人意料（超出预期）的效果，又有发人深省、引人探索的魅力，对引发学生的兴趣情绪有十分明显的作用。例如，某教师是这样进行“碱金属”的导入的：同学们，水能灭火是常识。今天我要让水来点火，请大家注意观察，这是酒精灯，这是一瓶金属钾，注意联系已学过的金属钠的性质，猜一猜金属钾应该保存在什么液体中？用镊子取出金属钾块，同样用滤纸擦去表面的保护油，用小刀切开一绿豆粒大小的钾，放入酒精灯芯，再用滴管吸少量蒸馏水。请大家想一想，当水滴在灯芯上以后，将会发生什么现象？为什么？（教师操作，酒精灯燃着）。谁能从这些现象中进行解释，水为什么能够点火的道理？教师就“水能点火”的奇异实验现象，设置诸多问题，促进学生认真思考，积极反应。真可谓“思维自惊讶和疑问开始”，将教学建立在“最近发展区”的实践。同样的道理，专家型化学教师 EB1 在进行“原电池原理”教学时就“铜为何与稀硫酸发生反应产生氢气”这一“奇异”实验现象设置情境。

案例 6－9

铜片上为何有氢气生成的探究实验设计

提出任务，请你完成下列实验并进行思考：把铜丝和锌片同时放入稀硫酸中，观察铜丝表面有无气泡产生；如果没有，试试把铜片与锌片接触。

思考、实验 1：推测铜丝表面生成的是什么气体？设计实验验证。

思考、实验 2：什么情况下铜丝表面才会有氢气生成？设计实验验证。

思考、实验 3：为什么溶液中的氢离子会在铜丝表面变成氢气？设计实验验证。

思考、实验 4：哪个是正极？哪个是负极？设计实验验证……

铜不能与稀硫酸发生化学反应，这是学生所熟知的。可是，现在学生却发现铜丝表面有氢气产生！EB1 不但利用认知冲突激发学生的兴趣，还利用一系列的问题和实验，直达认识和理解原电池原理的目标。

（2）就概念认识的模糊点以及新旧概念的矛盾点求趣。学习中由于一些类似知识之间相互影响，导致学生概念理解的模糊。专家型化学教师常常利用学生这些概念认识模糊点设置认知冲突，使学生澄清认识，理清思路，将原本模糊的前概念经过正本清源，得到正确的概念，完成科学概念的转变。

案例 6－10

氧化物概念的厘清

针对非金属氧化物与酸性氧化物、金属氧化物与碱性氧化物之间的关系，专家型化学教师 EA1 通过设置下列问题，使学生产生认知冲突以求趣。

判断下列说法是否正确，为什么？

金属氧化物一定是碱性氧化物；

非金属氧化物一定是酸性氧化物；

碱性氧化物一定是金属氧化物；

酸性氧化物一定是非金属氧化物。

新旧概念的矛盾点是指新学习的概念与原有的概念从表面上看似是矛盾的，相互冲突的。实际上对新旧概念进行细致梳理、剖析，就能够化解这种“矛盾”。很多专家教师善于利用教材中以及学生认识新旧概念相互“对立”或“矛盾”，先把学生置于矛盾情境，激发认知冲突，再将隐含于学习内容的矛盾点直接揭示出来，展示给学生，引发学生学习兴趣，让学生学会如何正确地认识矛盾、解决矛盾。

案例 6－11

化学平衡移动教学

在学习化学平衡时，专家型化学教师 EB2 还告诉学生这样一个事实：工业上制取钾的化学反应原理为 $Na + KCl \rightarrow NaCl + K\uparrow$，这显然与学生已有认识中的 Na、K 的活动顺序相矛盾，认知冲突由此产生。教师再引导学生分析：由于 K 的熔沸点低于 Na，当加热温度高于钾的沸点而低于钠的沸点时，钾蒸气从反应体系中逸出，平衡不断向右移动，这样就制得了钾。工业上就是选择高温下活泼金属还原它们的化合物，利用它们的挥发性的差异使其与反应体系分离。

EB2 老师通过直接提出与学生原有金属活动性顺序规律理解“矛盾”的工业制备钾的反应式，再以平衡移动原理对此反应进行解释，最后引导学生观察分析反应发生条件是否一致，既帮助学生加深了对化学平衡移动原理及应用的认识，又明确了金属活动性顺序规律应用的条件。

（3）就"简单易懂""经典性"的知识求趣。专家型化学教师在教学中还致力于从以下途径引发学生的兴趣情绪。首先，将某些看似"简单易懂"的内容，出乎意料地与学生未曾思考过的问题、未曾接触过的领域联系起来，设置认知冲突。

案例 6－12

混合后 pH 怎么变?①

学习了电离平衡知识后，有学生问老师："如果把 100 mL pH＝2 的盐酸加到 100 mL pH＝2 的醋酸溶液中，pH 应该如何变化?"这个看似简单的问题如果从定性角度讨论，很容易跌入两难陷阱。老师决定将此问题抛给学生讨论，果然，学生中出现了不同观点：

有的学生认为：在醋酸溶液中加入盐酸，盐酸会抑制醋酸的电离，氢离子浓度减少，所以 pH 应该增大；有的学生说：溶液混合使醋酸浓度减小，会促使醋酸电离，pH 应该减小；还有的说：假设加入时平衡不移动，氢离子浓度不变，体积变为原来的 2 倍，那么，醋酸分子和醋酸根离子的浓度都变为原来的 1/2，由于温度不变，平衡常数也不改变，依据醋酸的电离常数表达式判定氢离子浓度不变，所以，pH 不会发生变化。

大家各执一词，不置可否，到底谁说的对了呢？学生迷惑不解，陷入认知冲突。此刻，教师启发说："大家的推断听起来都有一定道理，但是不是全面呢？有没有不严谨的地方?"

学生又讨论起来，很快发现前两种假设都有失偏颇，后一种假设推测也不完美，因为实际上在这个过程中醋酸分子、醋酸根离子、氢离子浓度一定会发生变化的。

老师见学生已看到问题所在，就继续启发说："前面大家的结论是建立在定性推理、理论推断的基础上，如果这样的推理方法还不能得出正确结论，那么，还有没有获得结论的其他方法?"

在教师的引导下，学生很快想到了定量计算得方法和亲手实验验证的方法，结果两种方法都证明了 pH 并没有发生变化。问题得到了解决，但老师并未止步，继续提出新的问题让学生思考：

---

① 王祖浩. 化学课堂教学行为研究及案例［M］. 南昌：江西教育出版社，2009：173－174.

（1）根据结论，是否可以认为不论什么酸，只要 pH 相同，则混合后其 pH 都不会发生变化呢？

（2）如果向已达到电离平衡状态的氨水中加入与此氨水中的铵根离子浓度相同的氯化铵溶液，那么该氨水的电离平衡会怎样移动呢？……

本例中，老师将此“简单易懂”问题抛给学生，先放手让学生讨论，使其陷入认知冲突，再引导学生反思自己的推理过程，找到思维盲区，接着指导学生用更好的思路寻找答案。问题解决后，教师又顺水推舟，再次巧设悬念，将学生的思考推向新的起点。

其次，专家型化学教师还擅长将教材中某些看上去“经典性”的内容，出乎意料地与学生实际及当代社会的某些时尚流行元素联系，从而引起学生的惊奇和兴趣。例如，某教师介绍元素周期表结构时将其比喻为一幢建筑：“元素周期表像一幢精美的建筑，总设计师就是化学家门捷列夫。7 个周期好比 7 层楼房，第一号房间住着最年轻的元素。为盖这座奇特的科学大楼，他整整花费了 20 余个春秋，到 1869 年初具规模，心血已把每块砖浸透。如今，大楼已有 109 个窗口，五光十色，引得多少有志者追求。请参观一下这座大楼，兴趣是最好的老师，只要你付出时间和汗水，这大楼里的每一个居民都会成为你的朋友。”还有的老师结合催化剂在化学反应中的行为特征将其比拟为：“它就像个调皮的小男孩，在校园里又跳又闹，又推别的孩子，结果自己却安然无恙，从没受伤害过。”

还有，专家型化学教师尽可能将教材中看似“枯燥乏味”的内容，出乎意料地与生动事例、有趣知识联系起来。例如，关于元素化合价的记忆，学生往往感到既枯燥又繁多，某位教师提醒学生采用先归类后谐音的记忆，看谁创造的记忆方法好记又有趣。学生们纷纷尝试，设计出了很多有创意的谐音记忆口诀，例如：钠钾银氢（哪家迎亲），镁钙锌钡（没盖新被子），锰正二、四、六、七（门诊 2、4、6、7），氯一、五、七、三（国窖 1573）等。

3. *在教学中求师生情感交融*

教学中的师生情感交融是指教师与学生、学生与学生在共同参与教学活动中相互合作，达到情感上的沟通、融洽，处于积极和谐的师生情感状态中。研究发现，专家型化学教师非常重视师生交往的情感因素，他们常常以自己对学生博大、真挚的师爱情感去引发学生积极的情感反应，促成师生情感交融，以发展和谐的师生关系，优化教学效果。而且，在长期的教学实践中，专家型化学教师不仅注重在学生取得进步获得成功之时营造师生情感交融的氛围，还擅长在细微之处、意料之外、批评之时将爱浸入学生心田，触动学生的情感，引起师生间积极的情感反应。

（1）在细微之处求师生情感交融。常言道“于细微之处见深情”，意指从一个人行为举止的细枝末节之处，可以看出一个人的情感深浅程度。学生对教师举止的观察更具有独特的敏感性，他们往往能从教师的一言一行、一颦一笑、一个眼神、一个手势中分辨出哪怕是最细微的差别，感受不同的意味。在日常教学活动中，师生间更多的交往是发生在极平凡、细琐的接触之中，因此，对专家型化学教师这方面的观察研究对普通教师来说更具有普遍而现实的启示意义。

在课堂观察中发现，很多专家型化学教师不但视师生的目光接触为沟通彼此情感的一条重要渠道，而且在教学中还能做到恰当运用目光来增进师生间的情感交流。例如，他们虽与学生目光接触，但不过多凝视，以免使学生不自在或造成学生的心理压力。由于前排学生始终处在教师的视线覆盖面之内，他们视线重点常常落在教室的后排，以便弥补因空间距离形成的与后排学生的沟通障碍。当发现学生注意力分散时，用目光去暗示、提醒；当学生回答问题胆怯、犹豫时，用目光去激励、支持；对于一些学困生或特殊学生，则给予更多的期待和热情的目光注视，避免其被冷落、忽视等。正如一位专家教师所言：“我时刻谨记对待学生要公正公平，不能把自己的阳光雨露只抛洒在那些少数的化学好苗苗身上。当我踏进教室那一刻起就有意识地控制自己的目光，使它尽可能平均地投向全体学生。如果可能的话，对一些差生或有特殊困难的学生，还应给予更多的关注，帮助其克服自卑感，增强自信心。”

学生名字不只是一个学生有别于其他学生的外部称谓标志，而是学生个体自我的一个重要部分。对一个人尊敬或鄙视、亲历或疏远的态度，往往会在对他的尊称、爱称、戏谑中体现出来。所以，专家型化学教师都很重视学生对教师呼唤他名字这一细节，他们往往在师生接触的最初阶段就能以亲切的语气随口叫出绝大多数学生的名字，使学生产生出乎意料的惊讶，并从中获得尊重、依恋上的满足，对教师骤增亲切感。当我询问起某专家型化学教师如何做到很快随口叫起学生姓名的秘诀时，他回答道：“首先，接到新班上课前一定抽时间尽快把花名册多看几遍，遇到生僻的姓名，查字典弄准读音，头次点名，力争记住 10 个左右学生的姓名；其次，抽零碎时间多看花名册，利用比较、联想、谐音、构思情境等记忆方法努力记住学生名字；再次，通过课间与学生闲聊了解其需要、兴趣、气质、特征，使人与姓名对上号帮助记忆；最后，在新组建的班级中，建议每位学生自制写有自己姓名桌签置于自己桌面上，也是便于同学之间、师生之间能很快叫上姓名以相互熟悉的重要措施。"

此外，很多专家型化学教师还能设身处地为学生着想去努力完善自己的教学细节。例如，为了让后排学生能看清演示实验现象要借助实物投影，没有实物投影条件就自制一个约一尺高度的小板凳，在小板凳上完成演示实验；为了让学生看清试管中的实验现象，自制一个标有序号的白色背板作为放置试管实验的试管架后面，方便教师演示讲解和学生观察比较试管中发生颜色变化及沉淀形成等；还注重自己制作模型、模具以及主次分明、逻辑清晰、简约及可视化效果俱佳的 PPT 等。

（2）在意料之外求师生情感交融。依据情绪心理学的研究，要引起个体较大的情绪反应，就要使客观事物尽可能多地超过个体的预期。这一规律同样存在于专家型化学教师用自己对学生的真爱行为去激发学生积极的情感反应的过程之中。在师生交往中他们所展现的师爱常常使学生感到出乎意料的感动，从而产生情感上的炽热的碰撞。下面一位被誉为"直升班班主任专业户"的专家型化学教师的事例就具有代表性。

案例 6－13

"直升班班主任专业户"D 教师和她的学生

临近寒假，各班主任都在忙汇总成绩、写工作总结、安排学生假期作业等任务，而笔者却见不到自己田野研究合作者 D 老师，询问年级组长得知：D 老师已经将班级工作完成已移交别的老师，三天前就随学校书记和德育处主任去外地市、县、镇中学招收直升班学生了，她是我校直升班的班主任专业户。

所谓直升班学生是指不经过中考直接升入本校高中就读的初三重点班学生，这是各学校为确保优质生源，提高高考升学率和办学声誉的重要举措。有的学校甚至在秋季就去各地市、县、镇中学吸引有潜力的初二优秀学生到自己的学校来就读。从校领导到一般教师都公认 D 老师有一双慧眼会选拔出好学生苗子，选拔直升班学生当然她得亲自出马。结果，历时一星期，专车随行三人足迹踏遍近 30 所中学的所在市县，选拔了 36 名优秀的初三学生，要求学生过完春节初六到新学校报到上课，让学生适应新环境同时，查遗补漏，将各门课程的教学进度调整一致。新组建的直升班班主任又自然地落在D老师的肩上。

从春节的年初六开始，D老师就整天泡在学校跟她的新班学生待在一起。每天她只有一节课，但她却是天天从第一节课前就到校，课间到班里转转，和新生聊天了解情况帮助学生解决困难，直到下午最后一节课结束将学生交代给生活老师才离开。尽管她家离学校就十几分钟的路程，可她却忙得没时间给在外地就读大学寒假返家的女儿做饭，当女儿在外面吃得实在腻味提出抗议时，她只有提早起床给女儿把午饭做好以缓解她的愧疚之情。她说："这些孩子基本来自团场农场，普遍家境不太好年龄小，又恰逢春节寒假期间离开父母来到一个陌生的生活学习环境会有很多的不适，我作为班主任就要像妈妈一样应该给学生更多的关爱和温暖，如学生想家时让他们用自己的手机跟家人聊上几句，身体不适时安慰安慰或将所需药物送至手中。虽说万事开头难，但良好的开端是成功的一半，刚组建班集体之际是形成良好班风的最佳时机，不容错过。我计划在这短短的一个多月中，要弥补学生间学习进度的差距，有计划地引导学生形成良好的班规和学习方法及习惯，物色好学生干部人选等。但是，要赢得学生对自己、对这个新学习环境和班集体的认同是首要任务。"在学生到校后的第一个休息日，D老师就带领全班学生去参观博物馆、逛书城，让学生回来写感想随笔集体交流。后来，D老师翻阅学生个人信息表时发现班里有位同学的生日就在今天，而相隔一天之后又是另一位同学的生日，于是当天下午最后一节自习课时，D老师提了两个大生日蛋糕到班里，说道："今天我们班里有位小寿星，后天还有一位小寿星，以往他们是在自己温暖的家中过生日，今天D老师和全班同学一起为他们过生日，恭贺他们又长大一岁，希望他们在新的一年中实现你们的梦想，为未来的人生旅途奠定好基础。下面我们点燃生日蜡烛、请两位小寿星到前面来，许下心愿在大家的祝福声中吹蜡烛，让我们大家一起来分享小寿星们的喜庆……"很快又到了正月十五元宵节，晚上回到家中的D老师又放心不下学生，在晚自习休息的时段，拿着各色烟花的D老师又出现在教室中，扬起装满各色烟花的手提袋说："走！休息休息，到操场放烟花去！"于是，带着学生在空旷的操场上燃起了烟花，伴随着美丽的烟花和喜庆的爆竹，师生之情在节日的欢歌笑语中升华……

我们可以想象：这个特殊的元宵节夜晚不仅将永远珍藏在这些远离父母

家乡学生的美好记忆之中，而且还使这些学生真切地感受到这份深厚无私的师爱的力量。的确，D老师就是这样将对学生的关爱渗透在些具体的活动中，我禁不住感叹到D老师的师爱如母！这正是D老师让学生喜欢和钦佩的招数和人格魅力所在。

（3）在批评之时求师生情感交融。教学批评，是教师针对学生在学习过程中出现的问题或错误作出的评价与批评。但许多学生由于思维定势往往对教师的批评充耳不闻，视而不见，使得教学批评收效甚微。专家型化学教师常常借助于幽默，不正面直接地否定学生的谬误，而是沿其逻辑引申发挥，在放大其谬误实质的同时，使其自悟，从而达到规劝、教育的目的。例如，某专家教师曾撰文介绍其教学批评的经验如下：

案例6－14

柔中带刚　提高教学批评的实效①

当某些学生在画实验图时，常常不按作图比例，将试管画得很不规范，在讲评时，稍作夸张，在黑板上分别画上又短又粗和又细又长的试管，学生们一见，忍俊不禁，一些不规范作图的学生抬头看到我温厚善意的目光，不好意思起来。从此，不规范作图的现象大为减少。再比如，有些同学将电解水的方程式错误的写作：$2H_2O \xlongequal[\triangle]{催化剂} 2H_2 + O_2$。我几次批改，但这些学生依然故我，于是，我在上课时写上这一错误的反应式，然后对学生们说："有些同学制造了这一个化学反应，我们大家可要小心啊，到这些同学家做客，他们家中热水瓶里的不是开水，那可是爆鸣气呀……"全班同学哄堂大笑，作业的错误在笑声中纠正了。还有，当我了解到有少数男生常怀着好奇心偷偷去学抽烟，怎么去教育学生呢？我从国外劝说司机不要开快车的广告得到启发，采用寓庄于谐的方式，把严肃的思想感情，通过诙谐轻松的形式表现出来。上课时，我一本正经地对同学们说："抽烟有两大好处，即第一，烟草的营养丰富。燃烧的烟草中含有4000余种化合物，其中有丙酮、氨、砒霜、一氧化碳、DDT、氰化氢、萘、焦油和尼古丁等。第二，抽烟可成为医学专家。实践出真知嘛！抽烟可亲身体会气管炎和肺气肿，还可以与癌症交朋友，因为烟草所含化合物中，至少已有43种被确认为致癌物了！"我用

① 周新桥．幽默在化学教学中的作用［J］．化学教学，1997（3）：20－21．

巧妙的手段，将急切之意化为蕴藉之语。试想，如果只是声色俱厉的训斥或者和颜悦色的开导，有幽默的教育效果好吗！

例如，用氢气或一氧化碳还原氧化铜的实验操作是：实验开始时，先通气后加热；实验结束时，先停止加热后停止通气。在教室操作时，一位专家教师就幽默地讲氢气（一氧化碳）就像班上的 A 同学一样早出晚归，来教室里刻苦努力的学习，而酒精灯则像 B 同学迟到还早退。教学中这样运用幽默真可谓“一箭三雕”，不但让学生在愉悦的状态下会意地记住了实验知识，表扬了学习刻苦努力的 A 学生，同时还间接地批评了 B 学生。

上述研究发现，为了使学生快乐有趣地学习化学，专家型化学教师不仅善于从满足学生的求知、成功、审美和娱乐等有关需要中来引发学生的快乐情绪，实现使学生乐学的追求；专家型化学教师还擅长举重若轻地利用认知矛盾和实验的“神奇”来突出教学重点、化解教学难点、明晰认识盲点以引发学生的探究兴趣和学习愿望；专家型化学教师更注重利用学生进步之时、受批评之时、于细微之处和意料之外等契机，将爱浸入学生心田，触动学生的情感，引发师生间积极的情感反应，成功营造师生情感交融的氛围，以情感促进学生的认知和发展。

第二节　专家型化学教师的教学情意的特征

综合以上有关专家型化学教师教学情意的个案分析和文献分析结果，我们可以概括出专家型化学教师的教学情意具有以下 3 个基本特征：具有全面、深邃且与时俱进的化学学科观、化学教育观与教材观等教学观念；拥有对化学学科、学生和化学教学工作的激情并追求卓越的教学情感；在教学实践活动中表现出擅长营造有趣快乐的课堂气氛和追求师生情感交融的教学心理品质。其中专家型化学教师具有的先进的教学观念是其教学情意的理性支点，专家型化学教师拥有的饱含热情的教学情感是其教学情意的主要动力，专家型化学教师擅长激励学生创造活跃课堂气氛的教学心理品质是其教学成功的主要保障和条件。

1. 具有全面、深邃且与时俱进的教学观念

专家型化学教师不仅仅探究化学教学实践中教什么、怎么教、学什么、怎么学的问题，而且经常思索化学科学是什么、为什么教化学、为什么学化学和教什么样的化学等关涉化学教育教学特色、功能和价值的问题。专家型

化学教师通过捕捉学科发展前沿信息，结合所汲取教育学、心理学等理论在不断反思和追寻自身实践活动和教学行为的意义及本质的过程中，形成了关于化学学科、化学教育、学生、教材、教学等各种教学要素的个人化的教学观念。比如，对化学学科能深刻地、动态地把握其中心的、实用的和创造性的学科特征和有关变化、守恒、结构决定性质与用途、原子经济性和可持续发展等基本观念；教学中力争凸显化学教育的基础性、全面性和应用性的基本特征；对待教材，他们能从学生和社会现实出发，通过创造性地开发与利用相关的教学资源，实施对教学内容问题化、生活化和活动化的操作来达成“活用”教材；他们将教学过程视为帮助学生建构化学核心知识，提升化学学科意识与学科能力以促进学生科学与人文素养全面发展的过程，而不仅仅是教师传递学科知识的过程……专家型化学教师所具有的这些先进的教学观念不仅是可以意识与表达的，而且是可以付诸实践的。它们既是专家型化学教师的教学情意的理性支点，也统领着他们对教学活动的知觉、判断，进而强烈地影响其教学行为，引导其专业发展的方向。

2. *拥有饱满的工作激情并追求卓越的教学情感*

专家型化学教师不仅具有先进的教学观念，对教学的重要性有深刻的理解，而且他们践行着教育教学工作是需要付出更多责任心、事业心和奉献精神的特殊性，并对教学工作、化学学科和学生饱含激情、热爱、执著和追求卓越的情感。专家型化学教师为自己是教师而自豪，他们在追求精湛的教学技艺过程中心存一种异乎寻常的愿望，想要成为本行业里的出众教师与教学楷模。他们坚持不懈地去了解化学学科的前沿动态、挖掘学科知识的价值魅力、钻研精通学科教学内容、高屋建瓴地把握建构个性化的中学化学知识图景，认为最大的快乐莫过于看着自己的学生能有效学习、成长和成功。他们不遗余力地去了解每一位学生，懂得如何从学生的实际出发去帮助学生挖掘自身的潜能，将教师自己对教学内容的认识和理解与学生对教学内容的认识和理解协调地联系。专家型化学教师在教书育人的同时，还在孜孜不倦地“育己”，即立足课堂、主动学习、寻求专业发展。在精通所教学科，关注课堂教学全程的基础上，为超越经验将每一次备课、每一次讲课、每一次作业批改、每一次测验视为自己的“充电”和反思研修，使自己越来越专业。总之，专家型化学教师对学习、化学学科、学生和教学满怀激情。换句话说，他们深爱和笃信自己的学科、学生、教学工作及其使命，并向自己远大的理想不断地努力奋进。他们所拥有的饱满工作激情和追求卓越的教学情感是其教学情意的主要驱动力。

3. 具备擅长创造亲切活跃的课堂气氛的教学心理品质

学生每天都愿意去亲切活跃的课堂，只有那样的环境下，学生才能对学习产生兴趣，并乐于学习。专家型化学教师的课堂就有这么一种吸引学生注意力的“魔力”，这得益于他们具备能创造亲切活跃的课堂气氛的教学心理品质。首先，专家型化学教师在课堂上不仅对教学有无限的精力和热情，而且总是在想方设法从满足学生的求知、成功、审美和娱乐等有关需要中来引发学生的快乐情绪实现使学生乐学的追求。其次，专家型化学教师不仅擅长通过创设有关“奇异”实验的教学情境引发学生的学习兴趣，而且擅长就学生概念认识的盲点、新旧概念之矛盾、看似“简单易懂”知识和“经典性”知识等设置认知冲突，以激发学生的学习兴趣和求知欲。最后，专家型化学教师不仅注重在学生取得进步、获得成功之时营造师生情感交融的氛围，而且还擅长在细微之处、意料之外、批评之时将爱浸入学生心田，以自己博大真挚的师爱去触动学生的情感，引起师生间积极的情感反应，营造师生情感交融的氛围。专家型化学教师在教学中擅长追求有趣、乐学和师生情感交融以创造活跃课堂气氛的教学心理品质是为其成功教学提供保障和支持条件。

第七章　研究的总结、结论和建议

第一节　对专家型化学教师的课堂教学特质的讨论与总结

立足专家型化学教师的教育教学实践和经验，通过对他们在不同类型的化学知识与技能的典型课例中的教学行为、教学知识图式、教学思路和教学情意方面的分析比较，我们发现专家型化学教师的课堂教学属高效教学，在教学知识图式、教学思路、教学行为和教学情意方面具有某些共同特征，现对专家型化学教师课堂教学特质各构成要素进行如下的讨论和总结。

1. 教学知识图式的特征

教学知识图式是教师课堂教学特质的思维基础和行为基础。专家型教师的化学教学知识图式是由主题知识的基本要素及逻辑结构、知识产生发展的脉络及现实意义、科学研究方法和学科观念及价值观、学生相关知识经验及心理等四个板块构成的有序、开放、相对稳定的结构化的知识体系，是知识和经验相结合的有机整体。由于其中富含知识组块、产生式和学习策略且层次分明，所以，在课堂教学过程中专家型化学教师的教学知识图式具有自适应性和应激反应功能。

2. 教学思路的特征

教学思路是教师教学特质的核心。专家型化学教师课堂教学思路是教师在充分研究学生和教学内容的基础上，为达到教学目标而规划的课堂教学知识内容程序、教师教的程序与学生学的程序的综合。它由教材思路、教的思路和学的思路构成，其中教材思路是依据，学的思路是中心，教的思路是桥梁。专家型化学教师的教学思路体现为 4 个基本特征：教材思路是对教材的

“二次开发”；教的思路是注重优化教学，促进学生主动学习；学的思路注重让学生在活动情境中获取知识技能并发展思维；通过利用口语反馈、图文反馈以及情感反馈等措施对学生在活动中的行为及时地“号脉”、“点穴”、“纠偏”和“抓彩”，最终实现三条思路的顺畅和协调一致，这也是专家教师优化教学的过程。

3. 教学行为的特征

教学行为是教师教学特质的外显和集中展现。专家型化学教师是以激励和恰当利用多种媒体手段为支持条件，以推进学生思考和探索为根本的教学活动循环与教师角色循环的统一。其中教学活动循环是指以“问题→互动→总结”为基本链接的循环，角色循环指教师在活动循环中伴随发生的以“主导角色→辅助角色→主导角色”为基本链接的循环。活动循环是基础，决定角色循环，在每一次循环中激励和恰当利用多种媒体是促进学生思考与探索持续深入的重要支持性条件。动态总结是链接一个循环与下一个循环的纽带。

（1）专家型化学教师是将教学内容分解为若干个知识点来展开课堂教学的。对每一个知识点的教学是通过问题来启动学生的思考和探索的活动，是通过活动中的互动环节将学生已有的知识经验进行学科化的改造，是通过总结环节将学生在活动中获得的新知识新体验进行系统化、结构化，完成对知识的建构。这样，完成多个知识点的教学就形成了以“问题→互动→总结”为基本链接的教学活动循环。其间，通过问题的提出激发学生兴趣，为学生提供认知支架，在积极地互动中帮助学生获取知识技能并发展能力，通过总结完成对知识的建构。

（2）问题的设定是由教师进行的，教师是主导角色；问题提出将学生的思考和探索活动启动后，要让学生进行积极主动地思考和探究活动，此刻学生是主要角色，教师是辅助角色；思考和探索活动结束后的总结中教师是主导角色：这样教学活动循环中又包含着教师的角色循环。

（3）专家型化学教师善于以激励和多种媒体手段为支持条件，促成教学活动循环和教师角色循环相统一并不断地推进教学内容的开展，从而实现以学生为中心对学生已有知识经验的学科化改造，并促进其思维和探索能力的发展的教学目的。

4. 教学情意的特征

教学情意是指教师在学科教学实践中形成的教学观念、教学情感和教学心理品质等方面的认识态度及体验与心理特征的综合。任何教师的教学都受制于或无法超越其内在的教学观念、教学情感和教学心理品质。专家型化学教师具有全面、深邃并且与时俱进的教学观念；专家型化学教师对教学、化学学科和学生拥有饱满的工作激情和追求卓越的教学情感；专家型化学教师具备能创造亲切活跃的课堂气氛的教学心理品质。其中专家型化学教师的先进教学观念是可以意识与表达并付诸实践的，他们的教学行为是其教学观念的佐证。专家型化学教师以师爱为核心的教学情感和擅长创造亲切活跃课堂氛围的教学心理品质则是产生感染震撼学生心灵的教学艺术魅力之所在。作为教师教学特质重要组成部分的教学情意，对提高课堂教学有效性发挥着动力和调控作用，是专家型化学教师教学魅力之源头。

课堂教学特质应体现教师教学行为的一致性及其内在的教学知识和教学思维及教学情意的统一。专家型化学教师课堂教学特质由学科知识图式、教学思路、教学情感与教学行为四要素构成，其高效教学根源在于这四个组成要素的优异及其相互协调、相互促进并达到有机地统一。

第二节　研究的结论

1. 教师课堂教学特质及构成要素

课堂教学特质是指教师在课堂教学活动中具有的知识、思维、行为和情意特征的集合，它由教学知识图式、教学思路、课堂教学行为和教学情意四部分组成。其中，教学知识图式是教师课堂教学特质的知识基础和思维基础，决定着教学活动的深度和广度；教学思路是教师课堂教学特质的行为基础，三条思路是否恰当安排、合理顺畅并保持协调一致，直接影响着课堂教学效益；课堂教学行为则是教师基于自身的教学知识图式，依照教学思路引导学生积极主动地完成学习任务达成教学目标所采取的一系列具体的手段及所开展活动的综合表现，它是教师课堂教学特质的集中外显。教学情意是指教师在学科教学实践中形成的教学观念、教学情感和教学心理品质等方面的认识态度及体验与心理特征的综合，对教师提高课堂教学有效性发挥着动力和调控作用，是教师教学艺术及风格之源头。

2. 新手型化学教师的课堂教学特质

在比较研究中发现，新手型化学教师在不同类型的化学知识与技能的典型课例中的教学行为、教学知识图式、教学思路方面，不仅与专家型化学教师有明显区别，而且新手型化学教师之间在课堂教学特质各要素方面也具有某些共同特征。同样的，将他们在课堂教学活动中展现的教学知识、教学思维与教学情意特征的集合称为新手型化学教师的课堂教学特质。正因为他们具备新手型化学教师的课堂教学特质，才使其课堂教学在本质上属于单向的知识传递过程，难以实现推进学生思考和探索的根本目标。新手型化学教师的课堂教学特质表现如下。

（1）教学知识图式：主要以表层化地建构教学主题知识为特征。新手型化学教师的教学知识图式是依据教材对相关主题知识的基本要素表层化建构的，缺乏对基本要素进行内在逻辑化综合；不擅长对相关知识点进行上位的概括提炼和下位的具体问题解决的实例和策略，所以其图式中缺少哲学和学科观念方法及学习策略、知识产生发展的脉络及现实意义、丰富而相对稳定的产生式和知识组块，使其课堂教学流畅性、策略性和应变性受限。

（2）教学思路：以学生学习活动配合教师讲授为主的特征。新手型化学教师课堂教学思路同样是由教材思路、教的思路和学的思路构成。其教材思路基本上属于对教科书中的素材及编排顺序的沿用或套用；虽注重运用讲述、提问、自学、讨论、比较、归纳、练习、总结等多种教学方法，但缺乏合理综合使用多种媒体手段和及时性反馈技能和策略，其教的思路基本是属于以教师为核心的讲授模式；其学的思路中尽管也注重开展学生的观察、思考、应答、练习活动，但基本属于配合教师讲授的受控性学习活动。新手型化学教师既不擅长组织富有逻辑性、推理性有关对新知识的深化、迁移学习活动，也不擅长让学生展现思维过程，示范思维策略和学习策略，使学生难以在具体活动情景中有效地获取知识技能并发展思维的能力。

（3）课堂教学行为：主要以教师为中心的单向知识传递或技能训练为特征。由于新手型化学教师不能有效地设计和实施“问题→互动→总结”活动循环，缺乏组织多样化学生学习活动、配合使用记录和多种直观教学手段、调动教学个人化知识和经验将教学引向实质性互动和获得对理论性知识深层次的认知能力，自己属于课堂教学活动的主角。所以，新手型化学教师课堂教学行为本质上属于以教师为中心的知识传递或技能训练。

总之，新手型化学教师课堂教学行为本质上具有以教师为中心的单向知识传递或技能训练的教学特征，其课堂教学难以实现推进学生深入思考与探索的这一根本目标。

3. 专家型化学教师的课堂教学特质

专家型化学教师课堂教学特质是其在课堂教学活动中展现的知识、思维、行为及情意特征的集合。它既是专家型化学教师在课堂教学中开展以学生为中心的教学活动的原因，也是以学生为中心的教学活动展开的基本保障，是专家型化学教师完成教学目的的基本手段。专家型化学教师的课堂教学特质主要体现在其四个构成要素的特征方面，其高效教学的根源在于这四个组成要素的优异及其相互协调、相互促进并达到有机地统一。具备专家型化学教师课堂教学特质的人就能够开展以学生为中心的化学课堂教学活动。

（1）教学知识图式：以结构化、体系化、开放而相对稳定为特征。专家型化学教师的教学知识图式是由主题知识的基本要素及逻辑结构、知识产生发展的脉络及现实意义、科学研究方法和学科观念及价值观、学生相关知识经验及心理这四个板块构成的有序、开放、相对稳定的结构化的知识体系，是知识和经验相结合的有机整体。由于其中富含知识组块、产生式和学习策略且层次分明，所以，专家型化学教师的教学知识图式对课堂教学有自适应性和应激反应功能。

（2）教学思路：以注重活动设计、优化创新与相互协调为特征。专家型化学教师课堂教学思路是教师在充分研究学生和教学内容的基础上，为达到教学目标而规划的课堂教学知识内容程序、教师教的程序与学生学的程序的综合就是教学思路。它由教材思路、教的思路和学的思路构成，其中教材思路是依据，学的思路是中心，教的思路是桥梁。专家型化学教师的教学思路体现的 4 个基本特征为：教材思路是对教材的“二次开发”；教的思路是注重优化教学，促进学生主动学习；学的思路注重让学生在具体活动情景中获取知识技能并发展思维；通过利用口语反馈、图文反馈以及情感反馈措施对学生在活动中的行为及时地“号脉”、“点穴”、“纠偏”和“抓彩”，实现三条思路的顺畅和协调一致，这也是专家型化学教师优化教学的过程。

（3）教学情意：以观念先进、饱含热情和擅长创造活跃课堂气氛为特征。专家型化学教师具有全面、深邃并且与时俱进的教学观念；专家型化学教师对教学、化学学科和学生拥有饱满的工作激情和追求卓越的教学情感；专家型化学教师具备能创造亲切活跃的课堂气氛的教学心理品质。其中专家型化学教师的先进教学观念是可以意识与表达并付诸实践的，他们的教学行为是其教学观念的佐证。专家型化学教师以师爱为核心的教学情感和擅长创造亲切活跃课堂氛围的教学心理品质则是产生感染震撼学生心灵的教学艺术魅力之所在。

（4）课堂教学行为：以教学活动循环和教师角色循环的统一为特征。专家型化学教师的课堂教学行为特征是以激励和恰当利用多种媒体手段为支持条件，以推进学生思考和探索为根本的教学活动循环（指以“问题→互动→总结”为基本链接的循环）与教师角色循环（指以“主导角色→辅助角色→主导角色”为基本链接的循环）的有机统一。其中，角色循环决定活动循环，在每一次循环中激励和恰当利用多种媒体是促进学生思考与探索持续深入的重要支持性条件，动态总结是链接一个循环与下一个循环的纽带。

4. 专家型化学教师课堂教学行为特征的基本动因：教学目的与手段的统一

专家型化学教师的教学手段和教学目的统一是形成教学活动循环与教师角色循环相统一的根本原因和基本动力。访谈中发现，专家型化学教师认为，教师不是化学知识的“搬运工”，化学教学不是简单的化学知识的传递过程，而应该是帮助引导学生对已有化学知识经验的改造，促进学生发展的过程。专家型化学教师强调化学教学应该以学生已有的化学知识经验为出发点，引导、帮助学生在活动中主动地对自己的知识经验加以改造，实现学生个人化学知识经验、教师的化学知识经验和人类的化学认识成果这三者之间转换和沟通。由于专家型化学教师教学知识图式中具有大量的知识组块和产生式，使其具备了对课堂教学的自适应能力和对“非预期”问题的应激反应行为能力；加之专家型化学教师教学思路清晰明确，三种思路的协调一致有机匹配，使专家型化学教师能够有效地组织课堂教学，帮助学生在经验改造过程中思考和探索活动的持续和深入，从而达成教学目标，实现了目的和手段的统一。

5. 提出了专家型化学教师教学基本规范框架

化学教师专业发展的最高目标是专家型化学教师。我们在本课题研究中发现，可以根据专家型化学教师课堂教学特质提出专家型化学教师教学基本规范框架（见图7－1）。此框架的提出，期望对培养化学学科教师专业发展具有一定的借鉴和指导意义。

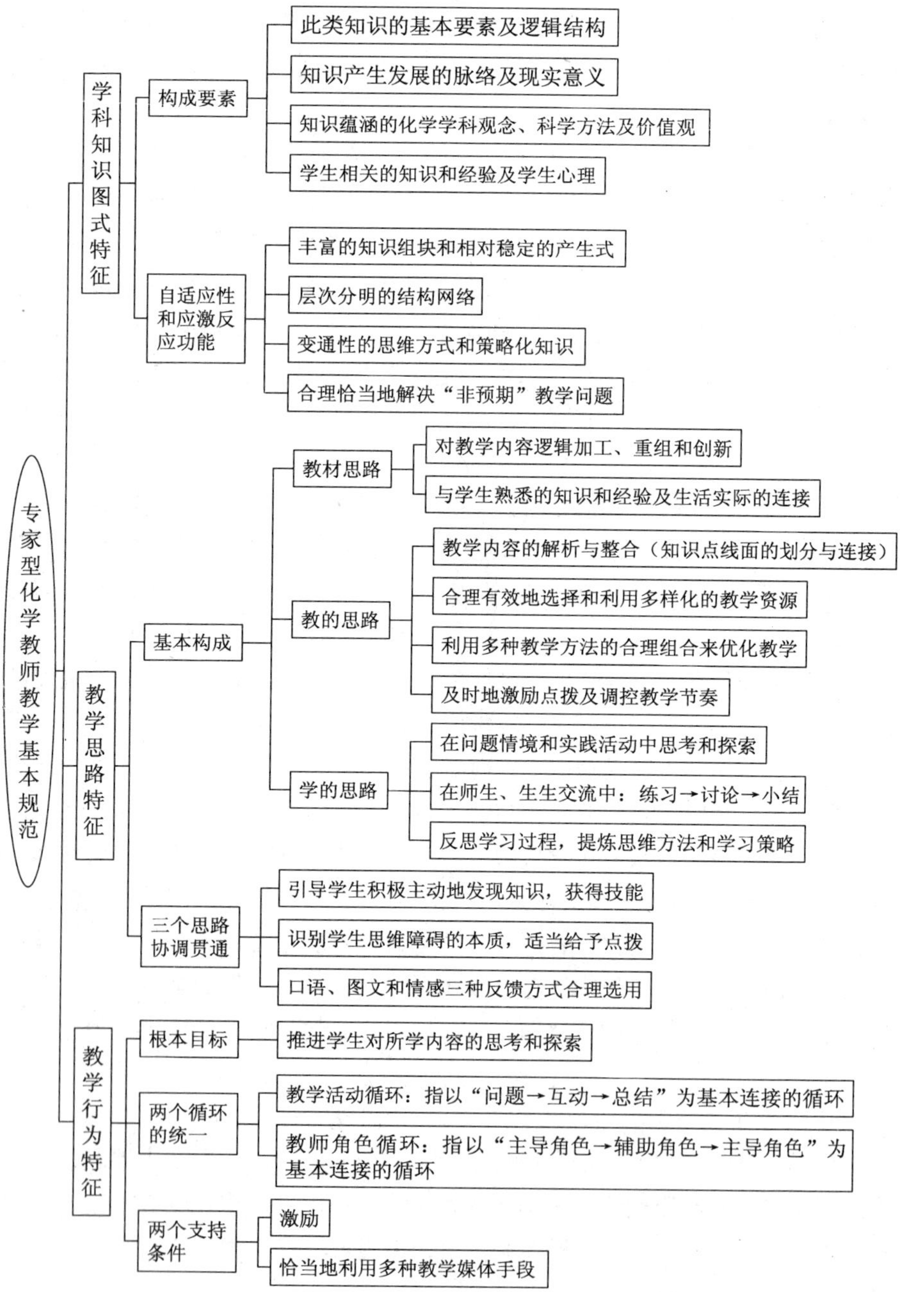

图 7－1　专家型化学教师教学基本规范的框架

第三节　进一步研究的建议

本研究所关注的问题是专家型化学教师的教学为何是优质高效的？自然地，其优质教学必然体现在课堂教学活动中，而优质高效的课堂教学活动源于专家型化学教师的教学认识之优和教学行动之优，开展对专家型化学教师优质课堂教学的共同特征及内涵的研究对化学教师专业发展具有重要意义。当然，本研究也可以拓展到其他学科的教师以及小学和初中教师。

尽管本研究选取的主要对象是来自国内东部发达地区和西北地区都市的重点中学的化学教师，我相信本研究成果也可以合理地应用于其他都市地区，甚至是城镇或是乡村的最好中学的化学教师。但是，如果被研究对象是来自普通中学，或者是贫困地区的薄弱中学甚至是少数民族地区的普通中学或薄弱中学，结果又会如何呢？由于我国是一个幅员广阔、人口众多的多民族国家，教育师资分布不均衡及水平差异大，一般中学和较为贫困的学校数量是如此之多，在那些学校进行这样的研究的重要性是显而易见的。

虽然本研究取得了一定的成果，但是由于受时间的限制以及研究者视野的局限，还存在很多不足之处，尚有诸多问题有待于进一步研究。

1. 对化学教师教学情意有待进行系统地比较分析

教学情意对教师课堂教学特质发挥着动力和调节作用，教师的专业发展与课堂教学特质与此要素有着非常重要的关系。但是，每位教师的专业成长背景不同，个人性格与教学风格迥异，本研究受限于教学情意内涵丰富特点以及研究者精力和论文篇幅，对此要素的研究主要是通过访谈和文献来捕捉专家型教师在学科教学实践中形成的教学观念、教学情感和教学心理品质等方面的认识态度及情绪情感的体验特征，对其动机、注意、兴趣及气质风格等个性心理品质较少进行考察分析。

2. 化学教师在实验教学方面的差异有待揭示

如何通过化学实验教学使学生获得显性和隐性的知识？如何帮助学生习得实验中所涉及的动作技能和心智技能？如何以实验为载体对学生有效地进行科学观、科学方法以及科学研究过程的教育？如何在具体的实验活动情景中培养学生的多种能力？如何在实验教学中进行科学、人文、社会联系的？……有关专家型化学教师对上述问题的个性化处理措施和共同特征及共同特征背后的支持因素需要进一步研究。

3. 专家型化学教师的课堂教学特质的形成机制有待探析

本研究对专家型化学教师的课堂教学行为特征形成的基本原因和动力进行了初步探讨，但如何站在教师专业成长的历史和现实的大背景中探讨影响化学教师专业成长的内外因素，如何帮助化学教师尽快获得专家教师的课堂教学特质，这些问题还有待深入进行。

总之，教师专业化和促进教师专业成长是当今教师教育的热点话题。本研究立足于学科教师专业活动主场，即课堂教学现场，以学科重要知识类型的教学为轴心对专家型教师与新手型教师的课堂教学特质进行比较研究仅是对学科专型家教师研究的一个开端，还有待于进一步的深入和拓展。

附　　录

一、有关二氧化硫化学性质的教学实录及分析

教学案例 1　NA1 有关二氧化硫化学性质的教学片段实录及分析

时间：2006 年 4 月 6 日　星期四　第五节

地点：化学实验室

教学班级：高一（6）班

教学片段及分析：

［演示］介绍 SO_2 的喷泉实验装置，提醒同学观察现象，并思考形成喷泉的原因。

T：为何向烧瓶中挤入少量的水，就能形成红色的喷泉？

S1：因为是外界压强增大，烧瓶内压强减小，把烧杯中的溶液压进烧瓶形成的。

T：对！压强差是形成喷泉的原因。那谁能解释一下紫色石蕊溶液进入烧瓶中变为红色是为什么？

分析：教师通过设置演示 SO_2 的喷泉实验情境来导入 SO_2 与水反应的教学，能有效地激发学生的兴趣。但学生在回答压强差形成原因时出现错误（外界压强增大），教师未指出，就直接进入下一个主题。

S2：说明烧瓶中的溶液显酸性。是 SO_2 溶于水的。

T：能溶于水并显酸性的氧化物叫什么氧化物？

S3：酸性氧化物！

T：二氧化硫的第一个化学性质是与水反应形成亚硫酸

［板书1］与水反应　$SO_2+O_2 \rightleftharpoons H_2SO_3$
具有酸性氧化物的性质

T：请大家看该反应式中的这个符号“$\rightleftharpoons$”，它称为“可逆符号”，表明该反应是一个可逆反应，什么是可逆反应？请大家看书上的定义，用笔把它画下来。

分析：对学生的回答未做出应有评价反馈；为突出SO_2与水的可逆反应特征，强调可逆符号以及可逆反应的定义，未表达对可逆反应个人化的理解，未指明此处的可逆就意味着H_2SO_3的是一个不稳定的弱酸；未将H_2SO_3与H_2CO_3相联系。

T：酸性氧化物还具有什么性质？对照初中所讲的CO_2的性质思考。

S4：还能与碱和碱性氧化物反应。

T：好！那请你到黑板上来写SO_2与Na_2O、NaOH、Ca（OH）$_2$的反应式。

$SO_2+Na_2O = Na_2SO_3$

$SO_2+2NaOH = Na_2SO_3+H_2O$

$SO_2+Ca(OH)_2 = CaSO_3\downarrow+H_2O$

分析：引导学生类比已有的CO_2性质的知识来学习SO_2性质，思路很好，但迁移太快，未能让学生充分体验这种类比学习方法，未指明过量CO_2或SO_2通入石灰水中的现象。

T：下面我们来看SO_2中S的化合价为+4价，处于中间价态，因为S元素有－2、0、+4、+6几种常见化合价，由此我们可以推测SO_2既有氧化性又有还原性，是不是这样呢？下面我们通过实验来验证。

［演示实验］介绍制备SO_2的实验装置和药品，提醒同学观察将新制SO_2分别通入盛有H_2S溶液、$KMnO_4$溶液、品红溶液的试管中将会有什么现象发生？原因是什么？同桌可以讨论。

分析：新教师对演示实验的安全性估计不足，未采用改进的实验装置。尽管用现制取的SO_2进行性质实验能为学生认识SO_2的性质提供真实情境，但若不对实验加以改进的话，就不可避免造成教学现场环境污染。新教师缺乏教学的应变能力，在此介绍和板书SO_2的实验室制法及反应原理应是水到渠成的事，但她没有利用此时机，而是直奔SO_2的性质实验。

T：将SO_2通入H_2S溶液中，有何变化？

S5：溶液变浑浊。

T：溶液变浑浊，证明有单质S生成，说明SO_2被还原成S单质，SO_2发生氧化反应，所以SO_2的第二点化学性质就是具有氧化性。

［板书2］氧化性　$SO_2+2H_2S=3S\downarrow+2H_2O$

T：将SO_2通入$KMnO_4$溶液中，有何变化？为什么？

S6：$KMnO_4$溶液褪色。

T：$KMnO_4$溶液褪色说明什么？说明MnO_4^-被SO_2还原成Mn^{2+}，体现了SO_2的还原性。这个反应式不要求大家掌握，但要求记清楚反应现象。SO_2在这里有个重要的还原性反应，大家必须记住，就是它能被O_2氧化成SO_3，这是工业制硫酸中的重要一步，注意反应条件。

［板书3］还原性　$2SO_2+O_2\xrightleftharpoons[\triangle]{\text{催化剂}}2SO_3$

分析：尽管有问有答，但教师提出的问题简单，只需要学生回答出教师期望的实验现象。可见，教师把持着解释实验现象的话语权，学生只不过是教师的“应声虫”，教师对现象的推理解释过程包办并全盘推出，可见新教师与学生的互动停留在表面化，不能发挥这些实验情境对促进学生思考分析现象背后的反应原理功效。

T：品红是一种红色有机色素，我们已经观察到SO_2通入其中品红颜色褪去，这种褪色也称为漂白，那么SO_2这种漂白作用稳定吗？怎么验证？

（没有学生回答）。

T：可以给它加热，看这种漂白效果稳定吗？［演示：对试管中已褪色的SO_2品红溶液加热］哎，品红的红色又出现了！说明SO_2的漂白作用是不稳定的。鉴别SO_2的方法就是利用其能使品红溶液褪色，加热后红色又复现的原理。

［板书4］漂白性（暂时）

T：以前我们还学过哪些物质具有漂白作用？它们与SO_2漂白有何不同呢？

S7：HClO能使有色物质褪色、Na_2O_2也有漂白作用。

T：初中还讲过什么物质具有褪色或脱色作用？

S8：活性炭。

T：很好！我们来总结一下：SO_2漂白是暂时性漂白，原理是它与品红这类有机色素化合成无色的不稳定化合物；HClO 和 Na_2O_2的漂白是永久性的，因为它们能将有色物质氧化成无色物质；活性炭是通过物理吸附有色物质使溶液褪色的。

T：到此我们学习的 SO_2的化学性质主要表现在哪些方面呢？应抓住四点：与水反应、氧化性、还原性和暂时的漂白性。性质决定用途，请同学们思考 SO_2有哪些用途？

分析：新教师对 S7 和 S8 的回答没有给予及时的评价和反馈，不能给学生展示思维的时机，不能帮助学生进行有效的学习体验，而是循着自己的学科知识思路进行讲述。对漂白原理以及对 SO_2化学性质的总结停留在对反应事实解释或要点式罗列层面上，未上升到对这些要点的联系和对比，缺乏进一步的整合和精致。

教学案例 2　EA1 的二氧化硫化学性质的教学片段实录及分析

时间：2006 年 4 月 11 日　星期二　第六节

地点：多媒体教室

教学班级：高一（10）班

教学片段及分析：

T：刚才我们研究了 SO_2的物理性质，现在请大家根据 SO_2的化学式推测它可能具有哪些化学性质？

S1：SO_2是氧化物、是非金属氧化物，可能也是酸性氧化物，那么就具有酸性氧化物的通性。

T：什么是酸性氧化物？酸性氧化物有哪些通性？（追问）

S2：与碱反应只生成盐和水的氧化物是酸性氧化物。酸性氧化物能与水反应、与碱性氧化物反应、与碱反应。

T：好！请你到黑板上写出 CO_2与 H_2O、Na_2O、NaOH、Ca $(OH)_2$的反应方程式。其他同学在自己的练习本上完成。

分析：教师通过提问和追问以及板演活动唤起学生已有的酸性氧化物知识，顺利过渡到 SO_2具有酸性氧化物通性的性质特点。

T：很好！S1 和 S2 同学是从二氧化硫的化学式的元素组成判断出 SO_2 可能是酸性氧化物具有酸性氧化物的通性。那么，现在我们能否换个角度分析 SO_2 的化学式，推测 SO_2 还应具有哪些其他化学性质呢？什么角度呢？

S3：化合价！SO_2 中的硫元素是 +4 价，处于中间值，既可以升高也可以下降，所以既有氧化性又有还原性。

T：很好！S3 同学从 S 元素的化合价来预测 SO_2 的化学性质。SO_2 中的硫元素既可以由 +4 价被氧化到 +6 价，也可以由 +4 价被还原到 0 价或 −2 价，被氧化时 SO_2 表现出还原性，被还原时 SO_2 表现其氧化性，所以既有氧化性又有还原性。

［T：边讲解边板书 1］

$$H_2\overset{-2}{S} \xleftarrow{\text{氧化性}} \overset{0}{S} \xleftarrow{\text{氧化性}} \overset{+4}{S}O_2 \xrightarrow{\text{还原性}} \overset{+6}{S}O_3$$

分析：该教师不仅能提出引导启发性的问题，而且对学生的回答给予及时的评价并借助口头语言和板书进一步将学生回答的思路清晰化。

在化学中研究物质的性质是有一定程序的，比如研究物质的物理性质就要抓住色、态、味、水溶性、密度及特殊性；研究化学性质就要从物质的类别、化合价状态、热稳定性以及特殊性来研究。综合两位同学的预测，可知 SO_2 化学性质在两个方面：

［板书 2］二氧化硫的化学性质

1. 酸性氧化物的性质；
2. 中间价态的性质（氧化性和还原性）。

分析：适时给学生化学学科的策略性知识提供方法指导。

T：这仅仅是我们的推测，还需要用实验加以验证。下面请同学们设计实验方案来验证我们的推测是否正确？也就是说请同学们设计出实验例证。

［投影］提供下列试剂：石蕊试液、酚酞试液、澄清石灰水、氢氧化钡溶液、溴水、H_2S 气体（封存在医用葡萄糖瓶中）、氯化钡溶液、稀盐酸，若干收集有 SO_2 气体试管，数支储有 SO_2 气体大针筒。

［投影］请将讨论结果填写在以下实验表格中。

表1　设计实验方案，讨论结果记录

<table>
<tr><td colspan="2">验证实验项目</td><td>选用试剂</td><td>现　象</td><td>化学方程式</td></tr>
<tr><td colspan="2">酸性氧化物的性质</td><td></td><td></td><td></td></tr>
<tr><td rowspan="2">中间价态性质</td><td>还原性</td><td></td><td></td><td></td></tr>
<tr><td>氧化性</td><td></td><td></td><td></td></tr>
</table>

T：前后桌四位同学相互讨论。（要求学生按表中要求回答，描述实验现象，并逐一写出化学方程式）

分析：借助投影展示实验物品和实验表格，为学生设计实验方案活动提供素材和方法指导，使设计活动目标清晰化。

T：请哪位同学展示一下验证 SO_2 是酸性氧化物的实验设计？

S4：将装有 SO_2 试管倒置在盛水水槽中，去掉橡皮塞，过一会儿会发现试管内的液面会上升，再正立试管使其带有少量水移出水槽，向试管中加入石蕊试液；石蕊试液变红，说明 SO_2 溶于水显酸性。

T：该同学表述的操作步骤很清晰、正确。（教师完成此演示实验）那么 SO_2 溶于水生成什么酸？除了用石蕊试液检验它是否显酸性外，还可以用什么来检验其酸碱性？

S4：生成亚硫酸，还可用 pH 试纸检验。

T：注意生成的亚硫酸是一个类似于碳酸的不稳定弱酸，但比碳酸酸性强。反应式中一定是可逆符号［板书］。还有没有别的验证 SO_2 是酸性氧化物的实验设计？

S5：让 SO_2 吸入澄清石灰水，石灰水会变浑浊。

T：很好！不过应该说将储有 SO_2 注射器吸入澄清石灰水，石灰水会变浑浊。我还想知道石灰水会变浑浊后还有可能出现什么现象？（停顿一会儿）大家回忆 CO_2 通入澄清石灰水的现象，是不是还有可能由浑浊再逐渐变澄清呀？在与碱液反应方面上，SO_2 和 CO_2 本质是相同的，反应式形式也相同。

（教师完成此演示实验并及时板书知识要点及重要反应式）

分析：教师提出问题的目的明确，对学生的回答及时给予反馈，并将问题的思考引向新旧知识的关联上，如溶液酸碱性检验方法、碳酸和亚硫酸的区别等。

T：谁来谈谈验证 SO_2 还原性的实验设计呢？

S6：让 SO_2 吸入溴水，溴水褪色。

T：啊！SO_2 能吸入溴水吗？应该怎么表述？

S6：将装有 SO_2 注射器吸入溴水，溴水褪色。

T：对！将储有 SO_2 注射器吸入溴水，溴水褪色。注意语言表述要准确到位！那么，我还想知道溴水褪色，SO_2 一定是被氧化吗？你怎么来证明它被氧化了？

S6：检验是否生成了 SO_4^{2-}，用 $BaCl_2$ 溶液和稀盐酸来证明。（教师完成此实验）

T：我们看到 SO_2 能使溴水褪色，实验还证明 SO_2 能使碘水、$FeCl_3$ 溶液这样的弱氧化剂褪色，这表明 SO_2 具有较强还原性。那么，SO_2 一定能被 $KMnO_4$ 溶液、氯水、Na_2O_2、H_2O_2 等强氧化剂以及 O_2 这样中强氧化剂氧化。空气中的氧气能否氧化 SO_2 呢？

［板书 3］$2SO_2 + O_2 \underset{\triangle}{\overset{催化剂}{\rightleftharpoons}} 2SO_3$

强调反应条件、可逆符号及工业上的重要性。

分析： 注意纠正学生的不准确表述，注重逻辑推理，不断设置新的问题情境以拓展延伸知识点，增强学生对 SO_2 具有较强还原性的认识。

T：下面谁来谈谈验证 SO_2 氧化性的实验设计方案？

S7：将针筒中 SO_2 推进 H_2S 气体储气瓶中。（T 演示并提醒观察气瓶内壁。瓶壁上有淡黄色固体）

T：请同学们写出化学方程式，并用双线桥法表示电子转移的方向和数目，明确氧化剂和还原剂，分析该反应的特征。（全班讨论、尝试、展示；教师点评）

T：［总结］SO_2 的化学性质主要表现在酸性氧化物性质和氧化性、还原性上，这是 SO_2 的化学通性；SO_2 还有其特殊的化学性质——二氧化硫的漂白性。（板书）

分析： 结合实验事实训练学生书写并分析氧化还原反应的技能，及时总结出 SO_2 的化学通性，引出其化学的特殊性即漂白性。

［教师演示］将针筒中的 SO_2 慢慢注入品红溶液中，红色褪去，再加热后，试管里的无色溶液又恢复了红色，套在试管口的气球膨胀，过一会儿，

试管冷却，气球变瘪了，溶液又变为无色。

T：生活中为何草帽久后会发黄，报纸、书籍久置后也会发黄？请大家讨论。再比较二氧化硫、氯水、过氧化钠的漂白性和活性炭的褪色作用有何不同？（生生同桌讨论）

T：好！我们来总结一下漂白（也叫褪色）三种原理：吸附有机色素而褪色，如活性炭吸附红墨水；与有机色素化合而褪色（可逆称为暂时漂白），如 SO_2 使品红等有机色素褪色；氧化剂氧化有机色素而褪色（不可逆称为永久漂白），如 HClO、Na_2O_2、H_2O_2、O_3 等使有机色素褪色。换句话说，漂白可分为三类：物理吸附漂白、化合漂白（暂时、可逆）和氧化漂白（永久、不可逆）。设想若将 SO_2 和 Cl_2 以 1∶1 的比例通入水中其漂白性会加强吗？为什么？

S8：会增强，因为它们都具有漂白性，可以强强联手！

S9：不一定增强！它俩还可能会互相残杀！

T：请大家试着在练习本上写一写，看看能发生什么变化？生成物是什么？

（停留片刻，让学生试着完成反应式）

T：结果究竟如何？应该分析它们的性质，Cl_2 通入水中即氯水是较强的氧化剂。刚刚实验得知 SO_2 有较强的还原性，两者相遇必定要发生氧化还原反应，生成物是盐酸和硫酸，正如那位同学所言相互厮杀结果成为无漂白作用的混合酸。

[板书 4]：$SO_2 + Cl_2 + 2H_2O = H_2SO_4 + 2HCl$

$SO_2 + Br_2 + 2H_2O = H_2SO_4 + 2HBr$

看来，两种物质混合时一定得分析它们的性质，先看是否会发生化学反应。

分析：通过实验对比、三类漂白的原理的讨论增强对 SO_2 暂时可逆漂白性的认识并将有关漂白知识条理化、结构化。还设置同时使用两种漂白性气体效果的问题情境以训练学生思维的灵活性。

T：我们知道可以用澄清的石灰水来鉴别 CO_2 气体，那么如何鉴别 SO_2 呢？

S：用澄清石灰水无法鉴别 SO_2，因为它与 CO_2 现象相同。用品红溶液吧！

T：对！说起用品红鉴别 SO_2，就如同用湿的淀粉 KI 试纸检验 Cl_2 一样。

大家要记牢品红是检验SO_2的特效试剂。但是，若没有品红溶液，该选用哪些试剂来鉴别？我们选择的思路是什么？

（全班讨论：有提出$BaCl_2$、pH试纸、H_2S气体、$KMnO_4$等）

T：选择鉴别SO_2的物质应该首选品红，若没有品红，也可选择其他有颜色的氧化剂，如$KMnO_4$、溴水、新制氯水、$FeCl_3$溶液。再结合一些辅助性实验来鉴别。总体来看，SO_2的化学性质主要表现在酸性氧化物性质和处于中间价态的氧化还原性以及暂时的漂白性方面。SO_2虽具有氧化性但更多地表现出较强的还原性，可被许多强的、中等强度的以及弱的氧化剂所氧化。我们研究SO_2是从物质类属通性、氧化还原反应和特性的角度来进行的，这也是研究化合物化学性质的一般思路。

分析：通过讨论如何鉴别SO_2再次强化学生对SO_2的漂白性和还原性的认识，重视对鉴别SO_2策略的教学以及研究化合物化学性质程序的提示，体现了教师对学科知识的整合和精致。

二、有关元素周期律的教学实录及分析

教学案例3　NA2 有关元素周期律的教学片段

时间：2006年3月7日　星期二　第五节

地点：教室

教学班级：高一（2）班

教学片段及分析：

【新课引入】

前面学习了碱金属和卤素，知道它们相互之间有某种联系（即相似性），今天，我们就来研究元素之间存在什么联系？这种联系的本质是什么？我们的研究工具是原子序数，请大家打开书P96找出原子序数的定义。谁来回答什么是原子序数？

S1：原子序数是按核电荷数由小到大的顺序给元素的编号。

T：对！原子序数是为了方便给元素编号，可以用编号代替具体元素名称。编号的依据是它的核电荷数。那么，它与我们学过的哪些数有关系？

（众生回答，教师板书）原子序数 = 核电荷数 = 原子核内质子数 = 原子核外电子数

T：好！现在就用原子序数这个工具结合P97表5－5中1－18号元素的核外电子排布、原子半径、主要化合价的数据，来研究随着原子序数的递增，元素原子的核外电子排布、原子半径、主要化合价各有什么变化规律？下面请同学自己看书PP 97－99，完成表5－6、5－7、5－8。

分析：教师先让学生明确原子序数这个元素周期律的核心概念，点明本节课的主要任务是研究随着原子序数的递增，元素原子的核外电子排布、原子半径、主要化合价的变化规律。但通过唤起对碱金属、卤素间的内在联系

回忆作为对研究元素周期律的提示不够切题。

【元素原子核外电子排布的周期性变化】

［板书1］元素原子核外电子排布的周期性变化

原子序数	电子层数	最外层电子数
1—2	1	1→2
3—10	2	1→8
11—18	3	1→8

T：有没有规律？

S2：随着原子序数的递增，有重复性的变化。

T：这种重复性的变化就叫周期性。应该这样表述：元素原子核外电子排布呈现周期性变化。所谓周期性变化是指随着原子序数的递增，每隔一定数目的元素，原子最外层电子数会出现由1→8（H、He除外）的变化规律。

【元素原子半径的周期性变化】

［板书2］元素原子半径的周期性变化

原子序数	原子半径
3—9	大→小
11—17	大→小

T：原子半径的变化规律怎么讲？

S3：随着原子序数的递增，每隔一定数目的元素，原子半径会出现由“大→小”的变化规律。

T：很好！但要指出稀有气体除外，因为稀有气体原子半径测量方法与其他元素不同，不具有可比性。应该这样表述：随着原子序数的递增，元素原子半径呈现周期性变化。所谓周期性变化是指随着原子序数的递增，每隔一定数目的元素，元素原子半径总是由大到小（稀有气体除外）。

T：微粒半径的大小取决于什么？如何比较微粒的大小呢？

［板书］影响微粒半径大小的因素：

①电子层数；②核电荷数；③核外电子数；

比较微粒半径方法：①看电子层数；②看核电荷数；③看电子数。

①若电子层数不同，则层数多的微粒半径大；

②若电子层数相同，则核电荷数大的微粒半径小；

③若电子层数、核电荷数均相同，则核外电子数多的微粒半径大。

［练习］比较下列各组微粒大小①r（F）与r（Cl）；②r（Cl）r与（S）与r（P）；③r（S）与r（S^{2-}）；④r（Mg^{2+}）与r（Al^{3+}）；⑤r（Cl^-）与r（S^{2-}）。

【元素主要化合价的周期性变化】

［板书3］元素主要化合价的周期性变化

原子序数	化合价的变化
3—9	+1→+5；-4→-1
11—17	+1→+7；-4→-1

T：元素主要化合价的变化规律是怎么的？

S4：随着原子序数的递增，每隔一定数目的元素，元素化合价会出现由“小→大”的变化规律。

T：基本正确，但太笼统！应该说：随着原子序数的递增，每隔一定数目的元素，元素的最高正化合价由+1→+7（F、O除外，它们无正化合价），元素的最低负化合价由-4→-1（金属除外，它们无负化合价）。

S5：O有正化合价，比如F_2和O_2化合时，O就显示正化合价。

T：F_2和O_2都有强氧化性，没有正化合价。请大家观察：同一元素的最高正化合价与其最外层电子数有何关系？同一元素的最高正化合价与其最低负化合价数值的和有何关系？

［板书4］最高正化合价=最外层电子数；

最高正化合价+最低化合价的绝对值=8

［练习］某元素R的氢化物化学式为RH_3，那么R的最高价氧化物化学式呢？

分析：对学生有关氧有正化合价的正确回答未作出应有评价反馈，表明NA2对氧化性强弱缺乏辩证全面的理解；最高正化合价和最低负化合价的表述不当，应改为最高化合价和最低化合价；应强调如果我们对18号以后的元素继续研究下去，可以发现同样的规律。

【总结】我们利用原子序数工具分析1-18号元素的数据，发现随着原子序数的递增，元素原子的最外层电子排布、原子半径和化合价都呈现周期性变化。其中元素原子的最外层电子排布呈现周期性变化是最根本的，它决定了原子半径和化合价呈现周期性变化。

【巩固练习】课后习题：一、填空题 1；二、选择题（引导学生当堂处理完）

【布置作业】目标检测第五页；基础训练（全做）；素质训练（一、二）。

分析：NA2 能引导学生利用教材中提供的原子核外电子排布、原子半径和化合价等信息资料，让学生亲自对数据分析归纳来发现元素周期律，避免缺少直观和枯燥的讲授。但 NA1 这节课的教学内容密度太小，所采用的直观教学手段主要是板演，素材资源限于教科书，语言表述不够生动，对元素周期律教学知识的把握缺乏深度和广度。例如，未明晰原子的最外层电子排布呈现周期性变化属于结构范畴，而原子半径和主要化合价呈现周期性变化属于性质范畴，所以前者的周期性变化决定了后者也呈现周期性变化规律。此处，还应将分散的元素性质周期性递变规律归纳、提升，得到元素周期律的定义，并帮助学生理解元素周期律的实质、元素周期律的微观分析（原子半径、化合价变化周期性），并说明元素周期律的宏观表现（元素的金属性与非金属性周期性变化规律，将在下节课讨论），这样既能帮助学生较为全面地理解元素周期律，又点明下节课要研究的主题。另外，教学整个过程未结合相关的化学史知识，失去了进行情感态度价值观教育的佳机。

教学案例 4　EB1 有关元素周期表和元素周期律的教学过程及分析

时间：2006 年 2 月 28 日　星期二　第五节

地点：多媒体教室

教学班级：高一（8）班

教学片段及分析：

【新课引入】

在 1875 年的一天，法国化学家布瓦伯德朗收到了门捷列夫的来信，信中指出其所发现的新元素镓的密度不应该是 4.7，而是在 5.9—6.0。布瓦伯德朗重新提纯了镓，测得密度为 5.94，测得结果与门捷列夫的预言惊人的相似。门捷列夫预言的依据是什么？是因为他发现了元素之间的内在联系，那么，元素间到底存在什么样的内在联系？现在，就让我们追寻前人的足迹去发现元素间内在联系。

分析：教师以舒缓的语调娓娓道来这封来信，导入新课，新颖、切题，激趣。

【分组编排元素周期表，教师巡回指导】

活动1 列举元素尝试分类：每组列举六种元素，找出它们之间的联系，进行分类。

活动2 编排表格：提供1－18号元素相关信息的小卡片，要求将性质相似的元素放在一起编成一张表，展示讲解编排依据。

活动3 寻找规律：根据卡片信息分组画图：①元素的原子半径与原子序数的折线图。②元素最高化合价（以及最低化合价）分别与原子序数的折线图。③元素原子最外层电子数与原子序数的折线图。

分析：先让学生体会到缺少有关元素性质的信息就难以发现其内在联系，就无法进行分类；再让学生体验有诸多信息该如何寻找联系（相似性）来编排元素周期表；最后让学生运用作图法寻找元素原子最外层电子数、原子半径、化合价随原子序数递增的周期性变化规律，既潜移默化地渗透了元素周期律的内容，又起到了检验小组所编排表格的合理性，还为后续概括元素周期性做好了预备。另外，这种组内讨论、记录、贴卡片、画图，组间展示、发言等活动方式，让学生体验科学发现的艰辛与快乐，在这一过程中培养了学生问题意识、获取加工信息的能力、团队精神。

【初识周期表及其结构】

（投影元素周期表、一年四季更替图片、未将镧系元素与锕系元素单列的元素周期表）

教师让学生观察元素周期表提问：表中有多少行？多少列？行称作什么？列称作什么？通过引导观察表中每行元素周而复始变化，类比自然周期变化的过程，称之为“周期”；引导学生观察表中每列元素性质相似的特点，并用通俗语言说道，就如同不是一家人不进一家门，人们称它们为“族”。

教师再提问有多少个周期？多少个族？又分别如何分类的？为何将镧系与锕系单列在元素周期表下方？完成对元素周期表结构的认识。

分析：教师充分利用投影和生动地比喻引导学生认识元素周期表的周期的数目与族的数目及其分类；借自然界昼夜、星期、四季、日月穿梭的变化过程比喻周期表中的周期，利用“年年岁岁花相似，岁岁年年人不同”说明自然界的周期与周期表中的周期的不同；采用对比呈现的方式让学生了解到将镧系与锕系单列而使元素周期表显得紧凑美观的效果。可见，EB1 善于利用直观手段和丰富生动语言达到让学生初步认识元素周期表的结构，对元素周期表形成初步的印象，优化教学的目的。

【元素间的内在联系——元素周期律的发现】

原子核外最外层电子排布的周期性变化。

教师组织学生利用教材中1—18号元素的原子半径、最高最低化合价的数据，以及前面学生所绘的折线图，围绕以下问题进行讨论归纳随着原子序数的递增，元素的原子半径、主要化合价的周期性变化规律。

问题1，分析同周期元素和同族元素在电子层数和最外层电子数方面有什么相同和不同之处？随着原子序数的递增，元素原子核外电子排布有何变化规律？

问题2，随着原子序数的递增，元素的原子半径有何变化规律？为什么？

问题3，随着原子序数的递增，元素的最高（最低）化合价有何变化规律？

T：如果我们对18号以后的元素继续研究下去，同样可以发现这三方面的周期性变化规律。请谁来谈谈你对元素周期律的认识？

S4：元素周期律就是随着原子序数的递增，元素原子的核外电子排布、原子半径、化合价发生周期性变化。

T：好！基本正确。应该这样表述：元素周期律是指随着原子序数的递增，每隔一定数目的元素，元素原子的核外电子排布、原子半径、化合价发生周期性变化的规律。那么，这三个周期性变化规律有何联系呢？

（大家思索，无人回答）

T：可不可以这样理解，原子核外电子排布的周期性变化属于结构上的规律，而原子半径和主要化合价呈现周期性变化属于性质方面的规律，根据结构决定性质，则前者的周期性变化决定后者也呈现周期性变化。遗憾的是，这些周期性变化我们无法直接体验到。那么，元素的化学性质是否呈现周期性变化规律呢？如何证实呢？

分析：教师引导学生通过分析教材中1－18号元素的原子结构示意图以及原子半径、最高最低化合价的数据，让学生围绕问题讨论归纳出元素周期律。

【元素周期律的宏观表现——元素金属性和非金属性的周期性变化规律】

T：我们围绕以下四个问题来进行探究：

问题1，元素的化学性质是否有周期性变化规律？

问题2，这种周期性变化，会像自然周期那样周而复始地又回到起点吗？

问题3，同主族元素的化学性质是如何递变的？

问题4，同周期元素的化学性质又是如何递变的？

T：我们以Li、Na、K、Ru和Sr这一主族元素为例，观察它们能否与水反应？与水反应剧烈程度如何？有何规律？

（播放Li与水反应的实验录像；演示Na、K分别与水反应的实验）

S1：Li、Na、K都能与水反应，从Li到K，与水反应越来越剧烈。

T：我们现在无法得到Ru和Sr，请大家预测一下Ru和Sr能与水反应吗？剧烈程度如何？一样吗？

（播放Ru、Sr与水反应的录像，再对比播放这5个元素分别与水反应录像）

S2：反应是越来越剧烈，Sr最剧烈。

T：对！由它们的很多反应事实，我们可以概括出：从Li到Sr金属性依次增强；推而广之，同一主族自上而下，元素的金属性依次增强。（投影展示结论）

Li　Na　K　Ru　Sr

——————————→

金属性逐渐增强，非金属性逐渐减弱

图1　碱金属族元素的金属性和非金属性递变规律

T：请大家预测Na、Mg、Al分别与水反应的情况会怎样呢？

（表1的投影表　依据相关信息分析归纳出结论）

表1　钠、镁、铝的性质比较

元　素	Na	Mg	Al
与水的反应情况	冷水剧烈反应放氢气	沸水迅速反应放氢气	与水不反应
与酸的反应情况	剧烈反应	迅速反应	缓慢反应
最高价氧化物对应	NaOH	$Mg(OH)_2$	$Al(OH)_3$
水化物的碱性强弱	强碱	中强碱	两性氢氧化物
分析归纳出结论	金属性依次减弱 →		

T：Si、P、S、Cl的非金属性强弱又如何呢？

（表 2 的投影表　比较了其中的事实资料，分析得出强弱变化趋势结论）

表 2　硅、磷、硫、氯的性质比较

元　素	Si	P	S	Cl
与氢气反应的条件	高温	磷蒸气与氢气反应	需加热	光照或点燃时爆炸而化合
氢化物及稳定性	SiH_4 不稳定	PH_3 不稳定	H_2S 受热分解	HCl 十分稳定
最高价氧化物对应水化物的酸性强弱	$SiO_2 \rightarrow H_4SiO_4$ 弱酸	$P_2O_5 \rightarrow H_3PO_4$ 中强酸	$SO_3 \rightarrow H_2SO_4$ 强酸	$Cl_2O_7 \rightarrow HClO_4$ 比硫酸更强的酸
分析归纳出结论	非金属性依次增强 →			

T：根据表中信息结合元素非金属性强弱的判据，可知 Si、P、S、Cl 的非金属性是依次增强的，即非金属性 Si < P < S < Cl。将表 1 和表 2 中的结论合并，那么 11－17 号元素化学性质变化可见图 2。

Na　Mg　Al　Si　P　S　Cl

→

金属性逐渐减弱，非金属性逐渐增强

图 2　11－17 号元素的金属性和非金属性递变规律

T：为什么 11－17 号元素的金属性和非金属性呈现此递变规律呢？或者说形成此递变规律的本质原因是什么？（表 3 投影表展示了 11－17 号元素原子结构及性质变化信息，引导学生利用元素原子核外电子排布、原子半径、化合价变化来理解性质递变规律）

表 3　11－17 号元素原子结构及性质变化规律

结构及性质特征	Na	Mg	Al	Si	P	S	Cl
最外层电子数	1	2	3	4	5	6	7
原子半径（pm）	186	160	143	117	110	104	99
元素主要化合价	+1	+2	+3	+4、－4	+5、－3	+6、－2	+7、－1
元素金属性（失去电子能力）	金属性依次减弱 →						
元素非金属性（得电子能力）	非金属性依次增强 →						

T：从元素原子结构出发来分析 11－17 号元素，我们不难发现，随着原子序数的递增，元素原子最外层电子数逐渐增加，原子半径逐渐减少，元素原子失去电子的能力会逐渐减弱，而得到电子的能力就逐渐增强，所以，元素的金属性逐渐减弱，非金属性逐渐增强。由于原子是化学变化中的最小单位，因此，原子核外电子排布（包括最外层电子数、电子层数）变化是引起原子得失电子能力变化的根本原因，是形成元素的金属性和非金属性递变规律的根本原因。

T：如果我们对 3－9 号元素以及 18 号以后两个周期的元素进行同样的事实和数据比较分析，会发现它们也存在类似于 11－17 号元素的结构变化特点，由此预测它们具有类似递变规律可见如图 1，后来科学事实证明确实如此。在元素世界中，每隔一定数目的元素，都存在随着原子序数递增，元素原子最外层电子数逐渐增多、原子半径逐渐减少、主要化合价由低到高以及元素的金属性逐渐减弱而非金属性逐渐增强的变化规律，门捷列夫就是发现了元素间的这种内在联系，将它称为元素周期律，其可概述为：元素的性质随着原子序数的递增而呈周期性变化的规律。而且，他按照这种周期性变化规律把当时的 63 种元素编排成一种表格，称为元素周期表（前面所见的元素周期表是后人在此基础上不断完善发展起来的）。它具体体现了元素周期律，一直是人们进行化学学习和化学研究的重要工具。元素周期律实质是原子核外电子排布随原子序数递增发生周期性变化的必然结果。

分析：EB1 从清晰的目标问题出发，通过演示实验和投影相关信息资料，训练学生“提出问题→获取资料→预测推理→实验验证→分析归纳→概括结论”的科学方法，引导学生如何基于事实得出同周期和同主族元素金属性和非金属性递增递变规律，并从结构上分析递变规律的根本原因。在帮助学生深刻认识元素周期律的同时，培养学生科学的思维方法和逻辑推论与演绎的能力。

【总结元素周期律（表）的意义】

T：门捷列夫为何能准确地预测镓的密度，就在于他把握了元素之间内在联系——元素周期律。（投影展示门捷列夫早期排出的一张元素周期表）他还利用元素周期律大胆地给当时尚未发现的 11 个元素留下了位置，后来的科学家按图索骥，陆续发现了这些新元素。至今，元素周期表还发挥着指导新元素的发现、预测新元素的性质和结构作用，为人们找矿、研制新材料、选择催化剂、药物合成提供线索和指导。此外，元素周期表很好地体现了量变引起质变的哲学规律，如从钠到镁到铝，金属性递减，这是量的变化；从铝到硅，由金属到非金属，这是质的飞跃；从硅到磷到硫到氯非金属性递增，体现了质变引起新的量变。然而，这一切变化都是由原子结构的变化所决定的，这表明内因是物质发展变化的根本动力。门捷列夫之所以能发现和提出元素周期律（表），这不仅仅是对他历时十年之久坚持不懈地追寻元素间的内在联系的回报，而且还得益于他不自觉地运用了量变质变哲学规律作为其研究的指导方法。勤奋加科学的方法方可铸就成功！

分析：EB1 利用周期表推测新元素及性质与课的导入故事相呼应，通过指出元素周期律（表）在科学、生产实践及哲学方面的意义以及门捷列夫成功的原因，让学生体会元素周期表对现实的指导作用以及蕴涵的质量互变、内因是物质发展变化的根本的哲学规律，对学生进行科学与人文教育。

【作业】

1. 阅读《周期王国》(The Periodic Kingdom)。
2. 分析同一周期、同一主族元素非金属性的递变规律。
3. 找出元素周期表中金属、非金属的分界线，观察其形状，分析其原因。

三、物质的量应用于化学方程式的计算的教学实录及分析

教学案例5　NB1 有关物质的量应用于化学方程式的计算的教学分析

时间： 2006 年 9 月 28 日　星期四　第五节

地点： 教室

教学班级： 高一（6）班

教学片段及分析：

【引入新课】

通过前面的学习，我们知道物质的量是一个重要物理量，可将构成物质的粒子数与物质的质量联系起来。能不能把物质的量也应用于化学方程式的计算呢？原理是什么？如何进行计算？这就是本节课我们所要学习的内容。

［板书 1］第三节　物质的量应用于化学方程式的计算

分析： 以旧带新是常见的新课导入方式，但 NB1 仅提及物质的量，而未提出学生在初中就已经很熟悉有关化学方程式的计算，根据笔者的观察，很多学生学完本节内容之后，在进行物质的量的计算时，往往先算质量，再进行一道转换。因此，如何尽快地让学生学会在方程式的计算中把以质量为核心转换为以物质的量为核心应是本节重点和难点。所以导入还应提及初中有关化学方程式的计算，为从物质的量拓展学生对化学方程式意义的认识做前奏。在课的导入、授课中以及课的结束时都不失时机地强调这种核心的转换。

【揭示解题原理】

T：我们知道，物质是由原子、分子或离子等粒子组成的，物质之间的化学反应也是这些粒子按一定的数目关系进行的。化学方程式可以明确地表

示出化学反应中这些粒子数之间的数目关系。这些粒子之间的数目关系，又叫作化学计量数 v 的关系。例如：

	$2H_2$（g）	+	O_2（g）	$\xlongequal{点燃}$	$2H_2O$（l）
化学计量数 v 之比：	2	:	1	:	2
扩大 N_A 倍：	$2N_A$	:	N_A	:	$2N_A$
物质的量之比：	2 mol	:	1 mol	:	2 mol

T：［小结并板书］由以上分析可知，化学方程式中各物质的化学计量数之比，等于组成各物质的粒子数之比，因而也等于各物质的物质的量之比。这就是我们把物质的量应用于化学方程式计算的原理或者根据。

分析：此处对化学方程式意义的剖析不全面，照搬教科书上的语言给出化学计量数以揭示原理，难以让学生真正领悟。若能借助于有关化学计量数的微观和宏观意义以及在具体计算中变形等问题讨论，就会较好地促进学生思考获得理解。例如：化学方程式的计量数在微观上在微观上指的是什么？若将每种微粒数扩大 N_A 倍，你能有什么发现？如果在 H_2 和 O_2 的计量数前各乘以 22.4 L，你又能有什么发现？这样在明确计量数的微观意义基础上，将计量数与物质的量、计量数与气体体积联系起来，将新知识的学习纳入到学生原有的知识结构中。

如何从化学方程式中的粒子数之间的关系（即化学计量数之比）推出其物质的量之间的关系？如果有气体，能否推出其体积之间的关系？……

【物质的量　计算 1】

［投影］例题 1：完全中和 0.10 mol NaOH 需要 H_2SO_4 的物质的量是多少？

T：进行物质的量应用于化学方程式的计算时，需按以下步骤进行：

［板书 2］步骤：1. 写出有关反应方程式；

2. 找出相关物质的计量数之比；
3. 对应计量数，找出相关物质的物质的量；
4. 根据原理进行计算。

T：下面我们就按上述步骤来计算上题。

$$2\ NaOH \quad + \quad H_2SO_4 = Na_2SO_4 + 2\ H_2O$$

$$2 \qquad\qquad 1$$

$$0.1\ mol \qquad n\ (H_2SO_4)$$

$$\frac{v\ (NaOH)}{v\ (H_2SO_4)} = \frac{n\ (NaOH)}{n\ (H_2SO_4)}$$

$$n\ (H_2SO_4) = \frac{1 \times 0.10\ \text{mol}}{2} = 0.05\ \text{mol}$$

答：完全中和 0.10 mol NaOH 需 0.05 mol H_2SO_4。

［追问］如何计算所需硫酸的质量是多少？反应中同时生成水多少 mol呢？

T：请大家回忆前面学过的知识，填出下列各物理量之间的转换关系。

［板书 3］物质的量与其他物理量之间的关系

（请同学上黑板来填写，讨论更正填写结果，师生共同完成关系图）

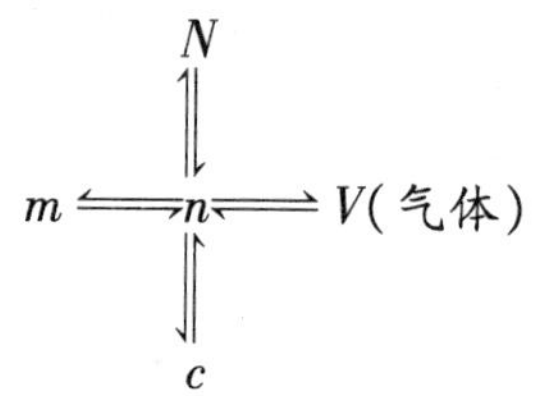

（学生练习：完成例题 1 的两个追问后教师再投影出解答过程）

［投影］因为 H_2SO_4的摩尔质量是 98 g · mol^{-1}

根据 $m = n \cdot M = 0.05\ \text{mol} \times 98\ \text{g} \cdot \text{mol}^{-1} = 4.9\ \text{g}$

答：所需 H_2SO_4的质量为 4.9 g。（略）

T：我们就在掌握上述各物理量之间关系的基础上，来系统、全面地学习物质的量应用于化学方程式的计算。

［板书 4］物质的量应用于化学方程式的计算

分析：此片段 NB1 教学的重心在于给出解题步骤和物质的量与其他物理量关系图，给学生提供进行计算的“脚手架”，但既未曾指导学生读题、审题、析题，帮助学生突破解题关键，培养学生的解题能力，也未曾提醒学生注意解题格式、强调规范解题等这些细节。

【物质的量　计算 2】

［投影］例题 2　将 30 g MnO_2的质量分数为 76.6 % 的软锰矿石与足量 12 mol · L^{-1}浓盐酸完全反应（杂质不参加反应）计算：（1）参加反应的浓盐酸的体积；（2）生成的 Cl_2的体积（标准状况）。

T：可先计算出参加反应的 MnO_2的物质的量 n（MnO_2），再像例题 1 那样把相关数值带入求解。（让学生计算，教师巡视，再投影如下解题过程让学生检查）

解：（1）MnO_2的摩尔质量为 87 g · mol^{-1}

$$n(MnO_2) = \frac{m(\text{软锰矿石}) \times w(MnO_2)}{M(MnO_2)}$$

$$= \frac{30\ g \times 76.6\ \%}{87\ g \cdot mol^{-1}}$$

$$= 0.26\ mol$$

$4\ HCl$（浓） + $MnO_2 = MnCl_2 + 2\ H_2O + Cl_2\uparrow$

4 　　　　　 1

$12\ mol \cdot L^{-1} \times V_{(HCl)}$ 0.26 mol

$$V(HCl) = \frac{4 \times 0.26}{1 \times 12\ g \cdot mol^{-1}} = 0.087\ mol$$

（2）$4\ HCl$（浓） $+ MnO_2 = MnCl_2 + 2H_2O + Cl_2\uparrow$

1 　　　　　　　 1

0.26 mol 　　　　 $n(Cl_2)$

$$n(Cl_2) = \frac{0.26\ mol \times 1}{1} = 0.026\ mol$$

$$V(Cl_2) = n(Cl_2)\ Vm$$

$$= 2.26\ mol \times 22.4\ L \cdot mol^{-1} = 5.8\ L$$

T：［追问］Cl_2的体积还可怎么求？（投影下列方法步骤）

$4\ HCl$（浓） $+ MnO_2 = MnCl_2 + 2\ H_2O + Cl_2\uparrow$

1 mol 　　　　　　 22.4 L

0.26 mol 　　　　　 $V(Cl_2)$

$$V(Cl_2) = \frac{0.26\ mol \times 22.4\ L}{1\ mol} = 5.8\ L$$

答：参加反应的浓 HCl 的体积为 0.087 L，生成 Cl_2的体积在标况下为 5.8 L。

T：根据化学方程式进行计算时，同种物质的单位要上下一致，其他有关物质的单位必须保持左右对应。如上述求 Cl_2体积的后一种方法中，MnO_2的单位均用 mol，Cl_2的单位都用 L。

［投影练习］足量的锌粉跟 500 mL 盐酸反应，产生的氢气在标准状况下的体积为 1.12 L，则这种盐酸的物质的量浓度为______ $mol \cdot L^{-1}$ （$0.2\ mol \cdot L^{-1}$）。

分析：结合例题 2，NB1 强调训练学生规范解题的步骤、格式及注意事项，但未曾明确提及让学生掌握如何将气体的体积运用于方程式计算中的这一教学重点，而且对例题 2 的分析不够深入，也不善于及时反馈和及时小结。课后访谈进一步证实 NB1 对物质的量计算内容及层次把握不到位，教学知识目标定位在细节化的计算方法、格式以及笼统含糊的培养学生综合运用知识和综合计算的能力上。

【总结】物质的量应用于化学方程式计算的依据是：化学方程式中各物质的化学计量数之比等于各物质的物质的量之比。

【布置作业】课本习题 P82：三、1. 2. 3。

分析：以强调物质的量应用于化学方程式计算的解题原理或依据作为总结，不够全面，没有从反思本节课的目标达成度及学生的收获去总结。

教学案例 6　EB2 有关物质的量应用于化学方程式的计算的教学分析

时间：2006 年 9 月 26 日　星期二　第五节

地点：教室

教学班级：高一（10）班

教学片段及分析：

【复习提问】（投影）

1）0. 2 mol Cl_2 与________ L 标准状况下的 CO 所含的分子数相等，与________ g O_2所含的分子数相等，与________个 SO_2 分子的物质的量相等。

2）下列说法正确的是（N_A表示阿伏加德罗常数）：

A. 在常温常压下，11. 2 L 氯气含有的分子数为 0. 5 N_A

B. 32 g 氧气所含有的原子数目为 2 N_A

C. 0. 5 L 1mol/L 硫酸钾溶液中含钾离子数为 N_A

D. N_A个氧分子和 N_A个氢分子的质量比为 8∶1

3）V L 硫酸铁溶液中含有 Fe^{3+} 离子 m（g），则溶液中 SO_4^{2-} 的物质的量浓度为________ mol/L。

（学生练习、讨论、小结 1）［投影］

分析：在化学教材中，有关物质的量的基本计算与物质的量应用于化学方程式的计算出现在不同章节之中，学生在学习后者时，对前者已经有所忘却。EB2 通过提供 3 个基本习题让学生练习，使学生复习有关物质的量的基本计算，进而理出以物质的量为中心的基本计算的关系。这样唤醒了学生已

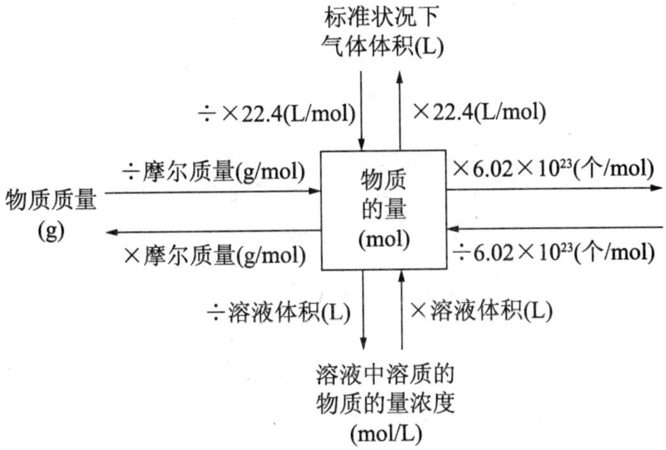

有的认知结构，为学习新知识作了铺垫，承上启下，并由此自然引入新课。

【新课引入】

T：我们在初中化学中曾学过化学方程式的含义，请同学们以反应为例说明下面化学方程式有什么含义？

$$2H_2(g)+O_2(g)\xlongequal{点燃}2H_2O(l)$$

S：（有的回答出粒子数目关系、有的回答出质量关系）

（小结2）（1）质变角度（或定性角度）：表示氢气在氧气中燃烧生成液态水；

（2）微观量变角度：表示2个氢分子和1个氧分子反应生成1个水分子；

（3）宏观量变角度：表示每4 g氢气与32 g氧气反应生成36 g水。

T：该反应中的反应微粒粒子数之比，就是化学计量数（ν）之比，它们和物质的量之间的关系、体积之间的关系分别存在什么关联？试想一想，如果将反应式中每种微粒数个数（即化学计量数）扩大N_A倍，你能有什么发现？如果在H_2和O_2的计量数前各乘以22.4 L，你又能有什么发现？

（学生讨论，T板书）

	$2H_2(g)$	+	$O_2(g)$	$==$	$2H_2O(l)$
化学计量数ν之比	2	:	1	:	2
扩大6.02×10^{23}倍	$2\times6.02\times10^{23}$	:	$1\times6.02\times10^{23}$	:	$2\times6.02\times10^{23}$
物质的量之比	2 mol	:	1 mol	:	2 mol
质量之比	2×2 g	:	1×16 g	:	2×18 g

标况下气体体积之比 2×22.4 L　　:　　1×22.4 L

T：我们可以发现，化学方程式的计量数不仅与参加反应的物质的质量有关，而且化学方程式的计量数之比等于参加反应各物质的粒子数之比，还等于参加反应各物质的物质的量之比，化学方程式的计量数之比还等于同温同压下参加反应的气体的体积之比。这些新发现是我们将物质的量应用于化学反应方程式计算的依据或原理或者说是根据。

分析：EB2 从提问学生熟悉的化学方程式意义入手，将意义进一步进行逻辑性的拓展，在明确计量数的微观意义基础上，将计量数与物质的量、计量数与气体体积联系起来。这样以旧带新，既顺理成章地得出物质的量应用于化学反应方程式计算的依据，而且还将新知识的学习纳入到学生原有的知识结构中。

【物质的量　计算 1】

例题 1　现有 0.5 mol 氢气，在足量氧气中燃烧，求生成水的物质的量。（学生讨论并解答，T 再给予示范解题）

T 根据化学方程式，设生成水的物质的量为 x

$$2H_2(g)+O_2(g)\xlongequal{点燃}2H_2O(l)$$

2 mol　　1 mol　　2 mol

0.5 mol　　　　　　x

$2:2=0.5:x$

$x=1$ (mol)

答：所生成水的物质的量为 1 mol。

T：这是直接将物质的量应用于化学方程式的计算题型，解题的基本步骤为 1. 写出有关反应方程式；2. 找出相关物质的计量数之比；3. 对应计量数，找出相关物质的物质的量；4. 列比例式求解、简答。

分析：直接根据物质的量进行计算是进行其他形式的计算的基础，而学生以前并未接触应用物质的量于化学方程式的计算，EB2 先由简单的物质的量计算进行引入，在学生讨论并解答基础上给予以下示范解题，并强调解题基本步骤。

例题 2　现有 0.5 mol 氢气在氧气中燃烧，求需要氧气的质量。

（学生讨论并解答）方法 1：根据化学方程式，要使 0.5 mol 氢气完全反应，需要 0.25 mol 氧气，因为氧气的摩尔质量为 32 g · mol^{-1}，因此需要氧气的质量为 $0.25\times32=8$ (g)。

（小结）

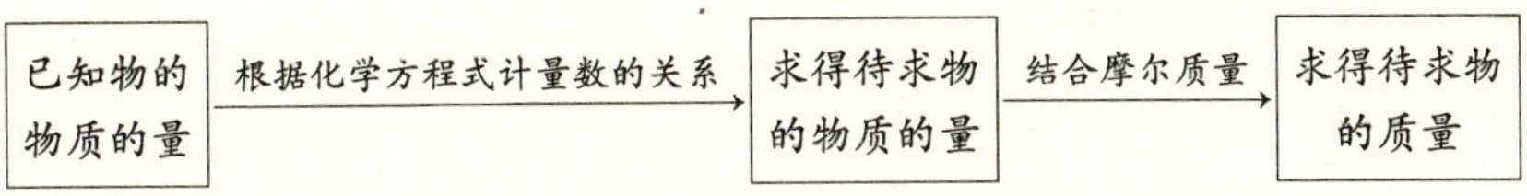

图3　由已知物的物质的量求待求物的质量的解题思路

（学生讨论并解答）方法2：根据化学方程式，设需要氧气的质量为 x

$$2\,H_2\,(g)\ +O_2\,(g)\ \xlongequal{\text{点燃}} 2\,H_2O\,(l)$$

2 mol　　　　32 g

0. 5 mol　　　　x

$2:32=0.5:x$

$x=8$（g）

（小结4）根据化学方程式，可以直接找出某物质的物质的量与其他物质的质量之间的关系，以简化计算。

分析：EB2 在引导学生应用物质的量与物质的量关系进行计算基础上，在此引入应用物质的量与质量之间的关系，不仅可以使计算变得简单，而且可以为引入质量与标准状况下气体体积之间的较为复杂的计算打下基础。

【物质的量　计算2】

例题3　一定量氢气在氧气中完全燃烧，生成 72 g 水，求参加反应的氢气在标准状况下的体积。

（学生讨论并解答）

方法1：72 g 水的物质的量为 4 mol，根据化学方程式，需要氢气的物质的量为 4 mol，则氢气在标准状况下的体积为 $4\times22.4=89.6$（L）。

方法2：生成 72 g 水，需要氢气的质量为 8 g，则氢气的物质的量为 4 mol，在标准状况下的体积为 $4\times22.4=89.6$（L）。

（小结5）

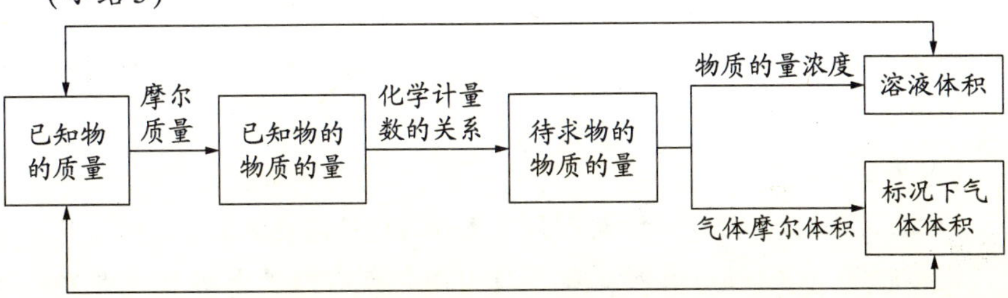

图4　由已知物的质量求待求物的体积的解题思路

（学生讨论并解答）

方法3：根据化学方程式，设需要标准状况下氢气的体积为 x

$$2\,H_2(g) + O_2(g) \xrightarrow{\text{点燃}} 2\,H_2O(l)$$

44.8 L　　　　　　　36 g

x　　　　　　　　　72 g

$44.8 : 36 = x : 72$

$x = 89.6$（L）

T：概括以上可知，根据化学方程式不仅可以进行物质的质量与质量之间、物质的量与物质的量之间的运算，还可以进行物质的量、质量、体积之间的相互运算。

分析：EB2 此处引入质量和体积关系，是在对物质的量与质量或体积关系认识基础上的提高，也为下节课应用物质的量进行较为综合的计算做了铺垫。

【强化解题技能】

（投影：练习题1和练习题2，要求学生先解答再说明解题思路）

练习题1　课本例题2（P80）

练习题2　工业上漂白粉是通过 Cl_2 和石灰乳作用制成的。现有标准状况下5.6 L氯气被石灰乳完全吸收，求参与反应的氢氧化钙的物质的量及生成的次氯酸钙的质量。

T：请大家解答此题，并回顾归纳解题思路；请一名学生上前板演解题过程，并向大家说明解题思路。（要求学生：①读题，找出关键词：质量分数、足量浓盐酸、完全反应。②审题：已知什么？求解什么？③析题：找解题依据反应计量数之比等于参加反应的盐酸物质的量与二氧化锰物质的量之比。④关键：不纯物的量要转化为纯净物的量）……

分析：在引导示范析题、解题的基础上，让学生按照要求进行读题、审题、析题、解题训练，展示思维过程，帮助学生突破解题关键，有效地培养学生解题能力。

【讨论与总结】

（学生讨论）：物质的量运用于化学方程式计算，应注意什么问题？

（小结7）在应用物质的量与质量、体积之间的关系进行计算时，应注意：

①明确计算依据：对参加反应的物质来说，

化学计量数之比 = 物质的量之比 = 同温同压下气体体积之比；

②善于将其他物理量转化为物质的量来进行计算；

③列比例式时，应遵守上下单位应一致，左右关系应对应的原则；

④注意物理量表示的规范化及解题步骤和格式的规范化。

（总结）在初中所掌握的根据化学方程式进行物质的质量和质量之间计算的基础上，通过今天的学习，我们认识到，根据化学方程式还可以进行物质的量与物质的量之间、物质的量与质量和体积之间、质量与体积之间的计算。所以，大家不能只停留在以质量为中心的计算上，应该善于根据化学方程式以物质的量为核心进行各类物理量的计算；解题时，要学会分析解题的依据并归纳解题思路，解题步骤和格式要规范。

【布置作业】课本习题 P82：三、1. 2. 3。

四、有关二氧化硫化学性质的教学知识图式

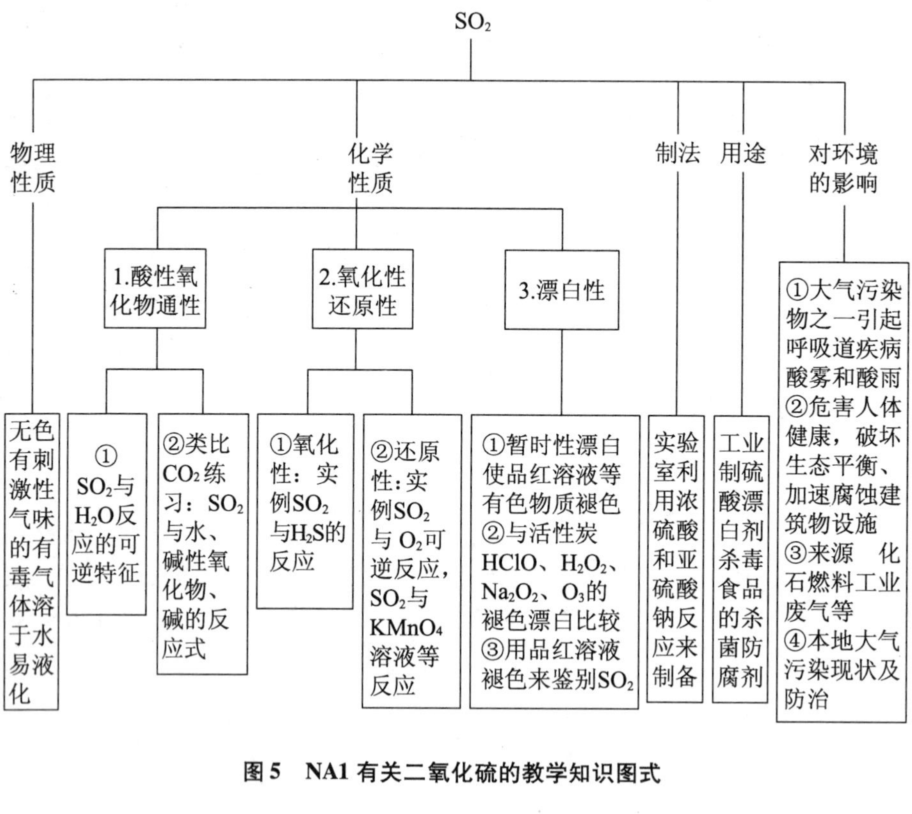

图 5 NA1 有关二氧化硫的教学知识图式

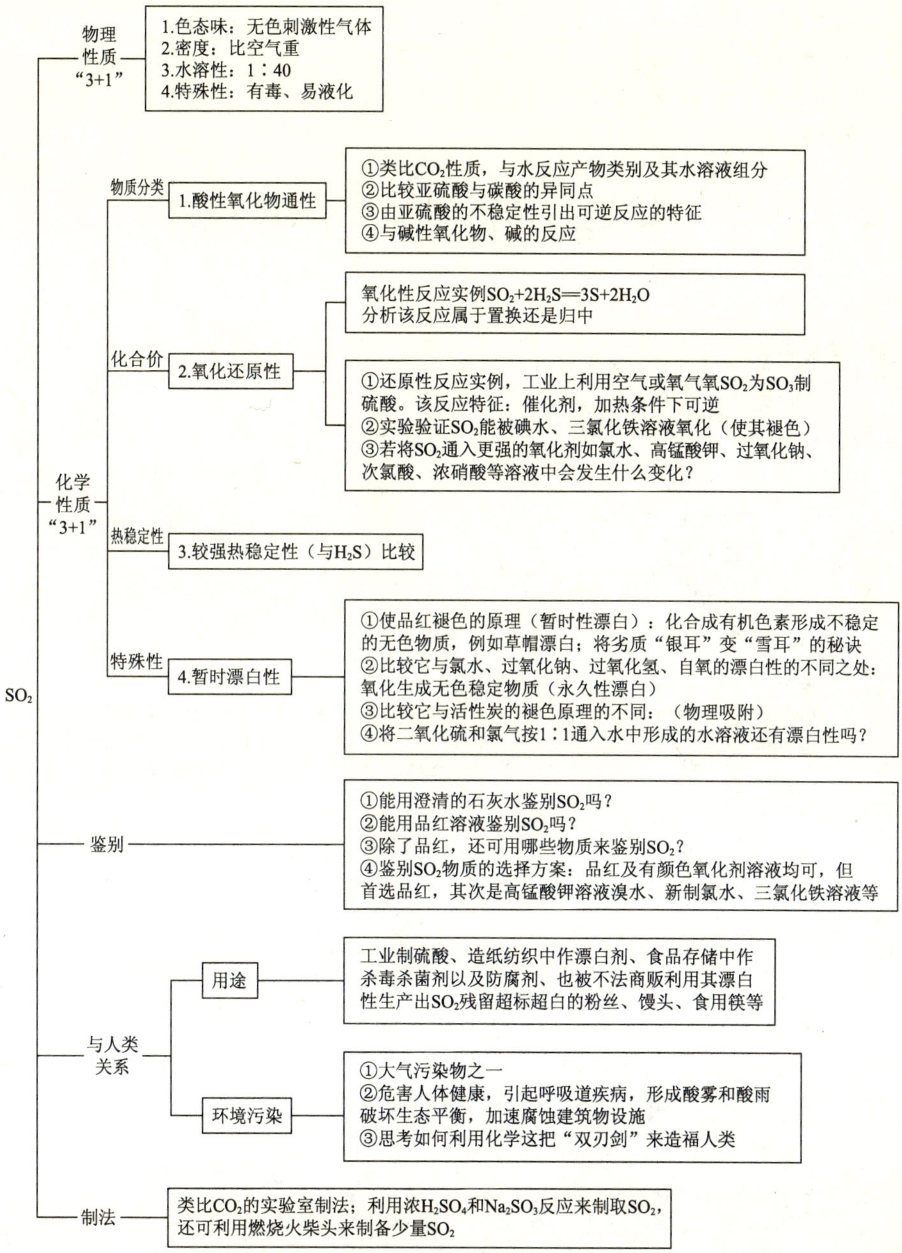

图 6　EA1 有关二氧化硫的教学知识图式

五、有关元素周期律的教学知识图式

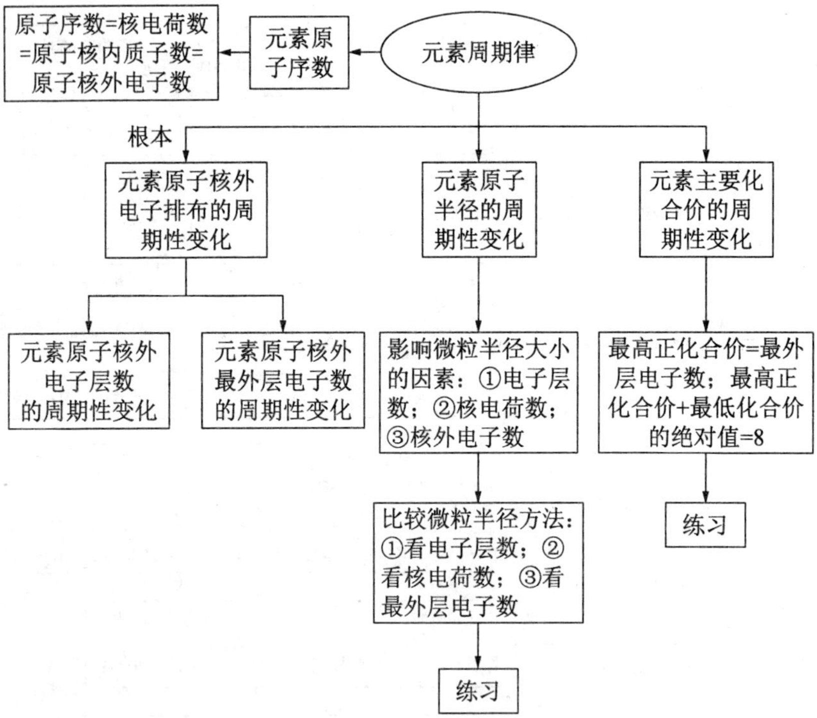

图 7　NA2 有关元素周期律的教学知识图式

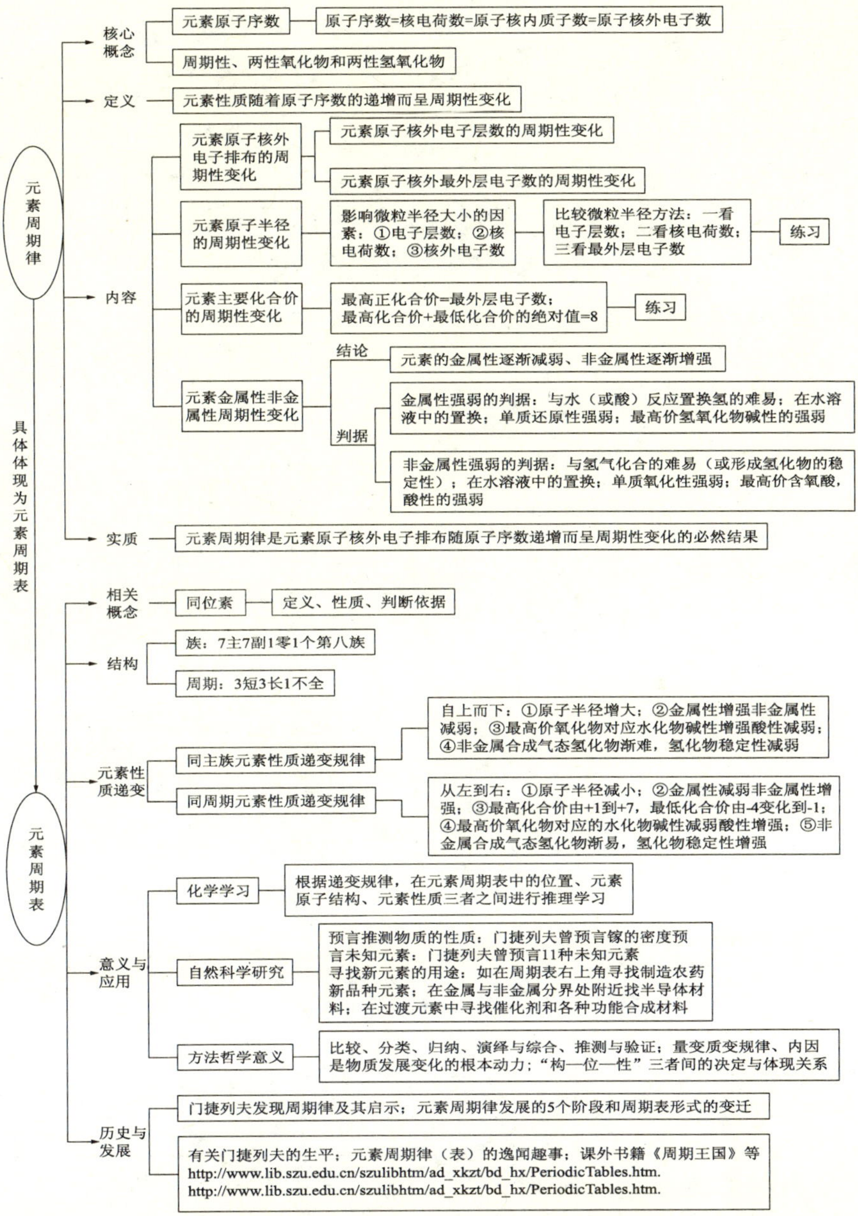

图 8　EB1 有关元素周期律（表）的教学知识图式

六、有关物质的量应用于化学方程式计算的教学知识图式

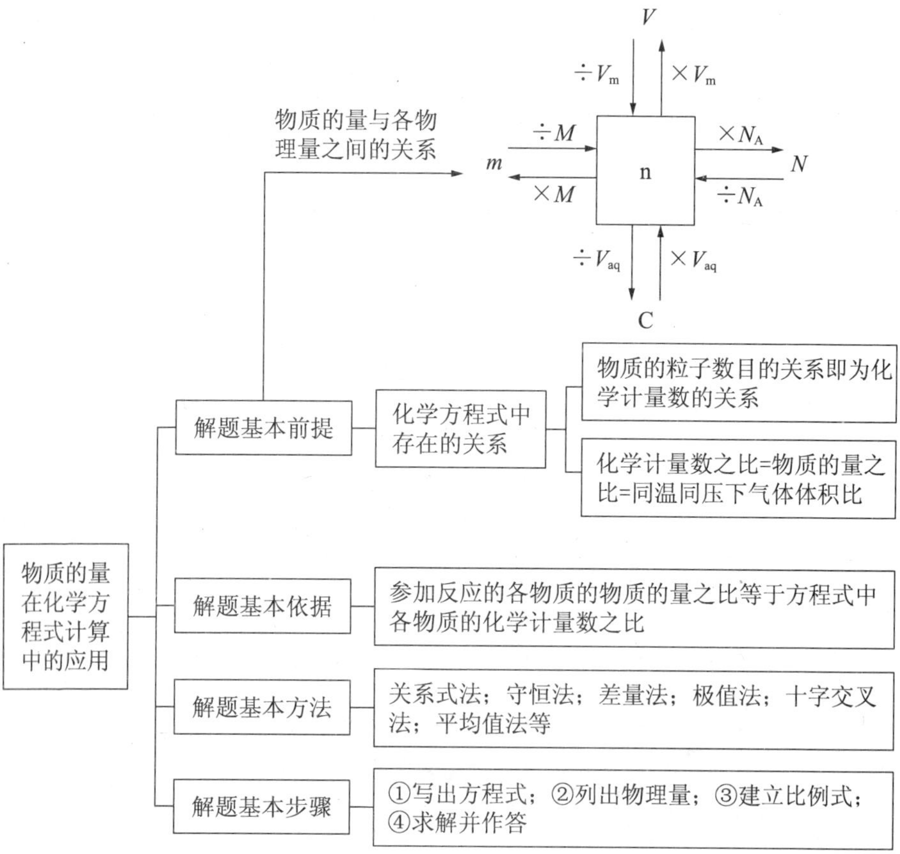

图 9　NB1 关于“物质的量在化学方程式计算中的应用”教学知识图式

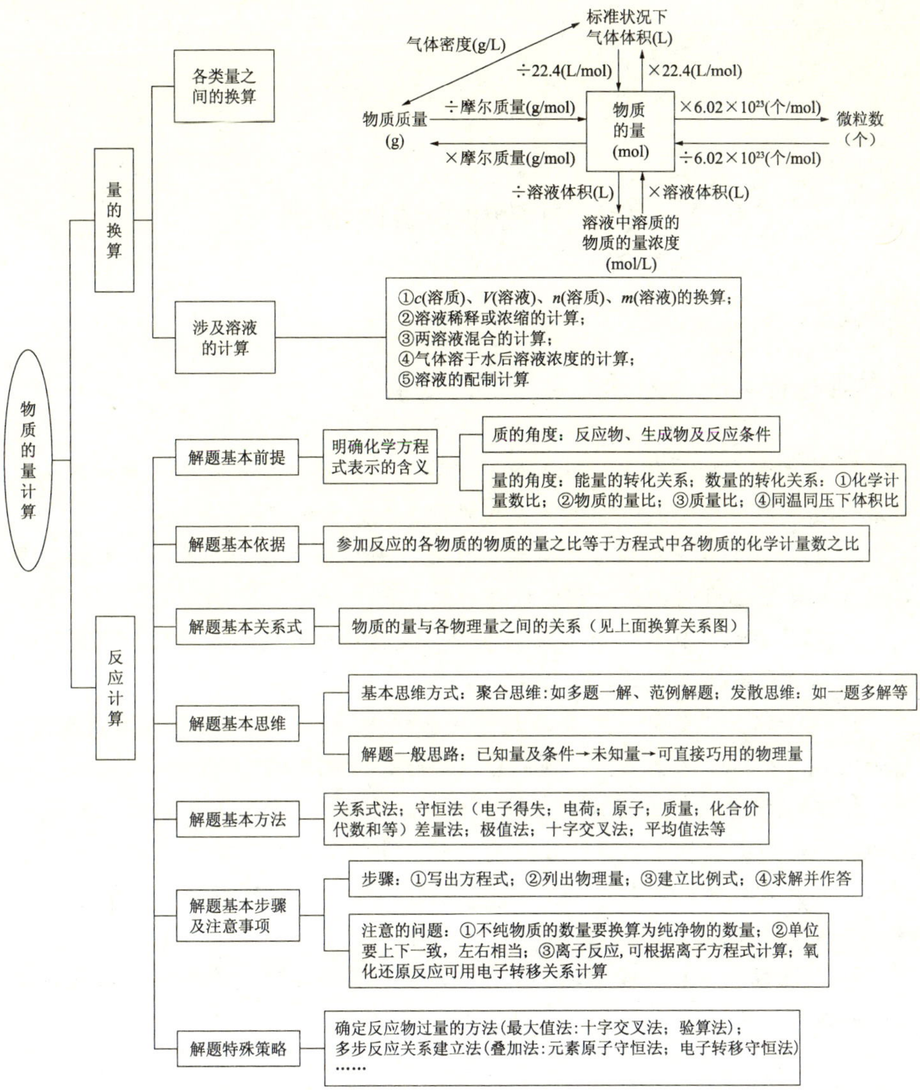

图 10　EB2 关于“物质的量在化学方程式计算中的应用”教学知识图式

七、对教师的访谈提纲

对教师进行×××教学内容的访谈提纲

1. 中学化学知识体系中×××的教学目标是什么？在整个化学知识体系中该内容与哪些有联系？学生学习它的价值或意义何在？

2. 在进行×××的教学设计时，您是从哪些方面着手设计的？考虑了哪些因素？学生已有的相关知识经验是什么？您怎么得知的？

3. 您认为教师在进行×××教学中应发挥什么样的核心作用？您是通过何种活动方式来体现您的核心作用的？

4. 您如何知道您的学生参与到您的教学中去的？教学目标是否达到了？您如何判定？对于课堂教学，您一般采取什么方式总结？

5. 回忆您第一次进行×××教学时，您是怎么设计的？怎么教的？课后您的收获和困惑分别是什么？在后来的教学中做了哪些改进？大概何时您感到进行×××教学时比较顺畅？现在您在进行×××教学时将如何突出重点、突破难点？

6. 在进行×××内容的课堂教学实践中，请您谈谈让您感到最欣慰和最惋惜的教学事件。

说明：“×××”分别代表二氧化硫的性质、元素周期律和物质的量在化学方程式计算中的应用这三种教学内容。该提纲是笔者在进行这三种课的课堂观察后对授课教师进行跟踪访谈的提纲。

主要参考文献

潘菽，荆其诚．中国大百科全书·心理学［M］．北京：中国大百科全书出版社，1991.

林崇德，杨治良，黄希庭．心理学大辞典［M］．上海：上海教育出版社，2003.

顾明远．教育大辞典［M］．上海：上海教育出版社，1999.

钟启泉，崔允漷，张华．为了中华民族的复兴，为了每位孩子的发展——《基础教育课程改革纲要（试行）》解读［M］．上海：华东师范大学出版社，2001.

刘知新．化学教学论（3版）［M］．北京：高等教育出版社，2004.

王祖浩．化学课程标准解读［M］．武汉：湖北教育出版社，2002.

刘知新．化学教学系统论［M］．桂林：广西教育出版社，1996.

吴庆麟，等．认知教学心理学［M］．上海：上海科学技术出版社，2000.

施良方．学习论［M］．北京：人民教育出版社，2000.

高玉祥．个性心理学［M］．北京：北京师范大学出版社，1989.

彭聃龄．普通心理学［M］．北京：北京师范大学出版社，2001.

张传开，等．西方哲学通卷（上卷）［M］．合肥：安徽大学出版社，2003.

周贵莲．认识自然科学之谜的哲学家——康德认识论研究［M］．北京：中共中央党校出版社，1994.

蔡楠荣．互动—生成教学［M］．上海：上海三联书店，2004.

韩进之．教育心理学纲要［M］．北京：人民教育出版社，1989.

段作章，等. 新课程理念下的中学学科教育［M］. 合肥：安徽教育出版社，2004.

李广洲，等. 化学问题解决研究［M］. 济南：山东教育出版社，2004.

韦汉. 图式理论和中国外语教学研究的回顾与前瞻［J］. 西安外国语学院学报，2004（3）：63－66.

盖立春，等. 对中学化学的“双基”及教学模式的重新审视［J］. 中学化学教学参考，2005（1－2）：5.

张学民. 国外教师教学专长发展的评价理论与方法［J］. 外国教育研究，2004（7）：54.

胡谊. 专家教师的教学专长的知识观、技能观与成长观［J］. 华东师范大学学报（教科版），2000（2）：58－65.

李茵，黄蕴智. 中国教师关于教育专长的内隐理论［J］. 教育研究与实验，2004（2）：51－58.

李茵，黄蕴智. 有经验教师关于教育专长的集体观念［J］. 教育研究与实验，2006（3）：62－68.

郝宁. 专长的获得：一种智力与特质联合体整合的观点［J］. 华东师范大学学报（教科版），2004（4）：71－75.

张英萍. 内隐学习理论的新进展及其对专长研究的启示［J］. 心理发展与教育，2006（1）：109－112.

俞国良. 专家型与新手型教师教学效能感和教学行为的研究［J］. 心理学探新，1999（2）：32－39.

胡志坚. 课堂教学中新手和专家教师注意选择性特点的比较研究［J］. 中小学校长培训，2001（9）：8－10.

连榕，等. 专家—熟手—新手型教师教学策略与成就目标、人格特征的关系研究［J］. 心理科学，2003（1）：28－31.

连榕，等. 新手—熟手—专家的心理特征比较［J］. 心理学报，2004（1）：44－52.

连榕，等. 专家—熟手—新手型教师教学策略的比较研究［J］. 心理发展与教育，2004（4）：70－73.

潘贤权，等. 新手—熟手—专家教师教学动机特点研究［J］. 教学与管理，2005（18）：23－24.

宋广文. 教师的发展：一种关于专家教师形成的认知心理学分析［J］.

外国教育资料，2000（5）：41－43.

郑和. 优秀教师自主成长的内涵与策略［J］. 课程教材教法，2004（11）：78－82.

李定仁，等. 教师及其成长研究：回顾与前瞻［J］. 教育理论与实践，2003（6）：34－38.

雷晓宁，等. 三明地区中学优秀教师人格特征的调查研究［J］. 三明师专学报，1999（3）.

牛清霞. 试论研究型语文教师的行为特质［J］. 内蒙古民族大学学报，2006（2）：51－54.

杨桂兰. 专业化教师的特质探析［J］. 东北农业大学学报（社科版），2004（2）：17－20.

杨桂兰. 基于专业化教师特质的专业自我与专业发展［J］. 教书育人，2006（1）：37－39.

陈羚. 专家与非专家教师课堂教学差异之比较——课堂教学的话语分析［J］. 现代中小学教育，2007（1）：27－29.

北京三中化学教研组. 董学增老师教学经验点滴［J］. 化学教育，1982（4）：27－30.

江玉安. 试论化学创新教育的教师行为［J］. 化学教育，2002（1）：21－23.

陆军. 研究型化学教师教学行为的几个特点［J］. 化学教育，2003（11）：20－21.

梁永平. 理科教师科学本质教学行为自我监控案例［J］. 化学教育，2005（11）：38－41.

段庆祥. 行为研究——化学教师研究的主体内容［J］. 台州师院学报，2003（6）.

娄善平，等. 在化学课程改革中更新教育理念和教育行为［J］. 中小学教材，2004（11）：28－31.

江胜根，等. 新课程标准对化学教师课堂教学行为的要求［J］. 教育理论与实践，2004（8）：63.

张联合. 新课程理念下化学有效教学的建构［J］. 课程教材教法，2005（1）：62－66.

付立海，等. 化学教师实施科学探究的调查报告［J］. 中小学教师培训，

2005 (3): 26 - 28.

郑媛媛，等. 呼和浩特市高中化学教师实验教学行为现状的调查与分析 [J]. 内蒙古师范大学学报 (教科版), 2006 (4): 74 - 75.

陶琅. 当代中学化学教师智能结构初探 [J]. 化学教育，1986 (3): 29 - 31

裘大彭. 浅谈中学化学教师的能力问题 [J]. 化学教育，1986 (4): 36 - 39.

阎梦醒. 以史为鉴谈化学教师的素养 [J]. 化学教育，1993 (6): 27 - 30.

刘丽君. 甘肃天水中学化学教师教育观念和教育行为的调查与思考——兼与化学科中学骨干教师国家级培训班学员差异性比较 [J]. 化学教育，2002 (7 - 8): 60 - 63.

何彩霞. 对化学教师学科知识结构的测评与思考 [J]. 化学教育，2001 (5): 22.

王晓聪. 化学教师知识观与学生的可持续发展 [J]. 中学化学教学参考，2005 (12): 10 - 11.

陈治仁. 化学教师的知识结构调查与分析 [J]. 中学化学教学参考，2005 (8 - 9): 20 - 22.

陆真，等. 中学化学教师素质的研究与实践 [J]. 课程教材教法，2002 (5): 57 - 63.

相佃国. 中学化学教师创新素质的调查报告 [J]. 化学教育，2004 (11): 43 - 45.

孔育梅，等. 从学科前沿看中学化学教师素质的调查结果 [J]. 化学教育，2005 (12): 45 - 46.

周青，等. 职前化学教师专业化发展的课程设置 [J]. 吉林师范大学学报，2003 (4): 87 - 89.

唐艳茹，适应新课程化学教师的专业化定位 [J]. 长春师范学院学报，2004 (3): 80 - 82.

曾涛. 专家与新手教师的研究及培养启示 [J]. 承德民族师专学报，2005 (3): 109 - 110.

邓明兰. 试论中学化学教师专业标准的建构 [J]. 中学化学教学参考，2005 (11): 7 - 9.

尚兴久. 在初三绪言课引入"物质"的概念 [J]. 化学教育，1986

(6)：6.

张家骐，等. 介绍刘景昆先生的化学教学经验（续二）[J]. 人民教育，1957（4）：35.

王磊，等. 化学计算解题教学的心理机制研究 [J]. 化学教育，1996（7）：6－7.

王祖浩. 论化学教学方法的优选与组合 [J]. 天中学刊，1997（2）：62.

黄慕周. 受台北“国小”六年级学生欢迎之教师教学特质研究 [D]. 台北：“国立台北师范学院课程与教学研究所”，2003 年.

杨翠蓉. 小学数学专家与新手教师教学过程中的认知比较研究 [D]. 上海：华东师范大学，2006.

徐碧美. 追求卓越——教师专业发展案例研究 [M]. 陈静，等，译. 北京：人民教育出版社，2003.

弗雷德里克·C. 巴特利特. 记忆：一个实验的与社会的心理学研究 [M]. 黎炜，译. 杭州：浙江教育出版社，1998.

爱莉诺·达克沃斯. 精彩观念的诞生——达克沃斯教学论文集 [M]. 张华，等，译. 北京：高等教育出版社，2005.

小威廉姆 E. 多尔. 后现代课程观 [M]. 王红宇，译. 北京：教育科学出版社，2000.

怀特海. 教育的目的 [M]. 徐汝舟，译. 上海：上海三联书店，2002.

洛克. 教育漫话 [M]. 傅任敢，译. 北京：教育科学出版社，1999.

Ackerman P L. Personality, Self-concept, Interests, and Intelligence: Which Construct Doesn't Fit? [J]. Journal of Personality, 1997, 65 (2): 171－204.

Aksoy, Naciye. Opinions of Upper Elementary Students about a "Good Teacher": Case Study in Turkey [R]. Paper presented at the Annual Meeting of the Northeastern Educational Research Association. 29th, Ellenville, N Y, October 28－30, 1998.

Behrens, Richard And Others. Effects of Gender on Perceptions of Teacher Influence [R]. Paper presented at the Annual Meeting of the Mid-South Educational Research Association. 22nd, New Orleans, L A, November 10－12, 1993.

Berliner D C. The Nature of Expertise in Teaching [G] //Oser F K, Dick (ed.). Effective and Responsible Teaching: The New Synthesis. San Francisco: Jossey-Bass Publishers, 1995: 227.

Berline D C. Teacher Expertis [G] //Anderson L W. (2nd ed.). International Encyclopodeia of Teaching and Teacher Education. Cambridge U K: Cambridge University Press, 1992: 48.

Brandt R S. On the Expert Teacher: A Conversation with David Berliner [J]. Educational Leadership, 1986, 43 (2): 24 - 32.

Brodney, Sandra Buntrock, et al. Effects of Age on Perceptions of Teacher Influence [R]. Paper presented at the Annual Meeting of the Mid-South Educational Research Association. 22nd, New Orleans, L A, November 10 - 12, 1993.

Brophy J E, Good T L. Teacher Behavior and Student Achievement [G] // Wittrock M. (ed.). Handbook of Research on Teaching. 3rd ed. New York: Macmillan, 1986.

Chapman, Olive. Teaching Word Problems: What High School Mathematics Teachers Value [Z] // Proceedings of the Annual Meeting of the North American Chapter of the International Group for the Psychology of Mathematics Education (24th, Athens, G A, October 26 - 29, 2002). Volumes 1 - 4.

Dreyfus H L, Dreyfus S E. Mind over Machine [M]. New York: Free Press, 1986.

Dunkin M J, Biddle B J. The Study of Teaching [M]. New York: Holt Rinehart and Winston, 1974.

Elliot S H, et al. Educational Psychology: Effective Teaching, Effective Learning [M]. 3rd ed. Boston: The McCraw-Hill Companies, 2000: 8.

Glatthorm A. Teacher Development [G] //Anderson L W. (2nd ed). International Encyclopodeia of Teaching and Teacher Education. Cambridge, UK: Cambridge University Press, 1995: 41 - 45.

Killion J P, Todnemg G R. A Process for Personal Theory Building [G] // Woolfolk A E. (ed.). Readings & Cases in Educational Psychology. Allyn and Bacon. 1993: 12 - 15.

Leinhart G. Expertise in Mathematics Teaching [J]. Educational Leadership. 1986, 43 (6): 28 - 33.

Livingston C, Borko H. Expert-Novice Differences in Teaching: A Cognitive Analysis and Implication for Teacher Education [J]. Journal of Teacher Education, 1989, 40 (2): 36 - 42.

Mack, Faite R-P, et al. Parental Attitudes Regarding the Characteristics of a "Best Teacher": Comparison by Gender and Ethnic Group [R]. Paper presented at the Annual Meeting of the American Association of Colleges for Teacher Education. Washington, D C, February 12 - 15, 1995.

McCutcheong. G How Do Elementary School Teachers Plan? The Nature of Planning and Influences on It [J]. The Elementary School Journal. 1980, 81 (1): 4 - 23.

Munby H, Russell T. Transforming Chemistry Research into Chemitry Teaching: The Complexities of Adopting New Frames for Experience [G] //Russell, Munby (ed.). Teacher and Teaching: From Classroom to Reflection. London: The Falmer Press. 1991: 90 - 108.

Parker W C, Gehrke N J. Learning Activities and Teachers' Decision-making: Some Grounded Hypothese [J]. American Educational Research Journal. 1986, 23 (2): 227 - 242.

Peacock, Thomas. Native Students Speak: What Makes a good Teacher? [J]. Tribal College Journal of American Indian Higher Education, 2006, 17 (4): 10 - 13.

Peterson, Clark. Teachers' Reports of Their Congnitive Processes During Teaching [J]. American Educational Research Journal. 1978, 15 (4): 555 - 565.

Peterson P L, Marx R W, Clark C M. Teacher Planning, Teacher Behavior, and Student Achievement [J]. American Educational Research Journal. 1978, 15 (3): 417 - 432.

Rumelhart D E. Schema: The building blocks of cognition [G] //Guthrie J T. (ed.). Comprehension and Teaching: Research Reviews. New York: International Reading Association. 1983: 3 - 26.

Shanoski L A, Hranitz J R. A Foundation for Excellence in Teaching [R]. Paper Presented at the Annual Meeting of the Association of Teacher Educators71st,

New Orleans, LA, February 14 – 18, 1991.

Sternberg R J, Horvath J A. A Prototype View of Expert Teaching [J]. Educational Researcher. 1995, 24 (6): 9 – 17.

Thompson J S. A Simple Rhyme for a Simple Formula [J]. Journal of Chemical Education, 1998: 65 (8): 704.

Weinert F D, Helmke A, Schrader F W. Research on the Teacher Model and the Teaching Model [G] //Oser F K, Dick (ed.). Effective and Responsible Teaching: The New Syntheis. Jossey-Bass Publishers, San Francisco, 1992: 251 – 253.

Westerman D A. Expert and Novice Teacher Decision Making [J]. Journal of Teacher Education. 1991, 42 (4): 292 – 305.

Yinger R J. A Study of Teacher Planning [J]. The Elementary School Journal. 1980, 81 (3): 107 – 127.

Zahorik J A. Teachers' Planning Models [J]. Educational Leadership. 1975, 33 (1): 134 – 139.

后　　记

时下，在人们呼唤“让课堂焕发出生命活力”“感受课堂中生命的涌动和成长”的声浪中，走进课堂、研究课堂、反思课堂已成为国内课程与教学论研究者关注的热点。作为一名高师院校学科教学论教师，在教学实践中也一直梦想求索“优质教学的精髓是什么?”“什么样的课堂教学是高效优质的?”“无效及低效的教学行为表现是什么?”“如何克服无效与低效的教学?”“怎样从有效教学走向优质教学?”等问题的答案。8 年前，我带着这些疑惑、怀揣梦想与夙愿来到华东师大求学，有幸能投师王祖浩教授门下，在恩师的引领和点拨下，对 20 余名中学化学专家型教师与新手型教师的课堂教学进行观察、深描、解释及比较研究，所结识的研究对象都成了我的良师益友；他们各具特色的教学风格与个性不断地激发我对教学研究的热爱与创作激情。过程中，我体验了诸多的矛盾、焦虑、失望、痛苦、挑战、挣扎，当然也有欣喜、畅快、愉悦与满足，最终诞生了博士论文，也就是这本书。迄今为止，博士论文仍是自己最庞大的一件作品，它是我生命的印记，凝结了我的追求、生活倾向和个性。

本书的写作就是在上述背景之中开始的，由于种种原因，书稿完成较晚，但愿它能够为学科教学研究者和一线教师研究教师课堂教学提供一个“抓手”，借助它能使学科课堂教学研究走向深入，在课堂教学中建构教学知识，优化课堂教学，提升学科教学能力，促进教师专业发展。

感激恩师王祖浩教授的鼓励和悉心指导！感谢吴俊明教授、叶澜教授、崔允漷教授、张华教授、裴新宁教授、李政涛教授的教导！感谢上海曹杨中学、上海延安中学、新疆师大附中和乌鲁木齐市第八中学的诸位教师！没有他们诚挚的支持，课堂观察和调查研究难以顺利完成！感谢我的师弟师妹们，愿我们的“手足”情谊长存！感谢所有为本书提供文献支持的学者！感谢我的家人不懈地鼎力支持与帮助！还要特别感谢教育科学出版社领导和编辑，他们为本书的出版付出了劳动与心血！本书所存不当之处，敬请读者给予批评指正。

尹筱莉

2012 壬辰年初春于新疆乌鲁木齐

出 版 人　所广一
责任编辑　罗永华
版式设计　贾艳凤
责任校对　贾静芳
责任印制　曲凤玲

图书在版编目（CIP）数据

课堂教学特质论：对专家型与新手型化学教师课堂教学的深度解析/尹筱莉著．—北京：教育科学出版社，2012．9
（新视点教与学系列丛书/孙钰华主编）
ISBN 978－7－5041－6881－8

Ⅰ．①课…　Ⅱ．①尹…　Ⅲ．①中学化学课—课堂教学—教师评价　Ⅳ．①G634．82②G635．11

中国版本图书馆 CIP 数据核字（2012）第 177537 号

新视点教与学系列丛书
课堂教学特质论——对专家型与新手型化学教师课堂教学的深度解析
KETANG JIAOXUE TEZHILUN——DUI ZHUANJIAXING YU XINSHOUXING HUAXUE JIAOSHI KETANG JIAOXUE DE SHENDU JIEXI

出版发行　教育科学出版社
社　　址　北京·朝阳区安慧北里安园甲 9 号　　**市场部电话**　010－64989009
邮　　编　100101　　**编辑部电话**　010－64981252
传　　真　010－64891796　　**网　　址**　http://www.esph.com.cn

经　　销　各地新华书店
制　　作　北京大有图文信息有限公司
印　　刷　保定市中画美凯印刷有限公司
开　　本　169 毫米×239 毫米　16 开　　**版　　次**　2012 年 9 月第 1 版
印　　张　16.5　　**印　　次**　2012 年 9 月第 1 次印刷
字　　数　270 千　　**定　　价**　38.00 元
